BIBLIOTHÈQUE SOCIALISTE INTERNATIONALE
Publiée sous la direction de Alfred BONNET

LE
DÉTERMINISME ÉCONOMIQUE

DE KARL MARX

Recherches sur l'Origine et l'Évolution des Idées de Justice, du Bien, de l'Ame et de Dieu

PAR

Paul LAFARGUE

Deuxième tirage

PARIS (Ve)

MARCEL GIARD
LIBRAIRE-ÉDITEUR
16, RUE SOUFFLOT ET 12, RUE TOULLIER

1928
Tous droits réservés

LE DÉTERMINISME ÉCONOMIQUE

BIBLIOTHÈQUE SOCIALISTE INTERNATIONALE
Publiée sous la direction de Alfred BONNET

LE
DÉTERMINISME ÉCONOMIQUE
DE KARL MARX

Recherches sur l'Origine et l'Évolution des Idées de Justice, du Bien, de l'Ame et de Dieu

PAR

Paul LAFARGUE

Deuxième tirage

PARIS (Vᵉ)

MARCEL GIARD
LIBRAIRE-ÉDITEUR
16, RUE SOUFFLOT ET 12, RUE TOULLIER

1928
Tous droits réservés

LE
Déterminisme Economique

La méthode historique de Karl Marx

> Le mode de production de la vie matérielle conditionne en général le procès de développement de la vie sociale, politique et intellectuelle.
>
> Karl MARX

I

LES CRITIQUES SOCIALISTES

Marx, depuis environ un demi-siècle, a proposé une nouvelle méthode d'interprétation de l'histoire, que lui et Engels ont appliquée dans leurs études. Il se conçoit que les historiens, les sociologues et les philosophes, redoutant que le penseur communiste ne corrompe leur innocence et ne leur fasse perdre les faveurs de la bourgeoisie, l'ignorent, mais il est étrange que des socialistes hésitent à s'en servir, par crainte peut-être d'arriver à des conclusions qui chiffonneraient les notions bourgeoises, dont à leur insu ils restent prisonniers. Au lieu de l'expérimenter, pour ne la juger qu'après usage, ils préfèrent discuter sur sa valeur en soi et lui découvrent d'innombrables défauts : elle méconnaît, disent-ils, l'idéal et son action ; elle brutalise les vérités et les principes éternels ; elle ne tient pas compte de l'individu et de son rôle ; elle aboutit à un fatalisme économique qui dispense l'homme de tout effort, etc... Que penseraient ces camarades d'un charpentier qui, au lieu de travailler avec les marteaux, scies et rabots mis à sa disposition, leur chercherait chicane ? Comme il n'existe pas d'outil parfait, il aurait long à déblatérer. La critique ne cesse d'être futile pour devenir féconde que lorsqu'elle vient après l'expérience, qui, mieux que les plus subtils raisonnements, fait sentir les imperfections et enseigne à les corriger. L'homme s'est d'abord servi du grossier marteau de pierre, et l'usage lui a appris à le transformer en plus d'une centaine de types, différant par la matière première, le poids et la forme.

Leucippe et son disciple Démocrite, cinq siècles avant Jésus-Christ, introduisirent la conception de l'atome pour comprendre la constitution de l'esprit et de la matière, et pendant plus de deux mille ans les philosophes, au lieu de songer à recourir à l'expérience pour éprouver l'hypothèse atomique, discutèrent sur l'atome en soi, sur le *plein* de la matière, indéfiniment continue, sur le *vide* et le *discontinu*, etc., et ce n'est qu'à la fin du XVIIIe siècle que Dalton utilisa la conception de Démocrite pour expliquer les combinaisons chimiques. L'atome, dont les philosophes n'avaient su rien faire, devint entre les mains des chimistes « un des plus puissants outils de recherche que la raison humaine ait su créer ». Mais voilà qu'après usage, ce merveilleux outil est trouvé imparfait et que la radio-activité de la matière oblige les physiciens à pulvériser l'atome, cette particule ultime, insécable et impénétrable de la matière, en particules ultra-ultimes, de même nature dans tous les atomes, et porteurs d'électricité. Les atomuscules, mille fois plus petits que l'atome d'hydrogène, le plus petit des atomes, tourbillonneraient avec une extraordinaire vélocité, autour d'un noyau central, comme les planètes et la terre tournent autour du soleil. L'atome serait un minuscule système solaire et les éléments des corps que nous connaissons ne se différencieraient entre eux que par le nombre et les mouvements giratoires de leurs atomuscules. Les récentes découvertes de la radio-activité, qui ébranlent les lois fondamentales de la physique mathématique, ruinent la base atomique de l'édifice chimique. On ne peut citer un plus mémorable exemple de la stérilité des discussions verbales et de la fécondité de l'expérience. L'action dans le monde matériel et intellectuel est seule féconde : « Au commencement était l'action ».

Le déterminisme économique est un nouvel outil, mis par Marx à la disposition des socialistes pour établir un peu d'ordre dans le désordre des faits historiques que les historiens et les philosophes ont été incapables de classer et d'expliquer. Leurs préjugés de classe et leur étroitesse d'esprit donnent aux socialistes le monopole de cet outil ; mais ceux-ci avant de le manier veulent se convaincre qu'il est absolument parfait et qu'il peut devenir la clef de tous les problèmes de l'histoire ; à ce compte, ils pourront, leur vie durant, continuer à discourir et à écrire des articles et des volumes sur le matérialisme historique, sans avancer la question d'une idée. Les hommes de science ne sont pas si timorés ; ils pensent « qu'au point de vue pratique, il est d'importance secondaire que les théories et les hypothèses soient correctes, pourvu qu'elles nous guident à des résultats s'accordant avec les faits » (1). La vérité, après tout, n'est que l'hypothèse qui opère le mieux : souvent l'erreur est le plus court chemin à une découverte. Christophe Colomb, partant de l'erreur de calcul commise par Ptolémée sur la circonférence de la terre, découvrit l'Amérique, alors qu'il pensait arriver aux Indes Orientales. Darwin reconnaît que l'idée première de sa théorie de la sélection naturelle lui fut suggérée par la fausse loi de Malthus sur la population, qu'il accepta les yeux fermés. Les physiciens peuvent aujourd'hui s'apercevoir que l'hypothèse de Démocrite est insuffisante pour comprendre les phénomènes récemment étudiés, cela n'empêche qu'elle a servi à édifier la chimie moderne.

1. W. RUCKER, *Discours inaugural du Congrès scientifique de Glasgow*, de 1901.

Marx, et c'est un fait qu'on remarque peu, n'a pas présenté sa méthode d'interprétation historique en un corps de doctrine avec axiomes, théorèmes, corollaires et lemmes : elle n'est pour lui qu'un instrument de recherches ; il la formule en un style lapidaire et la met à l'épreuve. On ne peut donc la critiquer qu'en contestant les résultats qu'elle donne entre ses mains, qu'en réfutant par exemple sa théorie de la lutte des classes. On s'en garde. Les historiens et les philosophes la tiennent pour œuvre impure du démon, précisément parce qu'elle a conduit Marx à la découverte de ce puissant moteur de l'histoire.

II

PHILOSOPHIES DÉISTE ET IDÉALISTE DE L'HISTOIRE

L'histoire est un tel chaos de faits, soustraits au contrôle de l'homme, progressant et régressant, se choquant et s'entrechoquant, apparaissant et disparaissant sans raison apparente, qu'on est tenté de penser qu'il est impossible de les relier et de les classer en séries, dont on parviendrait à découvrir les causes d'évolution et de révolution.

L'échec des systématisations historiques a fait naître dans l'esprit d'hommes supérieurs, comme Helmholtz, le doute « que l'on puisse formuler une loi historique que la réalité confirmerait » (1). Ce doute

1. L'historien anglais Froude prétend que les faits his-

est devenu si général que les intellectuels ne s'aventurent plus à construire, ainsi que les philosophes de la première moitié du XIX⁰ siècle, des plans d'histoire universelle ; il est d'ailleurs un écho de l'incrédulité des économistes sur la possibilité de contrôler les forces économiques. Mais faut-il conclure des difficultés du problème historique et de l'insuccès des tentatives pour le résoudre, que sa solution soit hors de la portée de l'esprit humain ? Les phénomènes sociaux feraient donc exception et seraient les seuls qu'on ne pourrait enchaîner logiquement à des causes déterminantes.

Le sens commun n'a jamais admis une telle impossibilité ; au contraire, les hommes ont cru de tout temps que ce qui leur arrivait d'heureux et de malheureux faisait partie d'un plan préconçu par un être supérieur. *L'homme s'agite et Dieu le mène* est un axiome historique de la sagesse populaire, qui renferme autant de vérité que les axiomes de la géométrie, à condition cependant d'interpréter la signification du mot Dieu.

Tous les peuples ont pensé qu'un Dieu dirigeait leur histoire. Les cités de l'antiquité possédaient chacune une divinité municipale ou *poliade*, comme disaient les Grecs, veillant sur leurs destinées et habitant le temple qui lui était consacré. Le Jéhovah de

toriques ne fournissent pas la matière d'une science, puisqu'ils « ne se répètent jamais et que nous ne pouvons épier le retour d'un fait pour modifier la valeur de nos conjectures ».

l'Ancien Testament était une divinité de la sorte ; il était logé dans un coffre de bois, dit Arche Sainte, que l'on transportait quand les tribus d'Israël changeaient de lieu, et que l'on plaçait à la tête des armées afin qu'il combattît pour son peuple. Il prenait, dit la Bible, si à cœur ses querelles qu'il exterminait chez ses ennemis hommes, femmes, enfants et bêtes. Les Romains, pendant la deuxième guerre punique, crurent utile, pour résister à Annibal, de doubler leur divinité poliade de celle de Pessinonte, qui était Cybèle, la Mère des Dieux ; ils firent venir d'Asie-Mineure sa statue, une grosse pierre informe, et introduisirent à Rome son culte orgiastique : comme ils étaient aussi astucieux politiques que superstitieux, ils annexaient la divinité poliade des cités qu'ils conquéraient, en expédiant sa statue au Capitole ; ils pensaient que, n'habitant plus chez le peuple vaincu, elle cessait de le protéger.

Les chrétiens n'avaient pas une autre idée de la divinité quand, pour chasser les Dieux païens, ils brisaient leurs statues et incendiaient leurs temples, et quand ils chargeaient Jésus et son Père éternel de combattre les démons qui suscitaient les hérésies et Allah qui opposait le croissant à la croix (1). Les villes du moyen âge se mettaient sous la protection de

---

1. Les premiers chrétiens croyaient aussi fermement aux dieux païens et à leurs miracles qu'à Jésus et à ses prodiges. Tertullien, dans son *Apologétique*, et saint Augustin, dans *La Cité de Dieu*, rapportent comme faits indénia-

divinités poliades ; sainte Geneviève était celle de
Paris. La République de Venise, pour avoir abondance
de ces divinités protectrices, fit venir d'Alexandrie le
squelette de saint Marc et vola à Montpellier celui de
saint Roques. Les nations civilisées n'ont pas encore
renié la croyance païenne, chacune monopolise à son
usage le Dieu unique et universel des chrétiens et en
fait sa divinité poliade ; de sorte qu'il y a autant de
dieux uniques et universels que de nations chrétiennes, lesquels se battent entre eux dès que celles-ci se
déclarent la guerre : chacune prie son Dieu unique
et universel d'exterminer sa rivale et chante des
Te Deum si elle est victorieuse, convaincue de ne
devoir son triomphe qu'à sa toute-puissante intervention. La croyance en l'ingérence de Dieu dans
les disputes humaines n'est pas simulée par les
hommes d'Etat pour plaire à la grossière superstition des foules ignorantes, ils la partagent : les
lettres intimes, publiées récemment, que Bismarck
écrivait à sa femme pendant la guerre de 1870-71,
le montrent croyant que Dieu passait son temps
à s'occuper de lui, de son fils et des armées prus-
siennes.

Les philosophes, qui ont pris Dieu pour guide
directeur de l'histoire, partagent cette infatuation ; ils
s'imaginent que ce Dieu, créateur de l'univers et de

bles qu'Esculape avait ressuscité des morts dont ils donnent
les noms, qu'une vestale avait porté l'eau du Tibre dans
un crible, qu'une autre avait remorqué un vaisseau avec
sa ceinture, etc.

l'humanité, ne peut s'intéresser à autre chose qu'à leur patrie, religion et politique. Le *Discours sur l'Histoire universelle*, de Bossuet, est un des échantillons les mieux réussis du genre : les peuples païens s'exterminent pour préparer la venue du christianisme, sa religion, et les nations chrétiennes s'entretuent pour assurer la grandeur de la France, sa patrie, et la gloire de Louis XIV, son maître. Le mouvement historique, guidé par Dieu, aboutissait au Roi-Soleil ; quand il s'éteignit, les ténèbres envahirent le monde, et la Révolution, que Joseph de Maistre appelle « l'œuvre de Satan », éclata.

Satan triompha de Dieu, la divinité poliade des Aristocrates et des Bourbons. La Bourgeoisie, la classe que Dieu tenait en petite estime, s'empara du pouvoir et guillotina le roi, qu'il avait sacré : les sciences naturelles, qu'il avait maudites, triomphèrent et engendrèrent pour les bourgeois plus de richesses qu'il n'en avait pu donner à ses protégés, les nobles et les rois légitimes ; la Raison, qu'il avait ligotée, brisa ses chaînes et le traîna à sa barre. Le règne de Satan commençait. Les poètes romantiques de la première moitié du XIXᵉ siècle composèrent des hymnes en son honneur ; il était l'indomptable vaincu, le grand martyr, le consolateur et l'espérance des opprimés ; il symbolisait la Bourgeoisie en perpétuelle révolte contre les nobles, les prêtres et les tyrans. Mais la Bourgeoisie victorieuse n'eut pas le courage de le prendre pour divinité poliade ; elle rafistola Dieu, que la Raison avait endommagé, et le remit en honneur ; cependant n'ayant pas une entière foi en sa toute puissance, elle lui adjoignit un troupeau de demi-dieux, — Progrès, Justice, Liberté, Civilisation, Humanité, Patrie, etc. — qui furent chargés de présider aux destinées des nations ayant secoué le joug de l'Aristocratie. Ces dieux nouveaux sont des Idées, des « Idées-forces », des « Forces impondérables ».

Hegel essaya de ramener ce polythéisme des Idées au monotothéisme de l'Idée, qui, née d'elle-même, crée le monde et l'histoire en évoluant sur elle-même.

Le Dieu de la philosophie spiritualiste est un mécanicien qui, pour se distraire, construit l'univers dont il règle les mouvements, et fabrique l'homme, dont il dirige les destinées, d'apres un plan de lui seul connu ; mais les historiens philosophes ne se sont pas aperçus que ce Dieu éternel n'est pas le créateur, mais la créature de l'homme, qui, à mesure qu'il se développe, le remodèle, et que loin d'être le directeur, il est le jouet des événements historiques.

La philosophie des idéalistes, d'apparence moins enfantine que celle des déistes, est une malheureuse application à l'histoire, de la méthode déductive des sciences abstraites, dont les propositions, logiquement enchaînées, découlent de quelques axiomes indémontrables, qui s'imposent par le principe de l'évidence. Les mathématiciens ont le tort de ne pas s'inquiéter de la façon dont ils se sont glissés dans la tête humaine. Les idéalistes dédaignent de s'enquérir de l'origine de leurs Idées, on ne sait d'où venues; ils se bornent à affirmer qu'elles existent par elles-mêmes, qu'elles sont perfectibles, et qu'à mesure qu'elles se perfectionnent, elles modifient les hommes et les phénomènes sociaux, placés sous leur contrôle ; ils n'ont donc qu'à connaître l'évolution des Idées pour acquérir les lois de l'histoire ; c'est ainsi que Pythagore pensait que la connaissance des propriétés des nombres donnerait celle des propriétés des corps.

Mais parce que les axiomes de la mathématique ne sont pas démontrables par le raisonnement, cela ne prouve pas qu'ils ne sont pas des propriétés des corps, tout comme la forme, la couleur, la pesanteur ou la chaleur, que seule l'expérience révèle et dont l'idée n'existe dans le cerveau que parce que l'homme est venu en contact avec les corps de la nature. Il est, en effet, aussi impossible de prouver par le raisonnement qu'un corps est carré, coloré, pesant ou chaud, que de démontrer que la partie est plus petite que le tout, que 2 et 2 font 4, etc... ; on ne peut que constater le fait expérimental et en tirer des conséquences logiques (1).

1. Leibnitz a vainement cherché à démontrer que 2 et 2 font 4 ; sa démonstration, au dire des mathématiciens, n'est qu'une vérification. Plutôt que d'admettre que les axiomes de la géométrie sont des faits expérimentaux, ainsi que le prouve Freycinet dans sa remarquable étude : *De l'expérience en géométrie*, Kant soutient qu'ils ont été découverts par l'heureuse combinaison de l'intuition et de la réflexion, et Poincarré, qui, en la circonstance, exprime l'opinion d'un grand nombre de mathématiciens, déclare, dans *La Science et l'Hypothèse*, que les axiomes sont des « conven-

Les Idées de Progrès, de Justice, de Liberté, de
Patrie, etc., ainsi que les axiomes de la mathématique
n'existent pas par elles-mêmes et en dehors du domaine
expérimental ; elles ne précèdent pas l'expérience,
mais la suivent ; elles n'engendrent pas les événements de l'histoire, mais elles sont les conséquences

tions... Notre choix parmi toutes les conventions possibles
est guidé par des faits expérimentaux, mais il reste libre
et n'est limité que par la nécessité d'éviter toute contradiction » dans les propositions déduites de la convention d'où
l'on part. Il pense, ainsi que Kant, que ces propositions
n'ont pas besoin d'être confirmées par l'expérience. Ainsi
donc, il reste libre au mathématicien chrétien, prenant au
sérieux le mystère de la Trinité, de convenir que un et un
font un pour déduire une arithmétique, laquelle pourra
être aussi logique que les géométries non euclidiennes de
Lobatschewski et de Riemann, qui conviennent, l'un que
d'un point on peut faire passer une infinité de parallèles
à une droite, et l'autre qu'on ne peut en faire passer aucune.

Les géométries non euclidiennes, dont toutes les propositions s'enchaînent et se déduisent rigoureusement, et qui
opposent leurs théorèmes aux théorèmes de la géométrie
d'Euclide, proclamées vérités absolues depuis deux mille
ans, sont d'admirables manifestations de la logique du cerveau humain ; mais, à ce titre, la société capitaliste, qui
est une réalité vivante, et non une simple construction
idéologique, peut être donnée comme preuve de cette
puissance logique. La division de ses membres en classes
ennemies ; l'impitoyable exploitation des salariés, s'appau-
vrissant à mesure qu'ils accroissent les richesses ; les crises
de surproduction, produisant la famine au milieu de l'a-
bondance ; les oisifs, adulés et gorgés de jouissances, et
les producteurs méprisés et accablés de misères ; la morale,
la religion, la philosophie et la science consacrant le désordre social ; le suffrage universel donnant le pouvoir politique à la minorité bourgeoise ; tout enfin dans la structure
matérielle et idéologique de la civilisation, est un défi porté

des phénomènes sociaux, qui en évoluant les créent, les transforment et les suppriment ; elles ne deviennent des forces agissantes, que parce qu'elles émanent directement du milieu social. Une des tâches de l'histoire, dont se désintéressent les philosophes, est la découverte des causes sociales, qui leur donnent naissance et puissance d'action sur les cerveaux des hommes d'une époque donnée.

***

Bossuet et les philosophes déistes, qui ont promu Dieu à la dignité de directeur conscient du mouvement historique, n'ont fait, après tout, que se conformer à l'opinion populaire sur le rôle historique de la divinité : les idéalistes qui lui substituent les Idées-forces, ne font qu'utiliser historiquement la vulgaire opinion bourgeoise. Tout bourgeois proclame que ses actions privées et publiques s'inspirent du Pro-

à la raison humaine, et cependant tout s'y enchaîne avec une logique impeccable, et toutes les iniquités découlent avec une rigueur mathématique du droit de propriété, qui octroie au capitaliste le pouvoir de voler la plus-value, créée par le travailleur salarié.

La logique est une des propriétés essentielles de la matière cérébrale : de quelque raisonnement, vrai ou faux, et de quelque fait, juste ou inique, que l'homme parte, il construit un édifice idéologique ou matériel, dont toutes les parties se commandent. L'histoire sociale et intellectuelle de l'humanité fourmille en exemples de sa logique d'acier, que, par malheur, elle a si souvent tournée contre elle-même.

grès, de la Justice, de la Patrie, de l'Humanité, etc.
On n'a, pour s'en convaincre, qu'à parcourir les
réclames des industriels et des négociants, les prospectus des financiers et les programmes électoraux
des hommes politiques.

Les idées de Progrès et d'évolution sont d'origine
moderne, elles sont une transposition dans l'histoire
de la *perfectibilité humaine*, mise à la mode par le
XVIIIe siècle. La Bourgeoisie devait fatalement considérer son arrivée au pouvoir comme un immense
progrès social, tandis que l'Aristocratie l'envisagea
comme un désastreux recul. La Révolution française,
parce qu'elle se fit plus d'un siècle après la Révolution
anglaise, et par conséquent dans des conditions plus
mûries, substitua si brusquement et si complètement
la Bourgeoisie à la Noblesse, que dès lors l'idée de
Progrès s'implanta dans l'opinion publique de l'Europe. Les bourgeois européens se crurent les fondés
de pouvoir du Progrès. Ils affirmèrent de bonne foi que
leurs habitudes, mœurs, vertus, morale privée et
publique, organisation sociale et familiale, industrie
et commerce étaient en progrès sur tout ce qui avait
existé. Le passé n'était qu'ignorance, barbarie, injustice et déraison : « Enfin, et pour la première fois,
s'écriait Hegel, la Raison allait gouverner le monde ».
Les bourgeois de 1793 la déifièrent : déjà, aux débuts
de la période bourgeoise dans le monde antique, Platon la déclarait supérieure à la Nécessité (*Timée*) et
Socrate reprochait à Anaxagoras d'avoir, dans sa cos-
mogonie, tout expliqué par des causes matérielles,

sans avoir fait aucun emploi de la Raison, dont on pouvait tout espérer (*Phédon*). La domination sociale de la Bourgeoisie est le règne de la Raison.

Mais un événement historique, fût-il aussi considérable que la prise du pouvoir par la Bourgeoisie, ne suffit pas à lui seul pour prouver le Progrès. Les déistes avaient fait de Dieu l'unique auteur de l'histoire ; les idéalistes, ne voulant pas qu'il fût dit que le Progrès s'était comporté dans le passé en Idée fainéante, découvrirent que pendant le moyen âge il avait préparé le triomphe de la classe bourgeoise, en l'organisant, en lui donnant une culture intellectuelle et en l'enrichissant, tandis qu'il usait les forces offensives et défensives de la classe aristocratique, et démolissait pierre à pierre la forteresse de l'Eglise. L'idée d'évolution devait donc s'introduire naturellement à la suite de l'idée de Progrès.

Mais pour la Bourgeoisie il n'y a d'évolution progressive que si celle-ci prépare son triomphe, et comme ce n'est que depuis une dizaine de siècles que ses historiens peuvent constater des traces de son développement organique, ils perdent leur fil d'Ariane dès qu'ils s'aventurent dans le dédale de l'histoire antérieure, dont ils se contentent de narrer les faits sans essayer de les enfiler en séries progressives. Puisque le point d'arrivée de l'évolution progressive est l'installation de la dictature sociale de la Bourgeoisie, ce but atteint, le Progrès doit donc cesser de progresser : en effet, les bourgeois qui proclament que leur prise du pouvoir est un progrès social, unique dans l'histoire, déclarent que ce serait un retour à la barba-rie, « à l'esclavage », dit Herbert Spencer, s'ils en étaient délogés par le Prolétariat. L'Aristocratie vain-cue n'avait pas considéré autrement sa défaite. La croyance en l'arrêt du Progrès, instinctive et incons-ciente dans les masses bourgeoises, se manifeste consciente et raisonnée chez les penseurs bourgeois. Hegel et Comte, pour ne citer que deux des plus célèbres, affirment carrément que leur système philo-sophique clôt la série, qu'il est le couronnement et la fin de l'évolution progressive de la pensée. Ainsi donc, philosophie et institutions sociales et politi-ques ne progressent que pour arriver à leur forme bourgeoise, puis le Progrès ne progresse plus.

La Bourgeoisie et ses plus intelligents intellectuels, qui fixent des bornes infranchissables au Progrès pro-gressif, font mieux encore ; ils soustraient à son influence des organismes sociaux de première impor-tance. Les économistes, les historiens et les moralis-tes, pour démontrer d'une manière irréfutable que la forme paternelle de la famille et la forme indivi-duelle de la propriété ne se transformeront pas, assu-rent qu'elles ont existé de tout temps. Ils émettent ces imprudentes assertions au moment où les recher-ches, entreprises depuis un demi-siècle, mettent au jour les formes primitives de la famille et de la pro-priété. Ces bourgeois savants les ignorent ou raison-nent comme s'ils les ignoraient.

Les idées de Progrès et d'évolution eurent une vogue extraordinaire pendant les premières années du

xix⁰ siècle, alors que la Bourgeoisie était encore eni-
vrée de sa victoire politique et du prodigieux développement de ses richesses économiques : philosophes,
historiens, moralistes, politiciens, romanciers et poètes, accommodaient leurs écrits et leurs discours à la
sauce du Progrès progressif, que Fourrier était seul
ou presque seul à railler. Mais vers le milieu du siècle ils durent calmer leur enthousiasme immodéré ;
l'apparition du Prolétariat sur la scène politique en
Angleterre et en France engendra dans l'esprit de la
Bourgeoisie des inquiétudes sur l'éternelle durée de
sa domination sociale ; le Progrès progressif perdit
ses charmes. Les idées de Progrès et d'évolution
auraient fini par cesser d'avoir cours dans la phra-
séologie bourgeoise si les hommes de science qui,
dès la fin du xviii⁰ siècle, s'étaient emparés de l'idée
d'évolution circulant dans le milieu social, ne
l'avaient utilisée pour expliquer la formation des mondes et l'organisation des végétaux et des animaux :
ils lui donnèrent une telle valeur scientifique et une
telle popularité qu'il fut impossible de l'escamoter.

Mais, constater le développement progressif de la
Bourgeoisie depuis un certain nombre de siècles n'explique pas ce mouvement historique, pas plus que
tracer la courbe que décrit en tombant une pierre
lancée en l'air n'apprend les causes de sa chute. Les
historiens philosophes attribuent cette évolution à
l'action incessante des Idées-forces, de la Justice prin-
cipalement, la plus forte de toutes, qui, d'après un
philosophe aussi idéaliste qu'académique, « est tou-

jours présente, bien qu'elle n'arrive que par degrés dans la pensée humaine et dans les faits sociaux. » La Société et la pensée bourgeoises sont donc les dernières et les plus hautes manifestations de la Justice immanente, et c'est pour obtenir ces beaux résultats que cette Demoiselle a travaillé dans les souterrains de l'histoire.

Consultons le casier judiciaire de la susdite Donzelle pour nous renseigner sur son caractère et ses mœurs.

Une classe régnante considère toujours que ce qui sert ses intérêts économiques et politiques est juste, et que ce qui les dessert est injuste. La Justice qu'elle conçoit est réalisée quand ses intérêts de classe sont satisfaits. Les 'ntérêts de la Bourgeoisie sont donc les guides de la justice bourgeoise, comme les intérêts de l'Aristocratie étaient ceux de la justice féodale ; aussi, par inconsciente ironie, on symbolise la Justice un bandeau sur les yeux afin qu'elle ne puisse voir les mesquins et sordides intérêts qu'elle protège de son égide.

L'organisation féodale et corporative, lésant les intérêts de la Bourgeoisie, était, selon elle, si injuste que sa Justice immanente résolut de la détruire. Les historiens bourgeois racontent qu'elle ne pouvait tolérer les vols à mains armées des barons féodaux, qui ne connaissaient pas d'autres moyens d'arrondir leurs terres et d'emplir leurs escarcelles. Ce qui n'empêche que l'honnête Justice immanente encourage les vols à mains armées que, sans risquer leur peau, les pacifiques bourgeois font commettre par des prolétaires, déguisés en soldats, dans les pays barbares de l'ancien et du nouveau monde. Ce n'est pas que ce genre de vol plaise à la vertueuse Demoiselle ; elle n'approuve solennellement et n'autorise, avec toutes les sanctions légales, que le vol économique, que, sans bruyante violence, la Bourgeoisie pratique quotidiennement sur le travail salarié. Le vol économique convient si parfaitement au tempérament et au caractère de la Justice, qu'elle se métamorphose en chienne de garde de la richesse bourgeoise, parce qu'elle est une accumulation de vols aussi légaux que justes.

La Justice qui, au dire des philosophes, a fait merveille dans le passé, qui règne dans la société bourgeoise, et qui dirige l'homme vers un avenir de paix et de félicité, est au contraire la mère féconde des iniquités sociales. C'est la Justice qui a donné à l'esclavagiste le droit de posséder l'homme, comme un bétail ; c'est encore elle qui donne au capitaliste le droit d'exploiter les enfants, les femmes et les hommes du prolétariat, pire que des bêtes de somme. C'est la Justice qui permettait à l'esclavagiste de châtier l'esclave et qui endurcissait son cœur lorsqu'il le lacérait de coups ; c'est encore elle, qui autorise le capitaliste à s'emparer de la plus-value créée par le travail salarié et qui met sa conscience en repos, lorsqu'il rémunère avec des salaires de famine le travail qui l'enrichit. J'use de mon droit, disait l'esclavagiste quand il fouettait l'esclave ; j'use de mon droit, dit le capitaliste quand il vole le salarié des fruits de son travail.

La Bourgeoisie, rapportant tout à elle, décore du nom de Civilisation et d'Humanité son ordre social et sa manière de traiter les êtres humains. Ce n'est que pour exporter la civilisation chez les peuples barbares, que pour les tirer de leur grossière immoralité, que pour améliorer leurs misérables conditions d'existence qu'elle entreprend les expéditions coloniales, et sa Civilisation et son Humanité se manifestent sous la forme et l'espèce d'abêtissement par le christianisme, d'empoisonnement par l'alcool, de pillage et d'extermination des indigènes. Mais on lui ferait tort si l'on croyait qu'elle favorise les barbares et qu'elle ne répand pas les bienfaits de sa Civilisation et de son Humanité sur les classes ouvrières des nations où elle domine. Sa Civilisation et son Humanité s'y mesurent par la masse d'hommes, de femmes et d'enfants dépossédés de tous biens, condamnés au travail forcé de jour et de nuit, au chômage périodique, à l'alcoolisme, à la tuberculose, au rachitisme, par le nombre croissant des délits et des crimes, par la mutiplication des asiles d'aliénés, et par le développement et le perfectionnement du régime pénitentiaire.

Jamais classe régnante ne s'est autant réclamée de l'Idéal, parce que jamais classe dominante n'a eu tant besoin d'emmitoufler ses actions de bavardage idéaliste. Ce charlatanisme idéologique est son plus sûr et plus efficace moyen de duperie politique et économique. La choquante contradiction entre les paroles et les actes n'a pas empêché les historiens et les philosophes de prendre les Idées et les Principes éternels pour uniques forces motrices de l'histoire des nations embourgeoisées. Leur monumentale erreur, qui dépasse la mesure permise, même aux intellectuels, est une preuve incontestable de l'action qu'exercent les Idées, et de la roublardise avec laquelle la Bourgeoisie a su cultiver et exploiter cette force pour s'en faire des rentes. Les financiers farcissent leurs prospectus de principes patriotiques, d'idées civilisatrices, de sentiments humanitaires, de placements de pères de famille à 6 o/o : Ce sont d'infaillibles amorces pour pêcher l'argent des *gogos*. Lesseps 'n'a pu réaliser le plus superbe Panama du siècle et s'emparer des épargnes de 800.000 petites gens, que parce que ce « grand Français » promettait d'ajouter une gloire à l'auréole de la Patrie, d'élargir l'humanité civilisée et d'enrichir les souscripteurs.

Les Idées et les Principes éternels sont de si irrésistibles appâts, qu'il n'y a pas de réclame financière, industrielle ou commerciale, et d'annonce de boisson alcoolique ou de drogue pharmaceutique, qui n'en soient épicées: trahisons politiques et fraudes économiques arborent le pavillon des Idées et des Principes (1).

---

1. Vandervelde et d'autres camarades se scandalisent de ma façon irrévérencieuse et « outrancière » de déshabiller les Idées et les Principes éternels. Traiter de *grues* métaphysiques et éthiques la Justice, la Liberté, la Patrie, qui *font le trottoir* dans les discours académiques et parlementaires, les programmes électoraux et les réclames mercantiliques, quelle profanation ! Si ces camarades avaient vécu au temps des Encyclopédistes, ils auraient fulminé leur

La philosophie historique des idéalistes ne pouvait
être qu'une logomachie aussi insipide qu'indigeste,
puisqu'ils ne s'étaient pas aperçus que le bourgeois
ne parade les principes éternels que pour masquer les
égoïstes mobiles de ses actions et puisqu'ils n'étaient
pas parvenus à se rendre compte de la nature charla-

indignation contre les Diderot et les Voltaire, qui empoi-
gnaient au collet l'idéologie aristocratique et la traînaient
à la barre de leur Raison, qui raillaient les sacrées Vérités
du Christianisme, la Pucelle d'Orléans, le Sang bleu et
l'Honneur de la Noblesse, l'Autorité, le Droit divin et d'autres immortelles choses ; ils auraient condamné au feu le
Don Quichotte, parce que cet incomparable chef-d'œuvre
de la littérature romantique ridiculisait sans pitié les vertus chevaleresques qu'exaltaient les poèmes et les romans
à l'usage des aristocrates.

Belfort Bax me reproche le mépris dans lequel je tiens la
Justice, la Liberté et les autres entités de la métaphysique
propriétaire qui, dit-il, sont des concepts si universels et
si nécessaires, que pour critiquer leurs caricatures bourgeoises je me sers d'un certain idéal de Justice et de Liberté.
Pardieu ! pas plus que les philosophes les plus spiritualistes, je ne puis m'évader de mon milieu social : il faut subir
ses idées courantes ; chacun les taille à sa mesure et prend
ses concepts individuels pour critères des idées et des
actions d'autrui. Mais si ces idées sont nécessaires dans le
milieu social où elles se produisent, il ne s'en suit pas que,
comme les axiomes de la mathématique, elles sont nécessaires dans tous les milieux sociaux, ainsi que le pensait
Socrate, qui, dans le *Protagoras*, je crois, démontrait l'é-
ternelle nécessité de la Justice, en disant que même les
brigands règlent d'après elle leur conduite entre eux. Précisément, parce que les sociétés, basees sur la propriété
privée, soit familiale ou individuelle, sont des sociétés de
brigands, dont les classes dominantes pillent les autres
nations et volent les fruits du travail des classes dominées
— esclaves, serves ou salariées — la Justice et la Liberté

tanesque de l'idéologie bourgeoise. Mais les lamentables avortements de la philosophie idéaliste ne prouvent pas qu'on ne puisse arriver aux causes déterminantes de l'organisation et de l'évolution des sociétés humaines, comme les chimistes sont parvenus à celles qui règlent l'agglomération des molécules en corps composés.

« Le monde social, dit Vico, le père de la philosophie de l'histoire, est sans contredit l'ouvrage de l'homme, d'où il résulte que l'on peut, que l'on doit

sont pour elles des principes éternels. Les philosophes les déclarent des concepts universels et nécessaires parce qu'ils ne connaissent que des sociétés basées sur la propriété privée et qu'ils ne peuvent concevoir une société qui reposerait sur d'autres fondements.

Mais le socialiste, qui sait que la production capitaliste nous entraîne fatalement vers une société basée sur la propriété commune, ne doute pas que ces concepts universels et nécessaires s'évanouiront de la tête humaine avec le *tien* et le *mien* et l'exploitation de l'homme des sociétés à propriété privée, qui leur ont donné naissance. Cette croyance n'est pas suggérée par des rêveries sentimentales, mais par des faits d'observation indiscutables. Il est prouvé que les sauvages et les barbares communistes de la préhistoire n'ont aucune notion de ces principes éternels: Sumner Maine, qui cependant est un savant jurisconsulte, ne les a pas trouvés dans les Communautés de village de l'Inde contemporaine, dont les habitants prennent pour règles de conduite la tradition et la coutume.

Les concepts universels et nécessaires, utilisés par les hommes des sociétés à propriété privée pour organiser leur vie civile et politique, n'étant plus nécessaires pour régler les rapports des hommes de la future société à propriété commune, l'histoire les recueillera et les classera dans le musée des idées mortes.

en trouver les principes dans les modifications mêmes de l'intelligence humaine... Tout homme qui réfléchit ne s'étonnera-t-il pas que les philosophes aient entrepris sérieusement de connaître le monde de la nature que Dieu a fait et dont il s'est réservé la science et qu'ils ont négligé de méditer sur ce monde social, dont les hommes peuvent avoir la science, puisque les hommes l'ont fait (1). »

Les nombreux insuccès des méthodes déiste et idéaliste imposent l'essai d'une nouvelle méthode d'interprétation de l'histoire.

III

LOIS HISTORIQUES DE VICO

Vico, que les historiens philosophes ne lisent guère, bien qu'ils se passent de bouquin en bouquin ses *corsi* et *ricorsi* et deux ou trois autres sentences, aussi souvent mal interprétées que répétées, a formulé dans la *Scienza nuova* les lois fondamentales de l'histoire.

Il pose, comme une loi générale du développement des sociétés, que tous les peuples, quels que soient leur origine ethnique et leur habitat géographique, cheminent par les mêmes routes historiques : de sorte que l'histoire d'un peuple quelconque est une

1. Giambatista Vico, *Principî di Scienza nuova.*

répétition de l'histoire d'un autre peuple, parvenu à un degré supérieur de développement.

« Il existe, dit-il, une histoire idéale éternelle, que parcourent dans le temps les histoires de toutes les nations de quelque état de sauvagerie, de barbarie et de férocité que partent les hommes pour se civiliser » pour se domestiquer, *ad addimesticarsi*, selon son expression. (*Scienza nuova*, libr. II, § 5) (1).

Morgan, qui probablement ne connaissait pas Vico, est arrivé à la conception de la même loi, qu'il formule d'une manière plus positive et complète. L'uniformité historique des différents peuples, que le phi-

---

1. Le verbe *civilizzare* n'existait probablement pas dans la langue italienne du temps de Vico ; ce n'est qu'au xviiie siècle qu'on s'en servit en France pour désigner la marche d'un peuple dans la voie du progrès. Le sens était si récent que l'Académie française ne fait figurer le mot *civilisation* dans son Dictionnaire qu'à partir de l'édition de 1835. Fourier ne l'employait que pour désigner la période bourgeoise moderne.

La science naturelle a aussi son « histoire idéale éternelle » : il est curieux et intéressant de noter ce parallélisme de la pensée dans les philosophies naturaliste et historique. — Aristote et les déistes admettent l'existence d'un plan préétabli, d'après lequel Dieu crée les espèces animales, et que l'homme peut découvrir par l'étude de la morphologie comparée, « il repense alors la pensée divine ». — Les philosophes matérialistes, substituant la Nature à Dieu, lui attribuent une sorte de plan inconscient, ou plutôt un modèle, un *type*, immatériel et irréalisé, d'après lequel se réalisent les formes réelles : pour les uns, il est un *prototype*, forme originelle, dont les êtres réels sont des perfectionnements graduels, et pour les autres un *archétype*, dont ils sont des remodelages variés et imparfaits.

Lafargue   2

losophe napolitain attribuait à leur développement
d'après un plan préétabli, l'anthropologiste américain
la rapporte à deux causes : à la ressemblance intellectuelle des hommes et à la similarité des obstacles
qu'ils ont dû surmonter pour développer leurs sociétés. Vico croyait, lui aussi, à la ressemblance intellectuelle. « Il existe nécessairement, dit-il, dans la
nature des choses humaines, une langue universelle
mentale, commune à toutes les nations ; laquelle
désigne uniformément la substance des choses jouant
un rôle actif dans la vie sociale des hommes et l'exprime avec autant de modifications que ces choses
peuvent prendre d'aspects différents. Nous consta-
tons son existence dans les proverbes, ces maximes
de la sagesse populaire, qui sont de la même substance chez toutes les nations antiques et modernes,
bien qu'ils soient exprimés de tant de manières différentes. »(Ib., *Degli Elem.*, XXII)(1).

1. Aristote attachait également beaucoup d'importance
aux proverbes ; plusieurs écrivains parlent d'un recueil de
maximes populaires qu'il avait composé et qui est perdu.
Synesius le mentionne dans son *Éloge de la Calvitie :*
« Aristote, dit-il, considère les proverbes comme les débris
de la philosophie des temps passés, engloutie dans les
révolutions que les hommes ont traversées : leur piquante
concision les a sauvés du naufrage. Aux proverbes et aux
idées qu'ils expriment s'attache donc la même autorité
qu'à l'antique philosophie, d'où ils nous sont venus et dont
ils gardent la noble empreinte, car, dans les siècles reculés, on saisissait bien mieux la vérité qu'aujourd'hui. »
L'évêque chrétien, qui était nourri des auteurs païens,
reproduit l'opinion de l'antiquité, qui pensait que l'homme
dégénérait au lieu de se perfectionner. Cette idée, contenue

« L'esprit humain, dit Morgan, spécifiquement le même chez tous les individus, chez toutes les tribus, chez toutes les nations, et limité quant à l'étendue de ses forces, travaille et doit travailler dans les mêmes voies uniformes et dans d'étroites limites de variabilité. Les résultats auxquels il arrive, dans des pays séparés par l'espace et par le temps, forment les anneaux d'une chaîne continue et logique d'expériences communes... Ainsi que les successives formations géologiques, les tribus de l'humanité peuvent être superposées en couches successives d'après leur développement : classées de la sorte, elles révèlent avec un certain degré de certitude la marche complète du progrès humain, de la sauvagerie à la civilisation », car « le cours des expériences humaines a cheminé par des voies presque uniformes » (1). Marx, qui a étudié le cours des « expériences » économiques,

dans la mythologie grecque et rapportée dans maints passages de l'*Iliade*, était partagée par les prêtres égyptiens qui, d'après Hérodote, divisaient les temps écoulés en trois périodes : l'âge des dieux, des héros et des hommes.

L'homme, depuis qu'il est sorti du communisme de la *gens*, a toujours cru qu'il dégénérait, et que le bonheur, le paradis terrestre, l'âge d'or était dans le passé. L'idée de perfectibilité humaine et de progrès social s'est formée au xviiie siècle, alors que la Bourgeoisie approchait du pouvoir ; mais, ainsi que le christianisme, elle relégua le bonheur au ciel.

Le socialisme utopique le fit descendre sur terre. « Le paradis n'est pas derrière nous, mais devant nous », disait Saint-Simon.

1. Lewis H. Morgan, *Ancient Society*, II, c. IX, IV, c. I, III, c. V.

confirme l'idée de Morgan. « Le pays le plus développé industriellement, dit-il dans la préface du *Capital*, montre à ceux qui le suivent sur l'échelle industrielle l'image de leur propre avenir. »

Ainsi donc « l'histoire idéale éternelle » que, d'après Vico, doivent parcourir, chacun à leur tour, les différents peuples de l'humanité, n'est pas un plan historique préétabli par une intelligence divine, mais un plan historique du progrès humain conçu par l'historien, qui, après avoir étudié les étapes parcourues par chaque peuple, les compare entre elles et les classe en séries progressives d'après leur degré de complexité.

Des recherches, continuées depuis un siècle sur les tribus sauvages et les peuples antiques et modernes ont triomphalement démontré l'exactitude de la loi de Vico ; elles ont établi que tous les hommes, quels que fussent leur origine ethnique et leur habitat géographique, avaient en se développant traversé les mêmes formes de famille, de propriété et de production, ainsi que les mêmes institutions sociales et politiques. Les anthropologistes danois furent les premiers à constater le fait et à diviser la période préhistorique en âges successifs de pierre, de bronze et de fer, caractérisés par la matière première des outils manufacturés et par conséquent par le mode de production. Les histoires générales des différents peuples, qu'ils appartiennent à la race blanche, noire, jaune ou rouge, et qu'ils habitent la zone tempérée, l'équateur ou les pôles, ne se distinguent entre elles que par l'étape de l'histoire idéale de Vico, que par la couche historique de Morgan, que par le barreau de l'échelle économique de Marx, auquel ils sont parvenus ; de sorte que le peuple le plus développé montre à ceux qui sont moins développés l'image de leur propre devenir.

Les productions de l'intelligence n'échappent pas à la loi de Vico. Les philologues et les grammairiens ont trouvé que, pour la création des mots et des langues, les hommes de toutes les races avaient suivi les mêmes règles. Les folkloristes ont recueilli chez les peuples sauvages et civilisés les mêmes contes, Vico avait déjà constaté chez eux les mêmes proverbes. Beaucoup de folkloristes, au lieu de considérer les contes similaires comme les productions des peuples qui ne les conservent que par tradition orale, pensent qu'ils ont été imaginés dans un centre unique, d'où ils se sont répandus sur la terre : c'est inadmissible et en contradiction avec ce que l'on observe pour les institutions sociales et pour les autres productions tant intellectuelles que matérielles.

L'histoire de l'idée de l'âme et des idées auxquelles elle a donné naissance est un des plus curieux exemples de la remarquable uniformité du développement de la pensée. L'idée de l'âme, que l'on rencontre chez les sauvages, même les plus inférieurs, est une de leurs premières inventions intellectuelles. L'âme une fois inventée, il fallut lui aménager une demeure sous terre ou au ciel pour la loger après la mort, afin de l'empêcher de vagabonder sans domicile et de tracasser les vivants. L'idée de l'âme, très vivace chez les peuples sauvages et barbares, après avoir contribué à la fabrication de l'idée du Grand-Esprit et de Dieu, s'évanouit chez les peuples arrivés à un degré supérieur de développement, pour ne renaître avec une vie et une force nouvelles que lorsqu'ils parviennent à une autre étape de l'évolution. Les historiens, après avoir signalé chez les nations historiques du bassin méditerranéen l'absence de l'idée de l'âme, qui cependant avait existé chez elles durant la précédente période sauvage, constatent sa renaissance quelques siècles avant l'ère chrétienne, ainsi que sa persistance jusqu'à nos jours. Ils se contentent de mentionner ces extraordinaires phénomènes de disparition et de réapparition d'une idée aussi capitale, sans leur attacher d'importance et sans songer à en chercher l'explication, que d'ailleurs ils n'auraient pu trouver dans le champ de leurs investigations et que l'on ne peut espérer découvrir qu'en appliquant la méthode historique de Marx, qu'en la recherchant dans les transformations du monde économique.

Les savants qui ont mis au jour les formes primitives de la famille, de la propriété et des institutions politiques, ont été trop absorbés par le travail de recherches pour avoir le temps de s'enquérir des causes de leurs transformations : ils n'ont fait que de l'histoire descriptive et la science du monde social doit être descriptive et explicative.

⁂

Vico pense que l'homme est le moteur inconscient de l'histoire et que ce ne sont pas ses vertus, mais ses vices qui en sont les forces vives. Ce ne sont pas le désintéressement, la générosité et l'humanité, mais « la férocité, l'avarice et l'ambition » qui créent et développent les sociétés ; « ces trois vices, qui égarent le genre humain, engendrent l'armée, le commerce et le pouvoir politique, — *la corte* — et comme conséquence le courage, la richesse et la sagesse des républiques : de sorte que ces trois vices, qui sont capables de détruire le genre humain sur la terre, produisent la félicité civile. »

Ce résultat inattendu fournit à Vico la preuve de « l'existence d'une divine providence, d'une divine intelligence, qui, avec les passions des hommes, absorbés tout entiers par leurs intérêts privés, lesquelles les feraient vivre dans les solitudes, comme des bêtes féroces, organise l'ordre civil, qui nous permet de vivre dans une société humaine. » (Ib., *Degl. Elem.*, VII).

La divine providence qui dirige les mauvaises passions des hommes est une réédition de l'axiome populaire : *l'homme s'agite et Dieu le mène*. Cette divine providence du philosophe napolitain et ce dieu de la sagesse populaire qui conduisent l'homme à l'aide de ses vices et de ses agitations, qui sont-ils ?

Le mode de production, répond Marx.

Vico, d'accord avec la raison populaire, affirme que l'homme seul fournit les forces motrices de l'histoire. Mais ses besoins et ses passions, mauvaises et bonnes, ne sont pas des quantités invariables, ainsi que le pensent les idéalistes, pour qui l'homme est resté toujours le même. Par exemple, l'amour maternel, cet héritage des animaux, sans lequel l'homme à l'état sauvage n'aurait pu vivre et se perpétuer, s'amoindrit dans la civilisation au point de disparaître chez les mères des classes riches, qui, dès sa naissance, se débarrassent de l'enfant et le confient à des soins mercenaires ; — d'autres femmes civilisées éprouvent si peu le besoin de la maternité qu'elles font vœu de virginité (1) ; l'amour paternel et la jalousie sexuelle qui ne peuvent se manifester dans les tribus sauvages et barbares pendant la période polyandrique, sont au contraire très développés chez les civilisés ; — le sentiment de l'égalité, vivace et imperieux chez les sauvages et les barbares, vivant en communauté, au point d'interdire à qui que ce soit la possession d'un objet que les autres ne pourraient posséder, s'est si bien oblitéré depuis que l'homme vit sous le régime de la propriété individuelle, que les pauvres et les salariés de la civilisation acceptent avec résignation, comme une fatalité divine et naturelle, leur infériorité sociale.

1. On observe un phénomène semblable chez des insectes qui ont su se créer un milieu social : la reine des abeilles, qui est la mère de la ruche, ne s'occupe pas de sa progéniture et tue ses filles, pourvues d'organes sexuels, que les ouvrières neutres doivent proteger contre la fureur maternelle. Des races de poules domestiquées ont perdu l'instinct de la maternité ; quoique excellentes pondeuses, elles ne couvent jamais.

Ainsi donc, dans le cours du développement humain, des passions fondamentales se transforment, se réduisent et s'éteignent, tandis que d'autres naissent et grandissent. Ne chercher que dans l'homme les causes déterminantes de leur production et évolution serait admettre que, bien que vivant dans la nature et la société, il ne subit pas l'influence de la réalité ambiante. Une telle supposition ne peut naître, même dans la cervelle du plus quintessencié idéaliste, car il n'oserait prétendre que l'on doit rencontrer le même sentiment de pudeur chez la femme de famille décente et la malheureuse gagnant son existence avec son sexe ; la même rapidité de calcul chez le commis de banque et l'académicien ; la même agilité des doigts chez le pianiste professionnel et le terrassier. Il est donc incontestable que l'homme physique, intellectuel et moral, subit d'une manière inconsciente mais profonde, l'action du milieu dans lequel il se meut.

IV

LE MILIEU NATUREL ET LE MILIEU ARTIFICIEL OU SOCIAL.

L'action du milieu n'est pas seulement directe, elle ne s'exerce pas uniquement sur l'organe qui fonctionne, sur la main dans le cas du pianiste et du terrassier, sur une partie du cerveau dans celui du commis et de l'académicien, sur le sens moral dans celui de la femme honnête et de la prostituée ; elle est encore indirecte et retentit sur tous les organes. Cette généralisation de l'action du milieu, que Geoffroy Saint-Hilaire désignait sous le nom caractéristique de *subordination des organes* et que les naturalistes modernes appellent *loi de corrélation*, Cuvier l'exposait ainsi : « Tout être organisé forme un ensemble, un système unique et clos, dont les parties se correspondent et concourent à la même action définitive par une action réciproque. Aucune de ces parties ne peut changer sans que les autres parties ne changent aussi (1). » Par exemple la forme des dents d'un animal ne peut se modifier pour une cause quelconque, sans entraîner des modifications dans les mâchoires, les muscles qui les font mouvoir, les os du crâne auxquels ils sont attachés, le cerveau que le crâne emboîte (2), les os et les muscles qui

1. Cuvier, *Discours sur les Révolutions de la Surface du globe.*

2. Des anatomistes estiment que les muscles temporaux — crotaphites — qui, chez les carnassiers et beaucoup de singes, se rejoignent sur la voûte du crâne et l'enveloppent comme dans une sangle, en comprimant la boîte crânienne, empêchent le développement du cerveau, relativement réduit par rapport à celui des animaux qui, comme l'homme, ont un appareil masticateur peu développé et des muscles crotaphites peu puissants. R. Anthony, en enlevant à deux chiens, au moment de la naissance, un des muscles temporaux, a constaté, quelques mois après, que la moitié du crâne correspondant au muscle supprimé était plus bombée, et que l'hémisphère cérébral avait augmenté de volume. — *Comptes rendus de l'Académie des Sciences*, 23 novembre 1903.

supportent la tête, la forme et la longueur des intestins, en un mot dans toutes les parties du corps. Les modifications qui se sont produites dans les membres antérieurs, dès qu'ils ont cessé de servir à la marche, ont amené des transformations organiques qui ont définitivement séparé l'homme des singes anthropoïdes.

Il n'est pas toujours possible de prévoir et de comprendre les modifications qu'entraîne le changement survenu dans un organe quelconque : ainsi pourquoi la rupture d'une jambe ou l'ablation d'un testicule chez les cervidés amènent l'atrophie du bois de la tête du côté opposé ; pourquoi les chats blancs sont sourds ; pourquoi les mammifères à pied muni d'un sabot sont herbivores et ceux à pied pourvu de cinq doigts, munis de griffes, carnassiers ?

Un simple changement dans les habitudes, en soumettant un ou plusieurs organes à un usage inaccoutumé, a parfois pour conséquences des modifitions profondes dans l'organisme tout entier. Darwin dit que le seul fait de brouter constamment sur des pentes inclinées a occasionné des variations dans le squelette de certaines races de vaches de l'Ecosse. Les naturalistes sont d'accord pour considérer les cétacés — baleines, cachalots et dauphins — comme d'anciens mammifères terrestres qui, trouvant dans la mer une alimentation plus abondante et plus facile, sont devenus nageurs et plongeurs : ce nouveau genre de vie a transformé leurs organes, réduisant à l'état de vestiges ceux qui ne servent plus, développant les autres et les adaptant aux nécessités du milieu aquatique. Les plantes du Sahara, pour s'adapter à son milieu aride, ont dû réduire leur taille et le nombre des feuilles à deux ou quatre, les enduire d'une couche cireuse pour prévenir l'évaporation et allonger prodigieusement les racines pour chercher l'humidité ; leurs phénomènes végétatifs se font à contre-saison ; elles dorment en été, dans la saison chaude, et végètent en hiver, dans la saison relativement froide et humide. Les plantes désertiques présentent toutes des caractères analogues : un milieu donné implique l'existence d'êtres présentant un ensemble de caractères déterminés.

Les milieux cosmiques ou *naturels* auxquels les végétaux et les animaux doivent s'adapter, sous peine de mort, forment, ainsi que l'être organisé de Cuvier, des ensembles, des systèmes complexes et sans limites précises dans l'espace, dont les parties sont : formation géologique et composition du sol, voisinage de l'équateur, élévation au-dessus du niveau de la mer, cours d'eaux qui l'arrosent, quantité de pluie qu'il reçoit et de chaleur solaire qu'il emmagasine, etc., et plantes et animaux qui y vivent. Ces parties se correspondent, de sorte que l'une d'elles ne peut changer sans entraîner de changement dans les autres parties : les changements des milieux naturels, pour être moins rapides que ceux qui se produisent dans les êtres organisés, sont cependant appréciables. Les forêts, par exemple, ont une influence sur la température et sur les pluies, et par conséquent sur l'humidité et l'humus du sol. Darwin a montré que des animaux, en apparence insignifiants, comme les vers, ont joué un rôle considérable dans la formation de la terre végétale ; Berthelot et les agronomes Hellriegel et Willfarth ont prouvé que les bactéries, qui pullulent dans les nodosités des racines des légumineuses, sont des agents fertilisateurs du sol. L'homme, par l'élevage et la culture, exerce une action marquée sur le milieu naturel ; des déboisements, commencés par les Romains, ont transformé en déserts inhabitables de fertiles contrées de l'Asie et de l'Afrique.

Les végétaux, les animaux et l'homme à l'état de nature, qui subissent l'action du milieu naturel, sans autre moyen de résistance que la faculté d'adaptation de leurs organes, doivent finir par se différencier, alors même qu'ils auraient une commune origine, si, pendant des centaines et des milliers de générations, ils vivent dans des milieux naturels différents. Les milieux naturels dissemblables tendent donc à diversifier les hommes aussi bien que les plantes et les animaux : c'est en effet pendant la période sauvage que se sont formées les diverses races humaines.

L'homme non seulement modifie par son industrie le milieu naturel dans lequel il vit, mais il crée de toutes pièces un milieu *artificiel* ou social qui lui permet sinon de soustraire son organisme à l'action du milieu naturel, du moins de l'atténuer considérablement. Mais ce milieu artificiel exerce à son tour une action sur l'homme. tel qu' lui est fourni par le

Lafargue

milieu naturel. L'homme, ainsi que le végétal et l'animal domestiqués, subit donc l'action de deux milieux.

Les milieux artificiels ou sociaux que les hommes ont créés successivement diffèrent entre eux par leur degré d'élaboration et de complexité ; mais les milieux de même degré d'élaboration et de complexité présentent entre eux de grandes ressemblances, quelles que soient les races humaines qui les ont créés et quels que soient leurs situations géographiques : de sorte que si les hommes continuent à subir l'action diversifiante de milieux naturels dissemblables, ils sont également soumis à l'action de milieux artificiels semblables, qui travaillent à diminuer les différences de races et à développer chez eux les mêmes besoins, les mêmes intérêts, les mêmes passions et la même mentalité. D'ailleurs les milieux naturels semblables, comme par exemple ceux situés à la même latitude et altitude, exercent une pareille action unifiante sur les végétaux et animaux qui y vivent ; ils ont une flore et une faune analogues. Les milieux artificiels semblables tendent donc à unifier l'espèce humaine que des milieux naturels dissemblables ont diversifié en races et sous-races.

Le milieu naturel évolue avec une si extrême lenteur que les espèces végétales et animales qui s'y sont adaptées semblent immuables. Le milieu artificiel évolue au contraire avec une croissante rapidité, aussi l'histoire de l'homme et de ses sociétés, comparée à celle des animaux et des végétaux, est extraordinairement mouvementée.

Les milieux artificiels, ainsi que l'être organisé et le milieu naturel, forment des ensembles, des systèmes complexes sans limites précises dans l'espace et le temps, dont les parties se correspondent et sont si étroitement liées qu'une seule ne peut être modifiée sans que toutes les autres ne soient ébranlées et ne doivent à leur tour subir des remaniements.

Le milieu artificiel ou social, d'une extrême simplicité et se composant d'un petit nombre de pièces chez les peuplades sauvages, se complique à mesure que l'homme progresse par l'addition de pièces nouvelles et par le développement de celles qui existaient déjà. Il est formé depuis la période historique par des institutions économiques, sociales, politiques et juridiques, par des traditions, des habitudes, des mœurs et des morales, par un sens commun et une opinion publique, par des religions, des littératures, des arts, des philosophies, des sciences, des modes de production et d'échange, etc., et par les hommes qui y vivent. Ces parties, en se transformant et en réagissant les unes sur les autres, ont donné naissance à une série de milieux sociaux de plus en plus complexes et étendus, qui, au fur et à mesure, ont modifié les hommes ; car, ainsi que le milieu naturel, un milieu social donné implique l'existence d'hommes présentant au physique et au moral un ensemble de caractères analogues. Si toutes ces parties qui se correspondent étaient stables ou ne variaient qu'avec une excessive lenteur, comme le font les parties du milieu naturel, le milieu artificiel resterait en équilibre et il n'y aurait pas d'histoire ; son équilibre, au contraire, est d'une extrême et croissante instabilité, constamment dérangée par les changements se produisant dans l'une quelconque de ses parties, qui alors réagit sur toutes les autres.

Les parties d'un être organisé, ainsi que celles d'un milieu naturel, réagissent les unes sur les autres directement, mécaniquement pour ainsi dire : lorsqu'au cours de l'évolution animale la station verticale fut définitivement acquise par l'homme, elle devint le point de départ de transformations de tous les organes ; lorsque la tête au lieu d'être portée par des muscles puissants au bout du cou, comme elle l'est chez les autres mammifères, fut supportée par la colonne vertébrale, ces muscles et les os sur lesquels ils s'insèrent se modifièrent et, en se modifiant, modifièrent le crâne et l'encéphale, etc... Lorsque la couche de terre végétale d'une localité augmente par une cause quelconque, au lieu de porter des plantes rabougries, elle nourrit une forêt, qui modifie le régime des eaux, qui accroissent le volume des cours d'eaux, etc. Mais les parties d'un milieu artificiel ne peuvent réagir les unes sur les autres que par l'intermédiaire de l'homme. La partie modifiée doit commencer par transformer physiquement et mentalement les hommes qu'elle fait fonctionner et leur suggérer les modifications qu'ils doivent apporter aux autres parties pour les mettre au niveau du progrès réalisé chez elle, afin qu'elles ne le gênent pas dans son développement et afin que de nouveau elles lui correspondent. Les parties non modifiées font sentir leur inconvénient, précisément par les qualités utiles qui constituaient leurs « bons côtés » ; lesquelles, en devenant surannées, sont nuisibles et constituent alors autant de « mauvais côtés », d'autant plus insupportables, que les modifications qu'elles auraient dû subir sont plus importantes. Le rétablissement de l'équilibre des pièces du milieu artificiel ne s'effectue souvent qu'après des luttes entre les hommes particulièrement intéressés dans la partie en voie de transformation et les hommes occupés dans les autres parties.

Le rappel de faits historiques, trop récents pour n'être pas dans la mémoire, illustrera le jeu des pièces du milieu artificiel par l'intermédiaire de l'homme.

L'industrie, quand elle eut utilisé l'élasticité de la vapeur comme force motrice, réclama de nouveaux moyens de transport pour véhiculer son combustible, sa matière première et ses produits. Elle suggéra aux industriels intéressés l'idée de la traction à vapeur sur lignes ferrées, qui commença à être mise en pratique dans le bassin houiller du Gard en 1830 et dans celui de la Loire en 1832 ; c'est en 1829 que Stephenson fit circuler en Angleterre le premier train mû par une locomotive. Mais quand on voulut donner de l'extension à ce mode de locomotion, on se heurta à de vives et nombreuses résistances, qui pendant des années retardèrent son développement. M. Thiers, un des chefs politiques de la bourgeoisie censitaire et un des représentants autorisés du sens commun et de

l'opinion publique, s'y opposa énergiquement parce
que, déclarait-il, « un chemin de fer ne peut marcher ». Les chemins de fer, en effet, bouleversaient
les idées les plus raisonnables et les mieux assises :
ils exigeaient, entre autres choses impossibles, de
graves changements dans le mode de propriété, servant de base à l'édifice social de la bourgeoisie, alors
régnante. Jusque-là un bourgeois ne créait une industrie ou un commerce qu'avec son argent, additionné,
tout au plus, de celui de un ou deux amis et connaissances, ayant confiance en son honnêteté et
habileté ; il gérait l'emploi des fonds et était le propriétaire réel et nominal de la fabrique ou de la maison de commerce. Mais les chemins de fer avaient
besoin pour s'établir de si énormes capitaux qu'il
était impossible de les trouver réunis dans les mains
de quelques individus : il fallait donc décider un grand
nombre de bourgeois à confier leur cher argent, qu'ils
ne quittaient jamais de l'œil, à des gens dont ils connaissaient à peine le nom et encore moins la capacité
et la moralité. L'argent lâché, ils perdaient tout contrôle sur son emploi ; ils n'avaient pas non plus la
propriété personnelle des gares, wagons, locomotives, etc., qu'il servait à créer ; ils n'avaient droit
qu'aux bénéfices, quand il y en avait ; au lieu de pièces d'or et d'argent ayant du volume, du poids et
d'autres solides qualités, on leur remettait une mince
et légère feuille de papier, représentant fictivement
une parcelle aussi infinitésimale qu'insaisissable de la
propriété collective, dont elle portait le nom imprimé

en gros caractères. De mémoire bourgeoise, jamais la propriété n'avait revêtu une forme aussi métaphysique. Cette forme nouvelle qui *dépersonnalisait* la propriété, était en si violente contradiction avec celle qui faisait les délices des bourgeois, celle qu'ils connaissaient et se transmettaient depuis des générations, que pour la défendre et la propager, il ne se trouva que des hommes chargés de tous les crimes et dénoncés comme les pires perturbateurs de l'ordre social, que des socialistes : Fourier et Saint-Simon préconisèrent la mobilisation de la propriété en actions de papier (1). On rencontre dans les rangs de leurs disciples les industriels, les ingénieurs et les financiers qui préparèrent la révolution de 1848 et se firent les complices du 2 décembre : ils profitèrent de la révolution politique pour révolutionner le milieu économique en centralisant les neuf banques provinciales en la Banque de France, en légalisant la nouvelle forme de propriété

1. Fourier, dans le *Traité de l'Unité universelle*, énumère les avantages que cette forme de propriété offre au capitaliste qui ne « court aucun risque de larcin, d'incendie et même de tremblement de terre... Un pupille ne risque jamais de perdre, ni d'être lésé sur la gestion et les revenus, l'administration est la même pour lui que pour les autres actionnaires... Un capitaliste possédât-il cent millions, peut, d'un instant à l'autre, réaliser sa fortune, etc... » Elle assurerait la paix sociale, car les « goûts séditieux se changent en amour de l'ordre si l'homme devient propriétaire », or « le pauvre, ne possédât-il qu'un écu, peut prendre part à l'une des actions populaires, divisées en parcelles fort petites... et devenir propriétaire en infiniment petit du canton tout entier, et pouvant dire *nos* palais, *nos* magasins, *nos* trésors ». Les socialistes utopistes étaient

et en la faisant accepter par l'opinion publique et en créant le réseau des chemins de fer français.

La grande industrie mécanique, qui doit faire venir de loin son combustible et sa matière première et qui doit écouler au loin ses produits, ne peut tolérer le morcellement d'une nation en petits États autonomes ayant chacun des douanes, des lois, des poids et mesures, des monnaies, du papier-monnaie, etc., particuliers ; elle a besoin au contraire pour se développer de nations unifiées et centralisées. L'Italie et l'Allemagne n'ont satisfait à ces exigences de la grande industrie qu'au prix de guerres sanglantes. MM. Thiers et Proudhon, qui avaient de si nombreux points de ressemblance et qui représentaient les intérêts politiques de la petite industrie se firent les ardents défenseurs de l'indépendance des Etats du Pape et des princes italiens.

Puisque l'homme crée et modifie successivement les parties du milieu artificiel, c'est donc en lui que résident les forces motrices de l'histoire, ainsi que le

plutôt les représentants du collectivisme capitaliste que de l'émancipation ouvrière. Leur âge d'or n'était que l'âge de l'argent.

Napoléon III et ses complices du coup d'État étaient imbus de ces principes du socialisme utopique ; ils facilitèrent aux plus petites bourses l'accès aux rentes sur l'Etat, dont la possession, jusque-là, était le privilège des grosses bourses ; ils *démocratisèrent la rente*, selon l'expression de l'un d'eux, en permettant l'achat de cinq, et même de un franc de rente. Ils croyaient, en intéressant la masse à la solidité du crédit public, empêcher les révolutions politiques.

pensent Vico et la sagesse populaire, et non pas en la Justice, le Progrès, la Liberté et autres entités métaphysiques, ainsi que le répètent étourdiment les historiens les plus philosophiques. Ces idées confuses et imprécises varient d'après les époques historiques et d'après les groupes et même les individus d'une même époque, car elles sont les réflexions dans l'intelligence des phénomènes qui se produisent dans les diverses parties du milieu artificiel : par exemple le capitaliste, le salarié et le magistrat ont des notions différentes sur la Justice. Le socialiste entend par justice la restitution aux producteurs salariés des richesses qui leur ont été volées, et le capitaliste la conservation de ces richesses volées, et comme celui-ci possède le pouvoir économique et politique, sa notion prédomine et fait la loi, qui, pour le magistrat, devient la Justice. Précisément parce que le même mot recouvre des notions contradictoires, la bourgeoisie a fait de ces idées un instrument de duperie et de règne.

La partie du milieu artificiel ou social donne à l'homme qui y fonctionne une éducation physique, intellectuelle et morale. Cette éducation des choses qui engendre chez lui des idées et excite ses passions, est inconsciente ; aussi quand il agit, il s'imagine suivre librement les impulsions de ses passions et de ses idées, tandis qu'il ne fait que céder aux influences exercées sur lui par une des parties du milieu artificiel, laquelle ne peut réagir sur les autres parties que par l'intermédiaire de ses idées et passions : obéissant inconsciemment à la pression indirecte du milieu, il attribue la direction de ses actions et agitations à un Dieu, à une divine intelligence ou à des idées de Justice, de Progrès, d'Humanité, etc... Si la marche de l'histoire est inconsciente, puisque, comme dit Hegel, l'homme aboutit toujours à un résultat autre que celui qu'il cherchait, c'est que jusqu'ici il n'a pas eu conscience de la cause qui le fait agir et qui dirige ses actions.

Quelle est la partie du milieu social la plus instable, celle qui change le plus fréquemment en quantité et en qualité, celle qui est la plus susceptible d'ébranler tout l'ensemble ?

Le mode de production, répond Marx.

Marx entend par mode de production la manière de produire et non ce qu'on produit : ainsi on a tissé dès les temps préhistoriques, et ce n'est que depuis environ un siècle que l'on tisse mécaniquement. Le mode mécanique de production est la caractéristique essentielle de l'industrie moderne. Nous avons sous les yeux un exemple sans pareil de sa foudroyante et irrésistible puissance pour transformer les institutions sociales, économiques, politiques et juridiques d'une nation. Son introduction au Japon l'a élevé dans l'espace d'une génération de l'état féodal du moyen âge à l'état constitutionnel du monde capitaliste et l'a placé au rang des puissances mondiales.

Des causes multiples concourent à assurer au mode de production cette toute-puissance d'action. La production absorbe directement ou indirectement l'énergie de l'immense majorité des individus d'une nation, tandis que, dans les autres parties constituant le milieu social (politique, religion, littérature, etc.), une restreinte minorité est engagée et encore cette minorité doit s'y intéresser pour se procurer les moyens d'existence matérielle et intellectuelle : par conséquent tous les hommes subissent mentalement et physiquement, plus ou moins, l'influence modificatrice du mode de production, tandis qu'un très petit nombre d'hommes est soumis à celle des autres parties : or, comme c'est par l'intermédiaire des hommes que les différentes pièces du milieu social réagissent les unes sur les autres, celle qui modifie le plus d'hommes possède nécessairement le plus d'énergie pour ébranler tout l'ensemble.

Le mode de production, d'importance relativement insignifiante dans le milieu social du sauvage, prend une importance prépondérante et sans cesse croissante par l'incessante incorporation dans la production des forces de la nature à mesure que l'homme apprend à les connaître : l'homme préhistorique a commencé cette incorporation en se servant des cailloux comme arme et outil.

Les progrès du mode de production sont relativement rapides, non seulement parce que la production occupe une masse énorme d'hommes, mais encore parce que, en allumant « les furies de l'intérêt privé », elle met en jeu les trois vices qui, pour Vico, sont les forces motrices de l'histoire : la dureté de cœur, l'avarice et l'ambition.

Les progrès du mode de production sont devenus

si précipités depuis deux siècles que les hommes intéressés dans la production doivent constamment remodeler les pièces correspondantes du milieu social pour les tenir à niveau ; les résistances qu'ils rencontrent donnent lieu à d'incessants conflits économiques et politiques : ainsi donc, si l'on veut découvrir les causes premières des mouvements historiques, il faut aller les chercher dans le mode de production de la vie matérielle, qui, comme dit Marx, conditionne en général le développement de la vie sociale, politique et intellectuelle.

Le déterminisme économique de Marx enlève à la loi d'unité de développement historique de Vico son caractère prédéterminé, qui ferait supposer que les phases historiques d'un peuple, ainsi que les phases embryonnaires d'un être, comme le pensait Geoffroy Saint-Hilaire, sont indissolublement liées à sa nature même et sont déterminées par l'inéluctable action d'une force interne, d'une « force évolutive », qui le conduirait par des voies préétablies vers des fins marquées d'avance ; d'où il s'ensuivrait que tous les peuples devraient progresser toujours et quand même, d'un pas égal et par une seule et même voie. La loi d'unité de développement, ainsi conçue, ne serait vérifiée par l'histoire d'aucun peuple.

L'histoire, au contraire, montre les peuples, les uns, s'attardant dans des phases d'évolution, que d'autres franchissent au pas de course, tandis que d'autres rétrogradent de celles où ils étaient déjà arrivés. Ces arrêts, progressions et régressions ne s'expliquent que si l'on éclaire l'histoire sociale, politique et intellectuelle des différents peuples par l'histoire des milieux artificiels dans lesquels ils ont évolué : les changements de ces milieux, déterminés par le mode de production, déterminent à leur tour les événements historiques.

Les milieux artificiels ne se transformant qu'au prix de luttes nationales et internationales, les événements historiques d'un peuple sont donc placés sous la dépendance des rapports qui s'établissent entre le milieu artificiel à transformer et ce peuple, tel qu'il a été façonné par le milieu naturel et les habitudes héréditaires et acquises. Le milieu naturel et le passé historique, imprimant à chaque peuple des caractères originaux, il s'ensuit que le même mode de production n'engendre pas avec une exactitude mathématique des milieux artificiels ou sociaux identiques, et n'occasionne pas, par conséquent, des événements historiques absolument semblables chez les différents peuples, et à tous les moments de l'histoire, puisque la concurrence vitale internationale s'élargit et s'intensifie à mesure que croît le nombre des peuples qui parviennent aux étapes supérieures de la civilisation. L'évolution historique des peuples, pas plus que l'évolution embryonnaire des êtres, n'est donc prédéterminée : si elle passe par des organisations familiales, propriétaires, juridiques et politiques semblables, et par des formes de pensée philosophique, religieuse, artistique et littéraire analogues, c'est que les peuples, quels que soient la race et l'habitat géographique, passent en se développant par des besoins matériels et intellectuels sensiblement semblables, et doivent forcément recourir, pour les satisfaire, aux mêmes procédés de production (1).

---

1. E. Geoffroy Saint-Hilaire, qui introduisit dans l'histoire naturelle l'*unité de plan de composition*, comme Vico avait introduit dans l'histoire humaine l'*unité de développement*, pensait que l'évolution embryonnaire dans l'œuf, à partir de la fécondation jusqu'à la naissance, se faisait suivant un plan préétabli, de sorte que les phases morphologiques se succédaient nécessairement, et que le monstre était un être partiellement arrêté à une des phases de l'évolution embryonnaire.

Les embryologistes modernes, qui rejettent le plan préétabli, pensent que l'évolution embryonnaire, étant donné l'intégrité de l'embryon, est sous la dépendance de ses relations avec le milieu dans lequel il se développe. Si, par exemple, on détruit un ou plusieurs segments (blastomères) d'œufs de grenouille, d'oursin, d'échinoderme, etc., on produit des monstres, c'est-à-dire des être incomplets, bien que parfois les parties non endommagées reproduisent les parties faisant défaut. — Si aux premiers stages de segmentation on partage en deux l'embryon, et qu'on réussisse à faire vivre les parties séparées, on obtient deux individus au lieu d'un, comme c'eût été le cas si l'œuf n'avait pas été divisé ; on suppose qu'une séparation analogue de l'œuf humain dans la matrice serait la cause des grossesses gémellaires. Si l'on modifie le milieu liquide dans lequel l'œuf se développe par l'addition de sels minéraux, on modifie les formes de l'embryon et on lui fait prendre de nouvelles formes.

Les mêmes formes ne se perpétuent, dans la nature, que parce que les influences qui les dirigent sont, sinon identiques à elles-mêmes, du moins extrêmement semblables dans leurs rapports réciproques. Les très légères variations de ces influences ont pour conséquence des modifications secondaires qui différencient les individus d'une même portée et d'une même famille ; quand ces variations sont plus importantes, elles peuvent donner naissance à des variétés, à des mutations qui sont susceptibles de devenir le point de départ de nouvelles races.

Il était intéressant de rapprocher de la conception socialiste de l'histoire humaine la conception naturaliste de la vie embryonnaire.

RECHERCHES SUR L'ORIGINE DE L'IDÉE DE JUSTICE ET DE L'IDÉE DU BIEN

Origine des idées abstraites

I

OPINIONS CONTRADICTOIRES SUR L'ORIGINE DES IDÉES ABSTRAITES

Il arrive souvent dans l'histoire de la pensée que des hypothèses et des théories, après avoir été l'objet d'études et de discussions, disparaissent du champ de l'activité intellectuelle, pour ne reparaître qu'après un temps d'oubli plus ou moins prolongé ; elles sont alors examinées de nouveau à la lumière des connaissances amassées dans l'intervalle et parfois elles finissent par être classées dans le bagage des vérités acquises.

La théorie de la continuité des espèces, inconsciemment admise par le sauvage, qui prend pour ancêtres des plantes et des animaux dotés de qualités humaines, scientifiquement entrevue par les penseurs de l'antiquité et de la Renaissance et génialement précisée par les naturalistes de la fin du XVIIIe siècle, tomba dans un oubli si profond après le mémorable débat entre Geoffroy Saint-Hilaire et Cuvier, qu'on en attribua la conception à Darwin, lorsqu'il la fit revivre en 1859 dans son *Origine des Espèces*. Les preuves qui, en 1831, avaient manqué à Geoffroy Saint-Hilaire pour faire triompher sa thèse de « l'unité de plan » avaient été accumulées en telle abondance que Darwin et ses disciples purent compléter la théorie et l'imposer au monde scientifique.

La théorie matérialiste de l'origine des idées abstraites a eu un pareil sort : émise et discutée par les penseurs de la Grèce, reprise en Angleterre par les philosophes du XVIIe siècle et en France par ceux du XVIIIe siècle, elle a, depuis le triomphe de la Bourgeoisie, été éliminée de l'ordre des préoccupations philosophiques.

*
* *

A côté des idées qui correspondent à des choses et à des êtres, il en existe d'autres qui n'ont pas de contre-partie tangible dans le monde objectif, telles que les idées du Juste, du Vrai, du Bien, du Mal, de Nombre, de Cause, d'Infini, etc... Si on ignore le phénomène cérébral qui transforme la sensation en idée, de même qu'on ne sait comment une dynamo transmute le mouvement en électricité, on n'est pas embarrassé pour se rendre compte de l'origine des idées qui sont les perceptions des objets tombant sous les sens ; tandis que l'origine des idées abstraites, qui ne correspondent à aucune réalité objective, a été l'objet d'études qui n'ont pas encore donné de résultats définitifs.

Les philosophes grecs, que l'on rencontre à l'entrée de toutes les avenues de la pensée, ont posé et essayé de résoudre le problème des idées abstraites. Zénon le fondateur de l'école stoïcienne, regardait les sens comme la source des connaissances ; mais la sensation ne devenait notion qu'après avoir subi une série de transformations intellectuelles. Les sauvages et les barbares qui furent les créateurs des langues latine et grecque, devançant les philosophes, semblent avoir cru que les pensées provenaient des sensations, puisqu'en grec *idea*, apparence physique d'un objet, ce qui frappe la vue, signifie idée, et qu'en latin *sapientia*, saveur d'un corps, ce qui frappe le palais, devient raison (1).

1. Les Grecs semblent avoir attaché plus d'importance au sens de la vue et les Latins au sens du goût, ainsi que le prouvent les exemples suivants :

Eidos (grec), aspect, forme physique ; *eidôlon*, image, ombre, fantôme, idée ;

Phantasia, aspect, forme extérieure, image, idée ;

Gnôma, signe, pensée ;

Gnômôn, équerre, cadran solaire, celui qui sait, savant ;

Noeô, voir, penser ;

Saphès, clair, manifeste, ce qui saute aux yeux ; *Sophia*, science, sagesse ;

Sapor (latin), saveur, goût pour juger les aliments, raison ;

Sapidus, sapide, ce qui a du goût, sage, vertueux ;

Sapiens, qui a le palais délicat, sage ;

Platon, au contraire, pensait que les idées du Bien, du Vrai, du Beau, étaient innées, immuables, universelles ; « l'âme, dans son voyage à la suite de Dieu, dédaignant ce qu'improprement nous appelons des

Sapio, avoir de la saveur, avoir de la raison, connaître.

Cette différence sur les sources sensorielles des idées caractérise ces deux peuples, qui jouèrent un si grand rôle historique, l'un dans l'évolution de la pensée et dans sa manifestation poétique et plastique, et l'autre dans l'élaboration du droit, dans la brutale manipulation des hommes et des nations et dans l'organisation unitaire du monde antique.

Le très jeune enfant et le sauvage portent à la bouche l'objet qu'ils veulent reconnaître ; les chimistes font de même ; dans les idéogrammes égyptiens, l'homme portant la main à la bouche est un symbole, qui signifie idée de pensée.

Les physiologistes croient que la pensée a débuté dans la série animale par l'élaboration des perceptions olfactives ; car chez les amphibiens et les reptiles le rudiment de l'écorce cérébrale n'est guère relié qu'avec l'appareil olfactif et ce n'est que postérieurement à l'établissement de ces rapports que les autres appareils des sens sont rattachés au manteau des hémisphères cérébraux.

Les fibres nerveuses de l'embryon humain ne se revêtent pas de myéline simultanément, mais successivement. L'ordre d'apparition de la myéline traduit l'ordre suivant lequel apparaissent les diverses fonctions nerveuses : de toutes les fibres qui aboutissent à l'écorce cérébrale, celles qui forment le réseau olfactif se recouvrent les premières de myéline.

L'embryologie enseigne comment se construit la vie mentale, toujours les centres sensitifs sensoriels entrent en fonction avant les centres d'idéation ; ils y apportent les matériaux et y allument la flamme.

N.-B. On a imprimé en lettres latines les mots grecs afin de faciliter la lecture de l'étude aux camarades qui ne sont pas familiarisés avec l'alphabet grec.

êtres et élevant ses regards vers le seul Être véritable, l'avait contemplé et se ressouvenait de ce qu'elle avait vu.» (*Phèdre*). Socrate avait également placé par de là l'humanité le Droit naturel, dont les lois, écrites nulle part, sont néanmoins respectées par toute la terre, bien que les hommes ne se soient jamais assemblés pour les décréter d'un commun accord (1).

1. Une des « lois non écrites » de Socrate était l'entente universelle pour interdire les relations sexuelles entre les père et mère et leurs enfants. Xénophon, qui avait voyagé en Perse et qui n'ignorait pas que les mages pratiquaient cet inceste pour honorer la divinité et procréer des grands-prêtres, prétendait qu'il était contraire à la loi naturelle et divine, parce que les enfants issus de tels accouplements sont chétifs ; il ramenait la loi du Droit naturel de son maitre Socrate à n'être qu'une loi physiologique, acquise par l'expérience.

Socrate ne voulait pas se souvenir qu'Hésiode, reproduisant les légendes religieuses de son époque, donne pour femme à Ouranos sa propre mère Gaia, la plus antique déesse, « la mère de toutes choses », dit Homère ; dans les religions de l'Inde, de la Scandinavie et de l'Égypte on rencontre des cas d'inceste divin : Brahma épouse sa fille Saravasty, Odin sa fille Frigga, et Amon, dans le Papyrus Anastasy, de Berlin, se vante d'être le mari de sa mère. Ces mythes, que l'on pourrait retrouver dans toutes les religions primitives, ont une valeur historique : les légendes et cérémonies religieuses préservent le souvenir d'époques depuis longtemps ensevelies dans l'oubli. Le récit biblique du sacrifice d'Abraham et la Communion chrétienne, ce repas symbolique dans lequel le dévot catholique mange son Dieu fait homme, sont les lointains échos des holocaustes humains et des festins cannibalesques des sémites préhistoriques. L'homme, pour créer ses légendes religieuses, emploie le même procédé que pour élaborer ses idées. Il se sert, comme matériaux, des événements de sa vie quotidienne ; dans le cours des siècles, les phénomènes

Aristote ne semble pas avoir eu une foi aussi robuste dans le Droit naturel, dont il se moque agréablement quand il assure qu'il n'était inviolable que pour les Dieux ; cependant les immortels de l'Olympe en prenaient à leur aise avec ce droit naturel et leurs faits et gestes choquaient si grossièrement la morale courante des mortels, que Pythagore condamnait aux supplices de l'enfer les âmes d'Homère et d'Hésiode, pour s'être risqués à les narrer. Le droit pour Aristote n'était pas universel ; selon lui, il ne pouvait exister qu'entre personnes égales : le père de famille, par exemple, ne pouvait commettre d'injustice envers

qui leur ont donné naissance se transforment et s'évanouissent, mais la forme légendaire ou cérémonielle, qui a été leur manifestation intellectuelle, persiste ; il ne s'agit que de l'interpréter sagacement pour évoquer les coutumes d'un passé que l'on croyait à jamais perdu.

La coutume incestueuse des prêtres persans et les légendes religieuses de peuples de races si différentes feraient donc supposer qu'à une époque reculée les rapports sexuels entre parents et enfants étaient chose habituelle ; à ce propos, Engels remarque que les tribus sauvages qui les premières parvinrent à les interdire, durent, par ce seul fait, acquérir un avantage sur leurs rivales, et durent, par conséquent ou les détruire ou leur imposer leurs mœurs. Il est donc plus que probable que la défense de ces mariages incestueux, la coutume la plus universelle que l'on connaisse, si universelle que Socrate la croyait une des lois de son Droit naturel, n'a pas toujours régné et qu'au contraire ces relations sexuelles se pratiquaient naturellement dans l'espèce humaine, émergeant de l'animalité. Mais l'expérience ayant démontré leurs mauvais effets les fit interdire, ainsi que le pensait Xénophon. Les éleveurs ont dû pareillement les interdir parmi les animaux domestiques, afin de les empêcher de dégénérer.

sa femme, ses enfants et ses esclaves, envers toute personne vivant sous sa dépendance ; il pouvait les frapper, les vendre et les tuer sans pour cela sortir du droit. Aristote, ainsi qu'on le fait d'habitude, adaptait son Droit aux mœurs de son époque ; comme il ne concevait pas la transformation de la famille patriarcale, il se voyait contraint d'ériger ses coutumes en principes du droit. Mais au lieu d'accorder un caractère universel et immuable au droit, il ne lui concédait qu'une valeur relative, et limitait son action entre personnes placées sur le pied d'égalité.

Mais comment se fait-il que son maître, Platon, dont l'esprit est si subtil, qui avait sous les yeux les mêmes coutumes et qui n'en comprenait pas davantage l'abolition, puisque dans sa République idéale il introduit l'esclavage, n'ait pas eu les mêmes opinions sur la relativité du Juste ? On s'est autorisé d'un mot échappé à Aristote pour avancer que Platon, ainsi que les prêtres des mystères sacrés et que la plupart des sophistes, n'avait pas exposé dans ses écrits toute sa philosophie, qui n'était révélée qu'à un petit nombre de disciples éprouvés : il aurait été intimidé par la condamnation de Socrate et par les dangers qu'avait courus à Athènes Anaxagoras, qui y avait importé d'Ionie la philosophie de la nature et qui n'avait échappé à la mort que par la fuite.

Cette opinion est confirmée par une lecture attentive et comparée des *Dialogues* de Platon, qui, ainsi que le remarque Gœthe, se moque souvent de ses lecteurs En tout cas, le maître de Socrate et plusieurs des disciples de ce dernier n'avaient qu'une mince idée de l'immutabilité de la Justice. Archelaüs, qui mérita le surnom de naturaliste (*phusikos*) et qui fut le maître de Socrate, niait le Droit naturel et soutenait que les lois civiles étaient les uniques fondements des notions du Juste et de l'Injuste. Aristippe qui, comme Platon, fut le disciple de Socrate, affichait un profond mépris pour le droit naturel et social et professait que le sage devait se mettre au-dessus des lois civiles et se permettre tout ce qu'elles défendaient, quand il pouvait le faire en toute sécurité : les actions qu'elles interdisaient n'étant mauvaises que dans l'opinion vulgaire, inventée pour tenir en bride les sots (1). Platon, sans avoir l'audace d'émettre de semblables doctrines, montrait par son estime avouée pour la pédérastie le peu de cas qu'il faisait des lois du Droit naturel. Cet amour contre nature, interdit aux esclaves, était le privilège des citoyens libres et des hommes vertueux ; dans la *République* (liv. V), Socrate en fait une des récompenses du courage guerrier.

1. Les opinions anarchiques d'Aristippe et de l'école Cyrénaïque se sont reproduites à différentes reprises dans le cours de l'histoire : des sectes chrétiennes, pendant les premiers siècles et pendant le moyen-âge, et des sectes politiques, pendant la Révolution anglaise du xvii⁰ siècle et pendant la Révolution française du xviii⁰ siècle, les ont fait revivre et de nos jours les sectes anarchistes les professent. Le déséquilibre social se traduit dans le cerveau par ce rejet cynique des notions de la morale courante et conventionnelle.

**

La querelle sur l'origine des idées fut rallumée aux XVIIe et XVIIIe siècles en Angleterre et en France, alors que la Bourgeoisie se remuait et se préparait pour s'emparer de la dictature sociale. — Il n'y a point de notions innées, déclaraient Diderot et les Encyclopédistes ; l'homme vient au monde comme une table rase sur laquelle les objets de la nature gravent leurs impressions avec le temps. L'école sensualiste de Condillac reprenait le fameux axiome : *rien n'existe dans l'entendement qui, primitivement, n'ait été dans les sens*. Buffon conseillait de rassembler des faits pour se procurer des idées, qui ne sont que des sensations comparées ou pour mieux dire des associations de sensations.

Descartes ressuscitant la méthode d'introspection et le *connais-toi toi-même* de Socrate et remettant en usage le casse-tête chinois de l'École Alexandrine, *étant donné soi, trouver Dieu*, s'isolait dans son *Moi* pour connaître l'univers et datait de son Moi le commencement de la philosophie, ainsi que le lui reproche Vico. Comme dans « son Moi purifié des croyances apprises, ou comme on dit des préjugés conçus depuis l'enfance par les sens, ainsi que de toutes les vérités enseignées par les sciences », Descartes trouvait les idées de substance, de cause, etc., il les supposait inhérentes à l'intelligence et non acquises par l'expérience : elles étaient selon l'expression de Kant des idées universelles et nécessaires, des concepts rationnels dont l'objet ne peut être fourni par l'expérience, mais qui existent incontestablement dans notre esprit; que nous le sachions ou que nous l'ignorions nous portons à chaque instant des jugements nécessaires et universels : dans la plus simple des propositions sont contenus les principes de substance, de cause et d'être

Leibniz répliquait à ceux qui, avec Locke, affirmaient que les idées s'introduisaient par la voie des sens qu'en effet *rien n'existait dans l'entendement qui primitivement n'avait été dans les sens, excepté l'entendement lui-même*. L'homme d'après lui apportait en naissant des idées et des notions cachées dans son entendement que la rencontre des objets extérieurs faisait apparaître. *L'intelligence est préformée avant que l'expérience individuelle ne commence*. Il comparait les idées et les notions antérieures à l'expérience aux veines diversement colorées qui sillonnent un bloc de marbre et dont le sculpteur habile se sert pour orner les statues qu'il en tire.

Hobbes qui avant Locke avait dit dans son traité sur *La Nature humaine* qu'il n'y avait point de « notions dans l'âme qui n'aient préexisté dans la sensation » et que les sensations sont les origines des idées, reprenant la thèse d'Archelaüs, soutenait dans son *De Cive* qu'il fallait s'adresser aux lois civiles pour savoir ce qui était juste et injuste. Elles nous indiquent ce qu'il faut « nommer larcin, meurtre, adultère ou injure à un citoyen : car ce n'est un larcin d'ôter simplement à quelqu'un ce qu'il possède, mais ce qui lui appartient ; or c'est à la loi à déterminer ce qui est à nous et ce qui est à autrui. Pareillement tout homicide n'est pas meurtre, mais bien quand on tue celui que la loi civile défend de faire mourir. Ni ce n'est pas un adultère que de coucher avec une femme, mais seulement d'avoir affaire à une femme que la loi défend d'approcher.» (1). Les patriciens de Rome et d'Athènes ne commettaient pas d'adultère en forniquant avec les femmes des artisans : *in quas stuprum non comittitur*, disait la brutale formule juridique ; elles étaient consacrées à la débauche aristocratique. De nos jours le mari qui, en Angleterre, tuerait sa femme surprise en flagrant délit d'adultère, serait bel et bien pendu, comme un vulgaire assassin, tandis qu'en France, loin d'être puni, il devient un héros qui a vengé son honneur, niché entre les cuisses de madame son épouse. Le cours d'une rivière suffit pour transformer un crime en un acte vertueux, disait, avant Pascal, le sceptique Montaigne (*Essais*, liv. II, chap. XIII).

Locke prétendait que les idées découlaient de deux sources : la sensation et la réflexion ; Condillac dépouilla en apparence la doctrine du philosophe anglais d'une de ses sources, de la réflexion, pour ne

1. *De Cive*, traduction de Sorbière, Amsterdam, 1649. Hobbes dans le *Leviathan* reprend la même thèse qu'il n'avait cru devoir confier qu'au latin dans *De Cive* : « Les désirs et les passions de l'homme, dit-il, ne sont pas des péchés en eux-mêmes, non plus que les actions qui proviennent de ces passions ne sont des fautes jusqu'à ce qu'une loi les interdise ».

conserver que la sensation qui se transformait en attention, comparaison, jugement, raisonnement et enfin en désir et volonté : son ex-disciple Maine de Biran, jetant aux orties la sensation et remettant en honneur la méthode de Descartes, qui tirait tout de son Moi, ainsi que d'un puits, trouvait dans l'entendement le point de départ des idées (1). Les notions

1. L'évolution intellectuelle de M. de Biran est des plus intéressantes, elle permet de constater chez le plus remarquable philosophe français du commencement du siècle le brusque et extraordinaire revirement de la pensée bourgeoise, dès que, de classe révolutionnaire, la Bourgeoisie devint classe régnante et conservatrice.

De Biran, dans un manuscrit de 1794, publié après sa mort survenue en 1824, déclare que Bacon et Locke ont fondé la science philosophique et que Condillac lui a « assigné ses bornes » et a dissipé pour toujours « ces rêveries que l'on qualifiait de métaphysique ».

L'Institut national où régnait le sensualisme de Condillac couronna en nivôse an IX (1801) une étude de Biran sur l'*Influence de l'habitude sur la faculté de penser*, qu'il avait mise au concours. Biran y posait en axiome que « la faculté de sentir est l'origine de toutes les facultés » et se proposait d'appliquer à l'étude de l'homme la méthode de Bacon et d'éclairer la métaphysique en transportant la physique dans son sein. De Gerando, qui lui aussi devait renier Condillac et sa philosophie, dans son mémoire sur l'*Influence des signes sur la faculté de penser*, que couronna en 1800 l'Institut, affirmait que « la doctrine de Condillac était comme le dernier mot de la raison humaine sur les doctrines qui l'intéressent le plus ».

L'Institut couronna en 1805 un nouveau mémoire de Biran sur la *Décomposition de la Pensée*. La scène politique s'était transformée : la Bourgeoisie victorieuse s'occupait de réintroduire et d'enrôler à son service la religion catholique qu'elle avait ridiculisée, dépouillée et foulée aux pieds alors qu'elle était la servante à tout faire de l'aristocratie,

de cause et de substance, disait-il, sont dans notre esprit antérieures aux deux principes qui les contiennent ; nous pensons d'abord ces idées en nous-

sa rivale. Pendant que les hommes politiques réorganisaient le pouvoir, reprenant et renforçant les forces répressives de l'ancien régime, les philosophes se chargeaient de déblayer le terrain intellectuel de la philosophie « analytique » et démolisseuse des Encyclopédistes. L'Institut en couronnant ce mémoire de Biran et celui-ci en l'écrivant remplissaient en conscience la tâche imposée par les nouvelles conditions sociales. Le mémoire de Biran signale ce qu'il y a d'illusion dans la prétendue analyse de Condillac et dans cette sensation qui se métamorphose en jugement et en volonté, sans qu'on ait pris le soin de lui assigner un principe de transformation ; il rend la méthode de Bacon, intempestivement appliquée à l'étude de l'être intellectuel, responsable des aberrations de la philosophie du dix-huitième siècle et s'élève contre toute assimilation entre les phénomèmes physiques perçus par les sens et les faits intérieurs. Les sophistes avaient succédé aux philosophes.

Cabanis lui-même, qui devait mourir en 1808, eut cependant le temps de faire sa volte-face. Dans son célèbre ouvrage sur les *Rapports du Physique et du Moral de l'homme*, paru en 1802, il avait écrit : « La médecine et la morale reposent sur une base commune, sur une connaissance physique de la nature humaine... La source de la morale est dans l'organisation humaine... Si Condillac avait connu l'économie animale, il aurait senti que l'âme est une *faculté* et non pas un *être*. Il faut considérer le cerveau comme un organe particulier destiné spécialement à produire la pensée, de même que l'estomac et les intestins sont destinés à opérer la digestion. Les impressions sont les aliments du cerveau... elles arrivent au cerveau et le font entrer en activité... elles lui arrivent isolées, sans cohérence, mais le cerveau entre en action, réagit sur elles et bientôt les renvoie métamorphosées en idées... » Cabanis, qui avait écrit ces horreurs matérialistes, proclamait dans sa *Lettre à Fauriel sur les Causes premières*, publiée seize ans

mêmes, dans la connaissance de cause et de substance que nous sommes ; une fois ces idées acquises,

après sa mort, l'existence de Dieu, « l'intelligence ordonnatrice du monde » et l'immortalité de l'âme par « la persistance du Moi » après la mort. Fauriel avait converti Cabanis, comme Fontanes avait métamorphosé le Chateaubriand, rousseaulâtre et athée des *Essais sur les Révolutions* de 1797, en le Chateaubriand réactionnaire et mystagogue du *Génie du Christianisme* de 1802. Il existait alors une petite clique de convertisseurs, influents dans la presse et les sphères gouvernementales, qui avaient entrepris de ramener dans les saines doctrines les littérateurs et les philosophes égarés.

Il ne faut pas perdre son temps à accuser de palinodies et de trahison les hommes qui avaient traversé la Révolution et qui en étaient revenus. Ces hommes remarquables auraient peut-être préféré conserver les opinions politiques et philosophiques, qui, à leurs débuts dans la vie, les avaient portés aux premiers rangs ; mais ils durent les sacrifier pour conserver leurs moyens d'existence et leurs positions acquises et pour conquérir les faveurs de la Bourgeoisie assagie ; ils les remplacèrent par la politique et la philosophie qui convenaient à ses intérêts matériels et satisfaisaient ses besoins intellectuels. Ils étaient d'ailleurs des bourgeois ; subissant les influences de l'ambiance sociale, ils évoluaient avec leur classe, et ils purent faire ce changement de peau sans douloureux déchirements. Il n'y a donc pas à faire de l'indignation morale, mais à rechercher et à analyser les causes sociales qui leur ont imposé des volte-faces politiques et des transformations intellectuelles à vue. Il est dans l'histoire peu de moments où l'on puisse saisir mieux que pendant les premières années du XIXᵉ siècle l'action directe des événements sociaux sur la pensée. Cette époque est d'autant plus caractéristique que c'est alors que se formulèrent presque toutes les théories économiques, politiques, philosophiques, religieuses, littéraires et artistiques qui devaient former le gros du bagage intellectuel de la nouvelle classe régnante.

l'induction les transporte hors de nous et nous fait concevoir des causes et des substances partout où il y a des phénomènes et des qualités. Le principe de cause et de substance se réduit donc à n'être qu'un phénomène ou plutôt qu'une fiction de notre entendement, selon le mot de Hume. La méthode d'introspection de Descartes et de Socrate, dont les spiritualistes bourgeois abusent si libéralement, aboutit d'un côté au scepticisme et de l'autre à l'impuissance ; car « prétendre illuminer les profondeurs de l'activité psychologique au moyen de la conscience individuelle, c'est vouloir éclairer l'univers avec une allumette », dit Maudsley.

La victoire définitive de la Bourgeoisie en Angleterre et en France imprima une complète révolution à la pensée philosophique : les théories de Hobbes, de Locke et de Condillac, après avoir tenu le haut du pavé, furent détrônées ; on ne daigna plus les discuter et on ne les mentionnait que tronquées et falsifiées pour donner des exemples des aberrations dans lesquelles tombe l'esprit humain, quand il abandonne les voies de Dieu. La réaction alla si loin que sous Charles X même la philosophie des sophistes du spiritualisme fut tenue en suspicion ; on essaya d'en interdire l'enseignement dans les collèges (1). La Bour-

1. « Dans ces dernières années, écrit en 1828 un professeur de philosophie, le pouvoir a presque ramené l'étude de la philosophie à l'âge de la scolastique…On a ordonné que les leçons se fissent en latin et sous la forme de l'antique argumentation : cet ordre est en pleine exécution dans la plupart de nos collèges… On philosophe en latin

geoisie triomphante restaura sur l'autel de sa Raison les vérités éternelles et le spiritualisme le plus vulgaire. La Justice, que les philosophes de Grèce, d'Angleterre et de France avaient réduite à des proportions raisonnables qui l'accommodaient aux conditions du milieu social où elle se manifestait devint un principe nécessaire, immuable et universel. « La Justice, s'écrie un des plus académiques sophistes de la philosophie bourgeoise, est invariable et toujours présente, bien qu'elle n'arrive que par degrés dans la pensée humaine et dans les faits sociaux. Les limites de son champ d'action reculent toujours, et ne se rétrécissent jamais, aucune puissance humaine ne peut lui faire quitter le terrain acquis. »

Les Encyclopédistes s'étaient lancés avec un enthousiasme révolutionnaire à la recherche des origines des idées, qu'ils espéraient trouver en interrogeant l'intelligence des enfants et des sauvages (1) ; la nouvelle

d'un bout de la France à l'autre avec le cérémonial et l'étiquette de l'ancien syllogisme. Et sur quoi philosophe-t-on ? Sur les thèses de l'école et sur les *objecta* qui leur correspondent, c'est-à-dire que l'on argumente sur la logique, la métaphysique et la morale. » *Essai sur l'Histoire de la Philosophie en France au dix-neuvième siècle*, par Ph. Damiron, professeur de philosophie au collège de Bourbon, Paris, 1828.

1. *La Société des observateurs de l'homme*, dont faisaient partie Cuvier, l'aliéniste Pinel, le philosophe Gerando, le jurisconsulte Portalis, etc., votait en prairial an VIII (1800) un prix de 600 francs pour l'étude suivante : « Déterminer par l'observation journalière d'un ou plusieurs enfants au berceau l'ordre dans lequel les facultés physiques, intellectuelles et morales se développent et jusqu'à quel point

philosophie repoussa avec dédain ces recherches qui étaient de nature à conduire à de dangereux résultats. « Écartons d'abord la question d'origine, s'écrie Victor Cousin, le maître sophiste, dans sa logomachie sur le Vrai, le Beau et le Bien. La philosophie du dernier siècle se complaisait trop à ces sortes de questions. Comment demander la lumière à la région des ténèbres et l'explication de la réalité à une hypothèse ? Pourquoi remonter à un prétendu état primitif pour se rendre compte d'un état présent qu'on peut étudier en lui-même ? Pourquoi rechercher ce qu'a pu être en germe ce qu'on peut apercevoir et ce qu'il s'agit de connaître achevé et parfait ?... Nous nions absolument qu'il faille étudier la nature humaine dans le fameux sauvage de l'Aveyron ou dans ses pareils des îles de l'Océanie ou du continent américain... L'homme vrai, c'est l'homme parfait en son genre ; la vraie nature humaine, c'est la nature humaine arrivée à son développement, comme la vraie société c'est aussi la société perfectionnée...

ce développement est secondé ou contrarié par l'influence des objets et des personnes qui environnent l'enfant. »

Dans la même séance, dont rend compte la *Décade philosophique* du 30 prairial, de Gerando lut des considérations sur les méthodes à suivre dans l'observation des peuples sauvages. Un autre membre communiqua une étude sur l'enfance de Massieu, sourd et muet de naissance.

La Société s'était beaucoup intéressée à l'observation du jeune sauvage de l'Aveyron, amené à Paris vers la fin de l'an VIII : trois chasseurs l'avaient trouvé dans les bois, où il vivait nu, se nourrissant de glands et de racines ; il paraissait avoir une dizaine d'années.

Détournons les yeux de l'enfant et du sauvage pour les porter sur l'homme actuel, l'homme réel et achevé » (xv⁰ et xvi⁰ leçons). Le Moi de Socrate et de Descartes devait fatalement conduire à l'adoration du Bourgeois, l'homme parfait en son genre, réel, achevé, le type de la nature humaine arrivée à son complet développement et à la consécration de la société bourgeoise, l'ordre social perfectionné, fondé sur les principes éternels et immuables du Bien et du Juste.

II

FORMATION DE L'INSTINCT ET DES IDÉES ABSTRAITES

On peut appliquer à l'instinct des animaux ce que les philosophes spiritualistes disent des idées innées. Les bêtes naissent avec une prédisposition organique, avec une *préformation intellectuelle*, selon le mot de Leibniz, qui leur permet d'accomplir spontanément, sans passer par l'école d'aucune expérience, les actes les plus compliqués, nécessaires à leur conservation individuelle et à la propagation de l'espèce. Cette préformation n'est nulle part plus remarquable que chez les insectes à métamorphoses (papillons, hannetons, etc.) ; au fur et à mesure de leurs transformations, ils adoptent des genres différents de vie, en rigoureuse corrélation avec chacune des nouvelles formes qu'ils revètent. Sébastien Mercier avait bien raison quand il déclarait que « l'instinct était une idée innée » (1). Les spiritualistes n'ayant pas idée que l'instinct pourrait être le résultat de la lente adaptation d'une espèce animale aux conditions de son milieu naturel, concluent bravement que l'instinct est un présent de Dieu. L'homme n'a jamais hésité à mettre hors de sa portée les causes des phénomènes qui lui échappaient.

1. Le 7 nivôse an VIII (1800), S. Mercier faisait dans le Paris qui sortait de la Révolution une première conférence sur les idées innées pour « détrôner Condillac, Locke et leur métaphysique ». On attribue à Royer-Collard le premier réveil de la philosophie spiritualiste, complètement démodée depuis un demi-siècle. Cet honneur, si honneur il y a, revient à cet esprit déséquilibré qui opposait Kant aux Encyclopédistes et se proposait bruyamment de réfuter Newton, « cet anatomiste de la lumière, qui ne peut rien imaginer de plus ridicule que de faire tourner la terre, comme une dinde, devant le foyer solaire ». Le spiritualisme bourgeois ne pouvait avoir en France un plus digne parrain.

Les conférences de Mercier faisaient sensation ; un public nombreux y assistait. La *Décade philosophique* du 10 floréal rend compte de la conférence sur les idées innées : « Je les admets, s'écria-t-il en débutant, et j'obéis en cela à ma raison intime..... L'homme pense indépendamment des objets et des sens..... Les idées innées expliquent tout. Le tableau des idées d'un homme serait le tableau des vérités célestes..... L'instinct est une idée innée... »

Mercier avait un précédent, le célèbre décret de Robespierre qui rétablit Dieu comme un simple commissaire de police dégommé.

ARTICLE PREMIER. — Le peuple français reconnaît l'existence de l'Être suprême et de l'immortalité de l'âme.

ART. 2. — Il sera institué des fêtes pour rappeler l'homme à la pensée de la Divinité et à la dignité de son être.

Un hymne récité à la fête de la restauration de l'Être

Mais l'instinct n'est pas, comme la Justice des sophistes du spiritualisme, une faculté immuable susceptible d'aucune déviation, d'aucune modification.
Les animaux domestiques ont plus ou moins modifié
les instincts, que Dieu, dans son inépuisable bonté,
octroya à leurs ancêtres sauvages. Les poules et les
canards de nos basses-cours ont presque entièrement
perdu l'instinct du vol, devenu inutile dans le milieu
artificiel où l'homme les a placés depuis des siècles ;
l'instinct aquatique est oblitéré chez les canards de
Ceylan, au point qu'il faut les pousser pour les faire
entrer dans l'eau. Différentes races de poules (les
Houdan, les La Flèche, les Campine, etc.) ont été dé-
pouillées de l'instinct impérieux de la maternité ;
bien qu'excellentes pondeuses, elles ne songent jamais à couver leurs œufs. Les veaux dans certaines
parties de l'Allemagne ayant été dès leur naissance
enlevés à leurs mères, depuis des générations, on
remarque chez les vaches un notable affaiblissement
de l'instinct maternel. Giard pense qu'une des prin-

suprême, après le discours de Robespierre, prédisait la fin
de l'athéisme :

> Où sont-ils ceux qui t'osaient menacer ?
> Qui, sous le manteau du civisme,
> Vils professeurs de l'athéisme,
> Du cœur de l'homme espéraient t'effacer !
> . . . .
> Pensaient-ils donc . . . .
> Qu'en revenant à la nature
> De la nature on oublierait l'auteur ?

cipales causes de cet instinct chez les mammifères serait le besoin organique de se débarrasser du lait qui tuméfie et endolorit les mamelles (1). Un autre naturaliste démontre que l'instinct constructeur de nid des épinoches doit être attribué, non à Dieu, mais à une inflammation temporaire des reins pendant la saison des amours.

Il n'est pas nécessaire d'un temps très long pour renverser l'instinct le mieux enraciné. Romanes cite le cas d'une poule à qui on avait fait couver trois fois de suite des œufs de canard et qui poussait consciencieusement dans l'eau de véritables poussins qu'on lui avait permis d'élever. L'homme a bouleversé les instincts de la race canine : selon ses besoins il l'a dotée de nouveaux instincts et les a supprimés. Le chien à l'état sauvage n'aboie pas, les chiens des sauvages sont silencieux ; c'est le civilisé qui a donné au chien l'instinct aboyeur et qui ensuite l'a supprimé chez les chiens de certaines races. Le chien courant quand il rencontre le gibier fond dessus, en donnant de la voix ; tandis que la vue du gibier rend muet le chien d'arrêt et le cloue sur place. Si le chien d'arrêt est de

1. Le supplément du *Figaro* du 18 janvier 1880 reproduit d'après les lettres d'un missionnaire les naïves lamentations d'une Indienne de l'Équateur sur le cadavre de son nouveau-né, qui caractérisent bien le rôle du lait dans l'amour maternel primitif : « O mon maître, ô fils de mes entrailles, mon petit père, mon amour, pourquoi m'as-tu quitté ? Pour toi, chaque jour s'emplissait d'un lait tiède et sucré ce sein avec lequel tu aimais à jouer ! Ingrat, ai-je donc oublié une seule fois à ton réveil de me pencher sur toi, pour t'allaiter ? Ah ! malheur à moi, je n'ai plus personne pour délivrer mon sein du lait qui l'opprime ! »

bonne race, il n'a pas besoin d'éducation individuelle pour manifester cet instinct relativement de nouvelle acquisition ; les jeunes chiens chassant pour la première fois s'arrêtent muets et immobiles de tort et travers devant des pierres, des moutons, etc... Le penchant est implanté dans le cerveau, mais il est aveugle et nécessite une direction spéciale. Puisque pour modifier ou supprimer les instincts d'un animal et lui en développer de nouveaux, il ne s'agit que de le placer dans de nouvelles conditions d'existence, l'instinct des animaux sauvages n'est donc que la résultante de leur adaptation aux conditions du milieu naturel dans lequel ils vivent, il ne s'est pas créé tout d'une pièce, il s'est développé graduellement dans les espèces animales sous l'action et la réaction de phénomènes externes et internes que l'on peut ignorer, mais qui nécessairement ont existé.

L'homme peut étudier sur lui-même la formation de l'instinct. Il ne peut rien apprendre intellectuellement ou corporellement sans une certaine tension cérébrale, qui se détend à mesure que l'objet à l'étude devient plus coutumier. Quand par exemple on commence le piano, on doit surveiller attentivement le jeu des mains et des doigts pour frapper exactement la note voulue, mais avec l'habitude on arrive à la toucher machinalement, sans regarder le clavier et en pensant à autre chose : pareillement quand on étudie une langue étrangère on doit avoir constamment en éveil son attention pour le choix des mots, des articles, des prépositions, des terminaisons, des

adjectifs, des verbes, etc., qui arrivent instinctive-
ment dès qu'on s'est familiarisé avec la langue nouvelle. Le cerveau et le corps de l'homme et de l'animal ont la propriété de transformer en actes automa-
tiques ce qui primitivement était voulu et conscient
et le résultat d'une attention soutenue ; s'il ne possédait pas la propriété de s'automatiser, l'homme
serait incapable d'éducation physique et intellectuelle ;
s'il était obligé de surveiller ses mouvements pour
parler, marcher, manger, etc...., il resterait dans une
éternelle enfance. L'éducation apprend à l'homme à
se passer de son intelligence : elle tend à le transformer en machine de plus en plus compliquée : la con-
clusion est paradoxale.

Le cerveau d'un adulte est plus ou moins automa-
tisé selon le degré de son éducation et de celle de sa
race : les notions abstraites élémentaires de cause, de
substance, d'être, de nombre, de justice, etc., lui
sont aussi familières et instinctives que le boire et le
manger, et il a perdu tout souvenir de la manière
dont il les a acquises, car l'homme civilisé, ainsi
que le chien d'arrêt, hérite en naissant de l'habitude traditionnelle de les acquérir à la première
occasion : mais cette tendance à les acquérir est la
résultante d'une progressive expérience ancestrale
prolongée pendant des milliers d'années. Il serait aussi
ridicule de penser que les idées abstraites ont germé
spontanément dans la tête humaine, que de croire
que la bicyclette ou toute autre machine du type le
plus perfectionné ont été construites du premier

coup. Les idées abstraites, ainsi que l'instinct des animaux, se sont graduellement formés dans l'individu et dans l'espèce ; pour en chercher les origines il ne faut pas seulement analyser la manière de penser de l'adulte civilisé, ainsi que le fait Descartes, mais encore, ainsi que le voulaient les Encyclopédistes, questionner l'intelligence de l'enfant et remonter le cours des âges pour étudier celle du barbare et du sauvage, comme on est obligé de le faire, quand on veut trouver les origines de nos institutions politiques et sociales, de nos arts et de nos connaissances (1).

*
* *

Les sensualistes du siècle dernier, en faisant du cerveau une table rasé, ce qui était une manière radicale de renouveler la « purification » de Descartes, négligaient ce fait d'importance capitale, que le cerveau du civilisé est un champ labouré depuis des siècles et ensemencé de notions et d'idées par des milliers de générations et que, selon l'exacte expres-

---

1. Les anciens ne craignaient pas de remonter jusqu'aux animaux pour découvrir les origines de certaines de nos connaissances ; ainsi, tout en attribuant aux dieux l'origine de la médecine, ils admettaient que plusieurs remèdes et opérations de petite chirurgie étaient dues aux animaux. Pline l'Ancien rapporte dans son *Histoire Naturelle* que les chèvres sauvages de Crète enseignèrent l'usage de certaines herbes vulnéraires, que le chien apprit celui du chiendent et que les Égyptiens prétendaient que la découverte de la purgation était due au chien, celle de la saignée à l'hippopotame et celle du lavement à l'ibis.

sion de Leibniz, il est préformé avant que l'expérience individuelle ne commence. On doit admettre qu'il possède l'arrangement moléculaire destiné à donner naissance à un nombre considérable d'idées et de notions ; ce n'est qu'une telle admission qui permet d'expliquer que des hommes extraordinaires comme Pascal aient pu trouver par eux-mêmes des séries d'idées abstraites, tels que les théorèmes du premier livre d'Euclide, qui n'ont pu être élaborées que par une longue suite de penseurs : en tout cas, le cerveau possède une telle aptitude à acquérir certaines notions et idées élémentaires qu'il ne s'aperçoit pas du fait de leurs acquisitions. Le cerveau ne se borne pas seulement à recevoir les impressions venues de l'extérieur par la voie des sens, il fait de lui-même un travail moléculaire, que les physiologistes anglais appellent *cérébration inconsciente*, qui l'aide à compléter ses acquisitions et même à en faire de nouvelles sans passer par l'expérience. Les écoliers mettent à profit cette précieuse faculté, quand ils apprennent imparfaitement leurs leçons avant de se coucher, laissant au sommeil le soin de les fixer dans la mémoire.

Le cerveau est d'ailleurs rempli de mystères ; il est une *terra ignota*, que les physiologistes commencent à peine à explorer. Il est certain qu'il possède des facultés qui souvent ne trouvent pas leur emploi dans le milieu où l'individu et sa race évoluent ; ces facultés à l'état dormant ne peuvent donc pas être la résultante de l'action directe du milieu extérieur sur le cerveau, mais celle de son action sur d'autres organes, qui à leur tour réagissent sur les centres nerveux. Il est possible qu'une modification ou une nouvelle adaptation de la patte, de l'œil ou de toute autre organe exerce une action sur le cerveau, augmentant sa masse et compliquant son organisation Les naturalistes attachent une importance capitale à la transformation des pieds des singes arboricoles, qui de préhenseurs sont devenus propres à la marche érecte ; elle a été le point de départ du *genus homo*. On ne peut contester que le changement des pattes antérieures en mains et que l'usage de la main, comme organe exclusif de préhension et de maniement des armes et des outils, aient été parmi les causes les plus efficaces du développement intellectuel de l'espèce humaine. Le corps d'un animal est un tout, dont aucune pièce ne peut être modifiée, sans entraîner des modifications dans les autres parties de son organisme : Gœthe nommait le phénomène « balancement des organes ».

Voici quelques exemples dont on ne peut fournir d'autre explication. L'agami, gallinacé de l'Amérique méridionale, capturé à l'état sauvage et introduit dans une basse-cour, en prend la direction, comme un chien berger, se faisant obéir des poules, des canards et même des dindons plus grands et plus forts que lui : il les surveille, lorsqu'on distribue les grains, les empêche de se battre et de s'éloigner du poulailler, assiste à leur sortie le matin et à leur rentrée le soir. Comment trouve-t-il à exercer cet instinct dans la nature ? Et s'il ne l'exerce pas, comment cet instinct subsiste-t-il ? Comment existe-t-il, s'il ne trouve d'emploi que dans la domesticité ?

Les sauvages et les barbares sont capables de beaucoup plus d'opérations intellectuelles qu'ils n'en accomplissent dans leur vie quotidienne : durant des centaines d'années les Européens ont transporté des côtes de l'Afrique dans les colonies des milliers de nègres sauvages et barbares séparés des civilisés par des siècles de culture ; cependant, au bout de très peu de temps, ils s'assimilaient les métiers de la civilisation. — Les Guaranys du Paraguay, lorsque les Jésuites entreprirent leur éducation, erraient nus dans les forêts, n'ayant pour armes que l'arc et la massue de bois, ne connaissant que la culture du maïs ; leur intelligence était si rudimentaire qu'ils ne pouvaient compter au delà de 20, en se servant des doigts et des orteils ; cependant les Jésuites firent de ces sauvages des ouvriers habiles, capables de travaux difficiles, tels que orgues compliqués, sphères géographiques, peintures et sculptures décoratives, etc... Ces métiers et ces arts, avec les idées qui leur correspondent, n'existaient pas à l'état inné dans les mains et le cerveau des Guaranys ; ils y avaient été pour ainsi dire versés par les Jésuites, comme on ajoute de nouveaux airs à un orgue de Barbarie. Le cerveau des Guaranys, s'il était incapable par sa propre initiative de les découvrir, était au moins merveilleusement prédisposé, ou préformé, selon le mot de Leibniz, pour les acquérir.

Il est également certain que le sauvage est aussi étranger aux notions abstraites du civilisé qu'à ses arts et métiers, ce que prouve l'absence dans sa langue de termes pour les idées générales. Comment donc les notions et idées abstraites qui sont si familières au civilisé se sont-elles glissées dans le cerveau humain ? Pour résoudre ce problème qui a tant préoccupé la pensée philosophique, il faut, avec les Encyclopédistes, s'engager dans la voie ouverte par Vico, étudier les sauvages et les enfants et interroger le langage, le plus important, sinon le premier mode de manifestation des sentiments et des idées (1) : il joue un rôle si considérable que le chrétien des premiers siècles, reproduisant l'idée des hommes primitifs, dit : « le Verbe est Dieu » et que les Grecs désignent par le même vocable, *logos*, la parole et la pensée et que du verbe : *phrazô* (parler), ils dérivent *phrazomai*, se parler à soi-même, penser. En effet la tête la plus abstraite ne peut penser sans se servir de mots, sans se parler mentalement, si non verbalement comme les enfants et beaucoup d'adultes qui marmottent ce qu'ils pensent. Le langage

1. Vico, dans la préface de son opuscule sur l'*Antique Sagesse de l'Italie*, dit : « J'ai résolu de retrouver dans les origines de la langue latine, l'antique sagesse de l'Italie... Nous chercherons dans l'origine même des mots quelle a été sa philosophie. »

« Tout a passé par les mots, dit Madame de Staël, et tout s'y retrouve quand on sait les examiner. »

tient une trop grande place dans le développement de l'intelligence pour que la formation étymologique des mots et leurs significations successives ne reflètent pas les conditions de vie et l'état mental des hommes qui les ont créés et employés.

Un fait frappe tout d'abord : souvent un même mot est usité pour désigner une idée abstraite et un objet concret. Les mots qui dans les langues européennes signifient les biens matériels et la ligne droite veulent aussi dire le Bien moral et le Droit, le Juste :

Ta agatha (grec), les biens, les richesses ; *to agathon*, le Bien.

Bona (latin), les biens ; *bonum*, le Bien.

Goods (anglais), les biens ; *the good*, le Bien, etc...

Orthos (grec), *rectum* (latin), *derecho* (espagnol), *right* (anglais), etc... veulent dire ce qui est en ligne droite et le Droit, le Juste.

Voici encore d'autres exemples choisis dans la langue grecque : *kalon*, flèche, javelot et le Beau, la Vertu ; *phren*, cœur, entrailles et raison, volonté ; *kakos*, homme d'origine plébéienne, et lâche, méchant, laid ; *kakon*, mal, vice, crime. Le mot *kakos* concourt à former une série de termes employés pour ce qui est sale et mal ; *kakké*, excrément ; *kakkaô*, aller à la selle ; *kakia*, vice, lâcheté ; *kakotheos*, impie ; *kakophonia*, cacophonie, etc...

Le fait est digne de remarque, bien que peu remarqué ; il en va ainsi des phénomènes journaliers : parce qu'ils crèvent les yeux, on ne les voit pas. Cependant il vaut la peine de se demander comment la langue vulgaire et la langue philosophique et juridique ont pu réunir sous le même vocable le matériel et l'idéal, le concret et l'abstrait. Deux questions se posent tout d'abord : l'abstrait et l'idéal se seraient-ils abaissés jusqu'au concret, et jusqu'à la matière, ou la matière et le concret se seraient-ils transformés en idéal et en abstraction ? — Comment s'est accomplie cette transsubstantiation ?

L'histoire des significations successives des mots résout la première difficulté : elle nous montre la signification concrète précédant toujours la signification abstraite.

Aissa (grec, usité d'abord pour lot, portion qui revient à quelqu'un dans un partage, finit par vouloir dire, arrêt du destin ;

Moira, d'abord part d'un convive dans un repas, lot d'un guerrier dans le partage du butin, puis part d'existence et enfin la déesse Destinée, à qui «les dieux et les mortels sont également soumis».

Nomos débute par être employé pour pâturage et finit par signifier loi.

Le lien qui rattache le sens abstrait au sens concret n'est pas toujours apparent ; ainsi il est difficile au premier coup d'œil d'apercevoir comment l'esprit humain a pu relier pâturage à l'idée abstraite de Loi, la ligne droite à l'idée du Juste, la part d'un convive dans un festin à l'immuable Destinée. Je montrerai les liens qui unissent ces différentes significations dans l'étude sur les Origines de l'idée du Juste et du

Bien : il n'importe en ce moment que de signaler le fait.

L'esprit humain emploie d'ordinaire la même méthode de travail, malgré la différence des objets sur lesquels il opère : par exemple la route qu'il a suivie pour transformer les sons en voyelles et consonnes est la même que celle qu'il a gravie pour s'élever du concret à l'abstrait. L'origine des lettres parut si mystérieuse à l'évêque Mallinkrot que dans son *De arte typographicâ*, pour se mettre l'esprit en repos, il attribuait leur invention à Dieu qui déjà était l'auteur responsable de l'instinct et des idées abstraites. Mais les recherches des philologues ont arraché un à un les voiles qui enveloppaient le mystère alphabétique : ils ont démontré que les lettres n'étaient pas tombées toutes formées du ciel, mais que l'homme n'était arrivé que graduellement à représenter les sons par des consonnes et des voyelles. Je vais mentionner les premières étapes parcourues, qui sont utiles à ma démonstration.

L'homme débute par l'écriture figurative, il représente un objet par son image, un chien par le dessin d'un chien ; il passe ensuite à l'écriture symbolique et il figure la partie pour le tout, la tête d'un animal pour l'animal tout entier ; puis il s'élève à l'écriture métaphorique, il portraiture un objet ayant quelque ressemblance réelle ou supposée avec l'idée à exprimer, la partie antérieure d'un lion pour signifier l'idée de priorité, une coudée pour la Justice et la Vérité, un vautour pour la Maternité, etc... Le premier essai de phonation se fit par rébus ; on représente un son par l'image d'un objet ayant le même son, les Egyptiens nommant *deb* la queue du cochon figurent le son *deb* par l'image de la queue en trompette du porc ; on retient ensuite un certain nombre d'images plus ou moins modifiées non plus pour la valeur phonétique de plusieurs syllabes, mais pour celle de la syllabe initiale, etc., etc... (1).

L'écriture devait fatalement passer par l'étape métaphorique, puisque l'homme primitif pense et parle par métaphores. Le Peau-Rouge d'Amérique, pour dire un guerrier courageux, dit : il est comme l'ours ; un homme au regard perçant, il est comme l'aigle ; pour affirmer qu'il oublie un outrage, il déclare qu'il l'enfouit dans la terre, etc... Ces métaphores sont parfois indéchiffrables pour nous ; ainsi il est difficile de comprendre comment les Égyptiens sont arrivés à représenter dans leurs hiéroglyphes la Justice et la Vérité par la coudée et la Maternité par le Vautour. Je vais débrouiller la métaphore du vautour ; j'expliquerai plus loin celle de la coudée.

La famille matriarcale a eu en Egypte une longévité extraordinaire, aussi constate-t-on dans ses mythes religieux de nombreuses traces de l'antagonisme des deux sexes, luttant l'un pour conserver sa haute position dans la famille, l'autre pour l'en déposséder. L'Égyptien, ainsi qu'Apollon dans les *Euménides* d'Eschyle, déclare que c'est l'homme qui rem-

1. F. Lenormand, *Essai sur la Propagation de l'Alphabet phénicien parmi les Peuples de l'ancien Monde.*

plit la fonction importante dans l'acte de la génération et que la femme, « comme la capsule d'un
fruit, ne fait que recevoir et nourrir son germe » ; la
femme égyptienne lui retourne le compliment et se
vante de concevoir sans la coopération de l'homme.
La statue de Neith, la déesse Mère, « la dame souveraine de la région supérieure », portait à Sais, nous
dit Plutarque, cette arrogante inscription : « Je suis
tout ce qui a été, tout ce qui est et tout ce qui sera :
nul n'a soulevé ma robe, le fruit que j'ai enfanté est
le Soleil. » Son nom, entre autres signes, a pour
emblème le vautour et la première lettre du mot
Mère (*mou*) (1). Or les *Hiéroglyphes* de Horapollon
nous apprennent que les Égyptiens croyaient que
dans l'espèce des vautours il n'y avait pas de mâles
et que les femelles étaient fécondées par le vent ; ils
attribuaient à cet oiseau, considéré partout ailleurs
comme féroce et vorace, une tendresse maternelle si
extrême qu'il se déchirait la poitrine pour nourrir ses
petits. Aussi après en avoir fait, à cause de son étrange
propriété génératrice, l'oiseau de Neith, la déesse
Mère, qui elle aussi procrée sans le concours du
mâle, ils en firent le symbole de la Mère, puis de la
Maternité.

Cet exemple caractéristique donne une idée des
tours et des détours par lesquels passe l'esprit humain
pour figurer ses idées abstraites par des images d'objets concrets.

1. CHAMPOLLION le Jeune, *Panthéon Égyptien*, 1825.

Si dans l'écriture métaphorique et emblématique l'image d'un objet matériel devient le symbole d'une idée abstraite, on conçoit qu'un mot créé pour désigner un objet ou un de ses attributs finisse par servir pour désigner une idée abstraite.

.

Dans la tête de l'enfant et du sauvage, « l'enfant du genre humain » selon le mot de Vico, il n'existe que des images d'objets déterminés : quand le petit enfant dit poupée, il n'entend pas parler de n'importe quelle poupée, mais d'une certaine poupée, qu'il a tenue dans ses mains ou qu'on lui a déjà montrée, et si on lui en présente une autre, il arrive qu'il la repousse avec colère ; aussi chaque mot est pour lui un *nom propre*, le symbole de l'objet avec lequel il est venu en contact. Sa langue, ainsi que celle du sauvage, ne possède pas de termes génériques embrassant une classe d'objets de même nature, mais des séries de noms propres : aussi les langues sauvages n'ont pas de termes pour les idées générales tels que homme, corps, etc., et pour les idées abstraites de temps, de cause, etc. ; il y en a qui manquent du verbe être. Le Tasmanien avait une abondance de mots pour chaque arbre de différentes espèces, mais pas de terme pour dire arbre en général ; le Malais ne possède pas de mot pour couleur, bien qu'il ait des mots pour chaque couleur ; l'Abiponne n'a pas de mots pour homme, corps, temps, etc., et ne possède pas le

verbe être, il ne dit pas : Je suis un Abiponne, mais
« moi, Abiponne » (1).

Mais petit à petit l'enfant et l'homme primitif transportent le nom et l'idée des premières personnes et
choses qu'ils ont connues à toutes les personnes et
choses qui présentent avec elles des ressemblances
réelles ou fictives ; ils élaborent de la sorte par voie
d'analogie et de comparaison des idées générales
abstraites embrassant des groupes d'objets plus ou
moins étendus, et parfois le nom propre d'un objet
devient le terme symbolique de l'idée abstraite représentant le groupe d'objets ayant des analogies avec
l'objet pour qui le mot avait été forgé. Platon prétend
que les idées générales, ainsi obtenues, qui classent
des objets sans tenir compte de leurs différences individuelles, sont des « essences d'origine divine ».
Socrate, dans le X⁰ livre de la *République*, dit que
« l'idée de lit » est une essence de création divine,

1. L'idée de temps fut très longue à pénétrer dans la cervelle humaine. Vico remarque que les paysans florentins
de son époque disaient tant de moissons pour tant d'années. « Les Latins pour tant d'années disaient tant d'épis
(*aristas*), ce qui est encore plus particulier que moisson.
L'expression n'indiquait que l'indigence du langage (et de
la pensée, aurait-il pu ajouter), les grammairiens ont cru
y voir l'effort de l'art. » Avant d'avoir eu la notion de l'année, c'est-à-dire de la révolution solaire, l'homme a eu
l'idée des saisons, et celle des révolutions de la lune. Pline
l'Ancien dit que « l'on a compté l'été pour une année,
l'hiver pour une autre ; les Arcadiens, chez qui l'année
était de trois mois, la mesuraient par le nombre de saisons,
et les Égyptiens par les lunes ; voilà pourquoi plusieurs
d'entre eux sont cités comme ayant vécu mille ans ».

parce qu'elle est immuable, toujours identique à elle-
même, tandis que les lits manufacturés par les
menuisiers diffèrent tous entre eux.

L'esprit humain a souvent rapproché les objets les
plus disparates, n'ayant entre eux qu'un vague point
de ressemblance : ainsi, par un procédé d'anthropomorphisme, l'homme a pris ses propres membres
pour terme de comparaison, comme le prouvent les
métaphores qui persistent dans les langues civilisées,
bien qu'elles datent des débuts de l'humanité, telles
que *entrailles* de la terre, *veine* d'une mine, *cœur*
d'un chêne, *dent* d'une scie, *chair* d'un fruit, *gorge*
d'une montagne, *bras* de mer, etc. Lorsque l'idée
abstraite de mesure fait éclosion dans sa tête, il
prend pour unité de mesure son pied, sa main, son
pouce, ses bras (*orgyia*, mesure grecque égale à deux
bras étendus). Toute mesure est une métaphore ;
quand on dit qu'un objet a trois pieds deux pouces,
cela signifie qu'il est long comme trois pieds deux pouces. Mais avec le développement de la civilisation on fut
forcé de recourir à d'autres unités de mesure : ainsi
les Grecs avaient le *stadion*, la longueur parcourue
par les coureurs à pied aux jeux olympiques et les
Latins le *jugerum*, la surface que pouvait labourer
pendant un jour un *jugum* (un joug de bœuf).

Un mot abstrait, ainsi que le remarque Max Müller,
n'est souvent qu'un adjectif transformé en substantif,
c'est-à-dire l'attribut d'un objet métamorphosé en
personnage, en entité métaphysique, en être imaginaire, et c'est par voie métaphorique que se fait cette

métempsychose : la métaphore est une des principales voies par lesquelles l'abstraction pénètre dans la tête humaine. Dans les métaphores précédentes on dit *bouche* d'une caverne, *langue* de terre parce que la bouche présente une ouverture et la langue une forme allongée ; on s'est servi du même procédé pour se procurer de nouveaux termes de comparaison à mesure que le besoin s'en faisait sentir et c'est toujours la propriété la plus saillante de l'objet, celle qui par conséquent impressionne le plus vivement les sens, qui joue le rôle de terme de comparaison. Un grand nombre de langues sauvages manquent de mots pour les idées abstraites de *dureté, rondeur, chaleur*, etc., et elles en sont privées parce que le sauvage n'est pas encore parvenu à la création des êtres imaginaires ou entités métaphysiques, qui correspondent à ces termes ; ainsi pour *dur*, il dit « comme pierre » ; pour *rond* « comme lune », pour *chaud*, « comme soleil » ; parce que les qualités de dur, rond et chaud sont dans son cerveau inséparables de pierre, lune et soleil. Ce n'est qu'après un long travail cérébral que ces qualités sont détachées, abstraites de ces objets concrets pour être métamorphosées en êtres imaginaires, alors le qualificatif devient substantif et sert de signe à l'idée abstraite formée dans le cerveau.

On n'a pas trouvé de peuplades sauvages sans l'idée de nombre, l'idée abstraite par excellence, bien que la numération de certains sauvages soit extrêmement limitée. Il est probable que dans le bagage intellectuel

qu'il a hérité des animaux, l'homme a trouvé des
axiomes de la mathématique qu'ils mettent en pratique : par exemple, les pigeons ne commencent à couver que lorsque la femelle a pondu deux œufs, comme
s'ils savaient que un et un font deux ; les chiens, les
oiseaux de proie, en fait tous les animaux, pour aller
à l'objet qu'ils convoitent, suivent la ligne droite,
comme s'ils savaient qu'elle est le plus court chemin
d'un point à un autre.

Il se conçoit que l'idée abstraite de nombre, con-
trairement à ce que pense Vico, soit une des premières, sinon la première à se former dans le cerveau
des animaux et de l'homme, car si tous les objets
n'ont pas la qualité d'être durs, ronds ou chauds, etc.,
ils ont néanmoins une propriété qui leur est commune, celle d'être distincts les uns des autres par la
forme et par la position relative qu'ils occupent dans
l'espace et cette propriété est le point de départ de la
numération : c'est pour cette raison que les pythagoriciens disaient que « les choses sont nombre (1). » Il
faut que la matière cérébrale ait l'idée de nombre,
c'est-à-dire puisse distinguer les objets les uns des
autres, pour entrer en fonction, pour penser : c'est ce
qu'avait reconnu le pythagoricien Philolaüs, le pre-

1. Platon qui, dans le *Timée*, fait dialoguer un astronome
et qui pour la circonstance oublie ses essences d'origine
divine, donne du nombre et du temps une origine matérialiste : « L'observation du jour et de la nuit, les révolutions
des mois et des années, dit-il, nous ont fourni le nombre,
révélé le temps, inspiré le désir de connaître la nature et le
monde. »

mier qui, au dire de Diogène de Laërce, ait affirmé que le mouvement de la terre décrivait un cercle, quand il déclarait que «le nombre réside dans tout ce qui est et sans lui il est impossible de rien connaître et de rien penser».

Mais l'extension de la numération au delà du nombre 2 fut un des plus pénibles travaux d'Hercule que se soit imposés la tête humaine, ainsi que le prouvent le caractère mystique attribué aux dix premiers nombres (1) et les souvenirs mythologiques et légendaires attachés à certains chiffres : 10 — (sièges de Troie et de Veies, qui durent juste dix ans) ; 12 (les 12 dieux de l'Olympe, les 12 travaux d'Hercule, les 12 apôtres, etc…) ; 50 (les 50 fils de Priam, les 50 Da-

---

1. La décade avait un caractère sacré pour les pythagoriciens et les Kabbalistes. Les Scandinaves regardaient le nombre 3 et son multiple 9, comme particulièrement chers aux Dieux ; chaque neuf mois, ils faisaient des sacrifices sanglants, qui duraient neuf jours, pendant lesquels on immolait neuf victimes, humaines ou animales. Les neuvaines catholiques, qui sont des prières durant neuf jours, conservent le souvenir de ce culte, comme leur Sainte Trinité préserve le caractère mystique que tous les peuples sauvages attachent au nombre trois ; il se retrouve dans toutes les religions primitives : trois Parques chez les Grecs et les Scandinaves, trois déesses de la vie chez les Iroquois, etc. Le nombre 5 jouissait chez les Chinois d'un privilège exceptionnel : 5 éléments, 5 facultés, 5 choses périodiques, 5 notes dans la gamme archaïque, 5 points cardinaux (les nôtres, plus le point où se tient l'observateur) etc. Notre singulière division du temps en semaines de 7 jours qui ne cadrent ni avec les mois, ni avec l'année, est un legs des Chaldéens pour qui le nombre 7 avait des propriétés magiques.

naïdes ; Endymion, d'après Pausanias, rendit Séléné
mère de 50 filles ; Actéon chassait avec 50 couples de
chiens quand Diane le métamorphosa ; le bateau que
construisit Danaüs sur les indications de Minerve
avait 50 rames, ainsi que celui d'Hercule lors de son
expédition contre Troie, etc.). Ces nombres sont autant
d'étapes, où l'esprit humain s'est arrêté afin de se
reposer des efforts accomplis pour y parvenir et il les
a marquées de légendes afin d'en préserver le souvenir.

Le sauvage quand il arrive au bout de sa numération, dit *beaucoup*, pour désigner les objets qui viennent en surplus et qu'il ne peut compter faute de
nombres. Vico remarque que pour les Romains 60,
puis 100, puis 1,000 sont des quantités innombrables.
Les Hovas de Madagascar disent pour 1.000 le soir,
pour 10.000 la nuit, et le mot *tapitrisa*, dont ils se
servent pour désigner le million, se traduit littéralement par fini de compter : il en était de même pour
nous, mais depuis la guerre de 1870-71, et les trusts
américains, c'est le milliard qui marque le terme de
notre numération.

La langue nous montre que l'homme a pris sa main,
son pied et ses bras pour unités de longueur ; ce sont
encore ses doigts et ses orteils qui lui servent pour
compter. F. Nansen dit que les Esquimaux, avec qui
il a vécu plus d'une année, n'ont pas de nom pour
tout chiffre dépassant 5 : ils comptent sur les doigts
de la main droite et ils s'arrêtent quand tous les
doigts ont été nommés et touchés, pour 6 ils pren-

nent la main gauche et disent le premier doigt de l'autre main, pour 7 le deuxième, ainsi de suite jusqu'à 10, après ils comptent de la même façon sur leurs orteils et s'arrêtent à 20, le terme de leur numé-ration : mais les grands mathématiciens vont au delà, et pour 21, ils disent le premier doigt de l'autre homme et ils recommencent en passant par les mains et les pieds. 20 est un homme, 100 cinq hommes. Les chiffres romains qui ont été en usage jusqu'à l'introduction des chiffres arabes préservent le sou-venir de ce mode primitif de numération : I est un doigt, II sont deux doigts, V est une main dont les trois doigts médians sont repliés, tandis que le petit doigt et le pouce sont redressés; X sont deux V ou deux mains opposées. Mais quand il fallut compter au delà de 100 et de 1.000, on dut recourir à d'au-tres objets que les membres humains ; les Romains prirent des cailloux, *calculi*, d'où dérive le mot cal-cul des langues modernes: les expressions latines *calculum ponere* (poser le caillou) et *subducere calcu-lum* (retirer le caillou) indiquent que c'était en ajou-tant et en enlevant des cailloux qu'ils additionnaient et soustrayaient. J'ai vu au Familistère de Guise enseigner par un procédé analogue les deux premiè-res opérations arithmétiques à des enfants de cinq et six ans. Les cailloux étaient tout indiqués pour cet usage ; ils servaient déjà pour le tirage au sort des lots dans le partage du butin et des terres.

Les sauvages ne peuvent calculer de tête; il faut qu'ils aient devant les yeux les objets qu'ils comp-

tent, aussi quand ils font des échanges ils placent par
terre les objets qu'ils donnent en face de ceux qu'ils
reçoivent : cette équation primitive, qui n'est en définitive qu'une métaphore tangible, peut seule satisfaire
leur esprit. Les nombres sont dans leur tête, ainsi
que dans celles des enfants, des idées concrètes :
quand ils disent deux, trois, cinq, ils voient deux,
trois, cinq doigts, cailloux ou tous autres objets ;
dans beaucoup de langues sauvages les cinq premiers
chiffres portent les noms des doigts : ce n'est que
par un procédé de distillation intellectuelle que les
nombres arrivent à se dépouiller dans la tête de l'a-
dulte civilisé de toute forme rappelant un objet quelconque, pour ne conserver que la figure de signes
conventionnels (1). Le métaphysicien le plus idéaliste

1. Les Grecs se servaient pour chiffres des lettres de l'alphabet, en conservant les anciennes lettres cadméennes,
ce qui en portait le nombre à 27. Les 9 premières lettres
étaient les unités, les 9 suivantes les dizaines et les 9 dernières les centaines.

Il devait être extrêmement pénible et difficile de calculer
avec les chiffres des Grecs et des Romains, qui ne possédaient pas le zéro. Les métaphysiciens abstracteurs d'abstraction du nirvanâ étaient seuls capables d'inventer ce
chiffre merveilleux, symbole du néant, qui n'a pas de
valeur et qui donne de la valeur, et qui, selon l'expression
de Pascal, « est un véritable indivisible de nombre,
comme l'indivisible est un véritable zéro ». Le zéro joue
un rôle si considérable dans la numération moderne que
son nom arabe *sifr*, que les Portugais ont transformé en
cifra, les Anglais en *cipher*, les Français en *chiffre*, après
avoir été d'abord employé pour le zéro seul, sert à désigner tous les signes des nombres.

ne peut penser sans mots, ni calculer sans signes, c'est-à-dire sans objets concrets. Les philosophes grecs quand ils commencèrent leurs recherches sur les propriétés des nombres, leur donnaient des figures géométriques : ils les divisaient en trois groupes, le groupe des nombres de la ligne (*mékos*), le groupe des nombres de surface, carrés (*epipedon*) ; le groupe des nombres à triple accroissement, cubes (*triké auxé*). Les mathématiciens modernes ont encore conservé l'expression de nombre linéaire pour un nombre racine.

Le sauvage, pour long, dur, rond, chaud, dit comme pied, pierre, lune, soleil ; mais les pieds sont d'inégale longueur, les pierres plus ou moins dures, la lune n'est pas toujours ronde, le soleil est plus chaud en été qu'en hiver ; aussi, quand l'esprit humain sentit le besoin d'un degré supérieur d'exactitude, il reconnut l'insuffisance des termes de comparaison dont il s'était servi jusqu'alors ; il imagina alors des types de longueur, de dureté, de rondeur et de chaleur pour être employés comme termes de comparaison ; c'est ainsi que dans la mécanique abstraite, les mathématiciens imaginent un levier absolument rigide et sans épaisseur et un coin absolument incompressible afin de continuer leurs investigations théoriques, arrêtées par les imperfections des leviers et des coins de la réalité. Mais le coin et le levier des mathématiciens, ainsi que les types de longueur, de rondeur, de dureté, bien que dérivés d'objets réels, dont les attributs ont été soumis à distillation intellectuelle, ne correspondent plus à aucun objet réel, mais à des idées formées dans la tête humaine. Parce que les objets de la réalité diffèrent entre eux et du type imaginaire toujours un et identique à lui-même, Platon appelle les objets réels de vaines et mensongères images et le type idéal, une essence de création divine: dans ce cas, ainsi que dans une foule d'autres, Dieu créateur, c'est l'homme pensant.

Les artistes, par un procédé analogue, ont enfanté des chimères, dont le corps, bien que composé d'organes détachés, abstraits de différents animaux, ne correspond à rien de réel, mais à une fantaisie de l'imagination. La chimère est une idée abstraite, aussi abstraite que n'importe quelle idée du Beau, du Bien, du Juste, du Temps, de Cause : mais Platon lui-même n'a pas osé la classer dans le nombre de ses essences divines.

L'homme, probablement quand les tribus barbares commencèrent à se différencier en classes, s'est séparé du règne animal et s'est élevé au rang d'être surnaturel, dont les destins sont la préoccupation constante des dieux et des corps célestes; plus tard, il isola le cerveau des autres organes pour en faire le siège de l'âme : la science naturelle ramène l'homme dans la série animale, dont il est le résumé et le couronnement ; la philosophie socialiste fera rentrer le cerveau dans la série des organes.

Le cerveau possède la propriété de penser, comme l'estomac celle de digérer: il ne peut penser qu'à l'aide d'idées qu'il fabrique avec les matériaux que lui fournissent le milieu naturel et le milieu social ou artificiel dans lesquels l'homme évolue.

Origine de l'Idée de Justice

I

LE TALION. — LA JUSTICE RÉTRIBUTIVE

La Justice des sociétés civilisées découle de deux
sources : l'une prend son origine dans la nature même
de l'être humain et l'autre dans le milieu social, organisé sur la base de la propriété privée. Les passions
et les notions existant chez l'homme avant la constitution de la propriété, et les intérêts, les passions et
les idées que celle-ci engendre, agissant et réagissant
les unes sur les autres, ont fini par enfanter, développer et cristalliser dans le cerveau des civilisés l'idée
du Juste et de l'Injuste.

Les origines humaines de l'idée de Justice sont la
passion de la vengeance et le sentiment de l'égalité.

La passion de la vengeance est une des plus antiques
de l'âme humaine ; elle plonge ses racines dans l'instinct de conservation, dans le besoin qui pousse l'a-
nimal et l'homme à se rebiffer quand ils reçoivent un
coup et à y répondre machinalement, si la peur ne les
met pas en fuite : c'est ce besoin aveugle et irraisonné
qui porte l'enfant et le sauvage à frapper l'objet ina-

nimé qui les a blessés. Réduite à sa plus simple et dernière expression, la vengeance est une détente réflexe, analogue au mouvement involontaire, qui fait cligner la paupière quand l'œil est menacé.

La vengeance chez le sauvage et le barbare est d'une intensité inconnue aux civilisés. « Les Peaux-Rouges, dit l'historien américain Adairs, sentent leur cœur brûler violemment jour et nuit jusqu'à ce qu'ils aient versé le sang pour le sang. Ils transmettent de père en fils le souvenir du meurtre d'un parent, d'un membre du clan, alors même qu'il serait celui d'une vieille femme. » On cite des Peaux-Rouges qui se sont suicidés parce qu'ils ne pouvaient se venger. Le Figien qui a reçu une injure place à portée de sa vue un objet qu'il n'enlève qu'après avoir assouvi sa vengeance. Les femmes slaves de Dalmatie montraient à l'enfant la chemise ensanglantée du père tué pour l'exciter à la vengeance.

« La vengeance vieille de cent ans a encore ses dents de lait », dit le proverbe afghan. Le Dieu sémite, quoique « tardif à la colère », « venge l'iniquité des pères sur les enfants et les enfants des enfants ; jusqu'à la troisième et quatrième génération. » (*Exode*, xxxiv, 7). Quatre générations n'apaisent pas sa soif de vengeance : il interdit l'entrée de l'Assemblée jusqu'à la dixième génération aux Moabites et aux Hamonites, pour « n'être pas venus au devant des Israélites, sortant de l'Egypte, avec de l'eau et du pain dans le chemin ». (*Deutéronome*, XVIII, 3, 4). L'Hébreu pouvait donc dire, ainsi que le Scandinave : «L'écaille de l'huître peut tomber en poussière par l'action des années, et mille autres années peuvent passer sur cette poussière, mais la vengeance sera encore chaude dans mon cœur. » Les Érinnies de la Mythologie homérique sont les antiques déesses « de la vengeance... de la soif inextinguible du sang ». Le chœur de la grandiose trilogie d'Eschyle, qui palpite des passions torturant l'âme des Dieux et des mortels, crie à Oreste, hésitant à venger son père : « Que l'outrage soit puni par l'outrage ! Que le meurtre venge le meurtre !... Mal pour mal, dit la sentence des vieux temps... Le sang versé sur la terre demande un autre sang. La terre nourricière a bu le sang du meurtre ; il a séché, mais la trace reste ineffaçable et crie vengeance. » Achille, pour venger la mort de Patrocle, son ami, oublie l'injure d'Agamemnon et étouffe la colère qui le fait assister impassible aux défaites des Achéens ; la mort d'Hector n'assouvit pas sa passion, trois fois il traîne son cadavre autour des murs de Troie.

Le sauvage et le barbare ne pardonnent jamais : ils savent attendre des années le moment propice de la vengeance. Clytemnestre, pendant dix longues années, guette patiemment l'heure de la vengeance ; quand elle a assassiné Agamemnon, le meurtrier de sa fille, ivre de joie et de sang, elle s'écrie : « La rosée du meurtre est tombée sur moi, aussi douce à mon cœur que l'est pour les champs la pluie de Zeus dans la saison où le grain de blé sort de l'enveloppe ».

L'homme sanctifie et divinise ses passions, surtout

lorsqu'elles sont utiles à sa conservation privée et sociale. « La soif inextinguible du sang », la vengeance, érigée en devoir sacré, devient le premier des devoirs. Les Erinnies, « nombreuses comme les malédictions qui sortent de la bouche d'une mère courroucée », s'élançaient du ténébreux Erèbe, dès que les imprécations leur donnaient vie et mouvement (1). Elles n'apparaissaient à la lumière du soleil que pour souffler la passion de la vengeance et pour poursuivre, infatigables, sur terre et sur mer, le meurtrier : nul mortel ne pouvait leur échapper. Leur rage pourchassait le coupable et sa famille et s'étendait sur celui qui lui donnait asile, sur des cités et des contrées entières : elles excitaient les guerres civiles et semaient la peste et la famine. Le chœur des Erinnies d'Eschyle, quand Oreste va leur échapper, s'écrie : « Je vais sur cette contrée (l'Attique) répandre le contagieux venin de mon cœur, ce venin fatal à la terre, et les fruits périront dans leurs germes et comme eux périront les petits des animaux et les enfants des hommes. Tes fléaux, ô vengeance, sémeront dans la contrée la dévastation ! » Le Dieu sémite vengeait éga-

1. Les malédictions ne sont pas paroles oiseuses pour le barbare : la parole, le Verbe est pour lui doué d'une puissance irrésistible, les Dieux eux-mêmes obéissaient aux imprécations des mortels ; aussi les Juifs, ainsi que les Chinois, condamnaient à mort celui qui avait maudit son père ou sa mère. (*Exode*, XXI, 17). Le catholicisme, en donnant au confesseur le pouvoir de lier et de délier sur terre et au ciel les péchés, à l'aide d'une formule, reproduit la primitive idée des sauvages sur la puissance de la parole.

lement le sang versé sur les plantes, les bêtes et les enfants. La poétique imagination des Grecs a personnifié dans ces redoutables déesses, dont on craignait de prononcer le nom, les terreurs qu'inspirait aux peuplades primitives le déchaînement des passions de la vengeance.

***

Vico, dans la *Scienza nuova*, formule cet axiome de la science sociale :

« La législation prend l'homme tel qu'il est pour faire de lui un bon usage dans la société humaine. De la *férocité (ferocia)*, de l'*avarice* et de l'*ambition*, ces trois vices qui égarent le genre humain, elle tire l'*armée*, le *commerce* et la *cour (corte)* ; c'est-à-dire la *force*, la *richesse* et le *savoir* des républiques ; et ces trois grands vices, capables de détruire l'espèce humaine, créent la félicité sociale.

« Cet axiome démontre l'existence d'une providence divine, laquelle est la divine pensée législatrice qui, *des passions des hommes, absorbés complètement dans leurs intérêts privés*, lesquels les feraient vivre en bêtes féroces dans la solitude, tire l'ordre civil qui leur permet de vivre en sociétés humaines. »

La loi *impassible*, selon le mot d'Aristote, est en effet sortie de la passion de la vengeance, furibonde et toujours bouillonnante. Mais ce n'est pas une intelligence législatrice divine, qui, ainsi que le pensait Vico, crée l'ordre avec les désordres des passions humaines, ce sont, au contraire, ces désordres qui engendrent l'ordre. Je vais essayer de le démontrer

∴

La passion implacable et furibonde de la vengeance que l'on retrouve dans l'âme des sauvages et des barbares de l'ancien et du nouveau monde, ainsi que le prouvent les citations précédentes, leur est imposée par les conditions des milieux naturel et social dans lesquels ils se meuvent.

Le sauvage, en guerre perpétuelle avec les bêtes et les hommes et l'esprit hanté de dangers imaginaires, ne peut vivre isolé ; il s'agglomère en troupeaux ; il ne peut comprendre l'existence en dehors de sa horde ; l'en expulser, c'est le condamner à mort (1). Les membres de la tribu se considèrent issus d'un ancêtre unique; le même sang circule dans leurs veines, verser le sang d'un membre c'est verser le sang de la tribu tout entière. Le sauvage n'a pas d'individualité, c'est la tribu, le clan et plus tard la famille qui possèdent une individualité. La solidarité la plus étroite et la plus solide soude ensemble les membres d'une tribu, d'un clan, au point d'en faire un seul être, comme les Hecatonchyres de la Mythologie grecque ; aussi, dans les peuplades les plus primitives

—————

1. Caïn, chassé de son clan après le meurtre d'Abel, se lamente : « Ma peine est plus grande que je ne puis porter ; tu m'as chassé de cette terre-ci... je serai errant et fugitif sur la terre et il arrivera que quiconque me rencontrera, me tuera. » (*Genèse*, IV, 13, 14.) l'exil est un des plus terribles châtiments des sociétés primitives.

qu'il a été donné d'observer, les femmes sont communes, et les enfants appartiennent à la horde ; la propriété individuelle n'y fait pas encore son apparition, les objets les plus personnels, tels que les armes et ornements, passent de mains en mains avec la plus étonnante rapidité, rapportent Fison et Howitt, ces patients observateurs des mœurs australiennes. Les membres des tribus sauvages et des clans barbares se meuvent et agissent en commun, comme un seul homme, ils se déplacent, chassent, se battent et cultivent la terre en commun ; quand la tactique guerrière se perfectionne, ils se rangent en bataille par tribus, clans et familles.

Ils mettent en commun les offenses, ainsi que tout le reste. L'injure faite à un sauvage est ressentie par tout son clan, comme si elle était personnelle à chaque membre. Faire couler le sang d'un sauvage, c'est verser le sang du clan ; tous ses membres ont le devoir d'en tirer vengeance : la vengeance est collective, comme le mariage et la propriété. Le droit d'exercer la vengeance était, chez les Germains barbares, le lien par excellence de la famille. Lorsque les tribus franques eurent établi le *wehrgeld*, c'est-à-dire la compensation monétaire de l'offense, tous les membres de la famille se partageaient le prix du sang, mais le frank qui était sorti de la communauté familiale n'avait pas droit au wehrgeld, s'il était tué, c'était le roi qui devenait son vengeur et qui recevait le prix de son sang.

Mais parce que le clan ressent l'injure faite à l'un

de ses membres, le clan tout entier devient responsable de l'offense commise par l'un de ses membres. L'offense est collective, comme l'injure (1). Le clan offensé se venge en tuant un individu quelconque du clan offenseur. « Il règne dans les peuplades australiennes une consternation générale, écrit Sir G. Grey, quand un meurtre est commis, surtout si le coupable a échappé, car ses parents se considèrent coupables et il n'y a que les personnes qui n'ont aucune relation avec la famille qui se croient en sûreté. » Un meurtre, c'est la déclaration de guerre entre deux familles, entre deux clans : guerre d'embûches et d'extermination, qui dure des années, car un meurtre demande une mort pour le venger, qui à son tour réclame vengeance ; parfois les deux clans tout entiers en viennent aux mains. Il n'y a pas un demi-siècle qu'en Dalmatie « la guerre s'étendait des familles à tout le village et parfois la guerre civile se déchaînait sur tout le district » (2). On se venge sur les femmes et les enfants : les Scandinaves n'épargnaient pas même les nouveau-nés au berceau, car « un loup est aux aguets dans le tendre enfant », disent les Eddas. Même dans ce siècle les Grecs exerçaient la vengeance sur les enfants mâles âgés de plus de huit ans ; les femmes et les jeunes filles étaient seules épargnées (3).

1. La responsabilité collective semble encore si naturelle au moyen âge, que les ordonnances d'Édouard Ier d'Angleterre rendent toute la corporation de métier responsable du crime d'un de ses affiliés.

2. Sir Gardner WILKINSON, *Dalmatia and Montenegro*, 1848.

3. Lord CARNARVON, *Reminiscenses of Athens and Morea*.

Ce ne sont pas seulement les meurtres réels qui impérieusement demandent vengeance, mais encore les meurtres imaginaires que crée la superstitieuse imagination du sauvage. Aucune mort n'est naturelle pour l'Australien, tout décès est l'œuvre des maléfices d'un ennemi appartenant à un clan rival, et le devoir des parents est de venger le défunt en tuant, non pas précisément l'auteur présumé des maléfices, mais un membre quelconque de son clan, plusieurs même s'ils le peuvent (1). D'ailleurs le mort se vengeait lui-même, son esprit venait torturer le coupable. Frazer prétend qu'une des causes de la suppression des repas anthropophagiques est la peur des vengeances posthumes du malheureux qu'on avait mangé. Ce n'est pas seulement pour se venger que le sauvage tue le meurtrier, mais encore pour apaiser le mort dont l'esprit serait tourmenté jusqu'à ce que du sang humain soit répandu : pour tranquilliser les mânes d'Achille, les Grecs immolèrent sur sa tombe Polyxène, la sœur de Pâris, son meurtrier.

Le sauvage, qui ne comprend l'existence que s'il fait partie intégrante de son clan, transforme l'offense individuelle en offense collective ; et la vengeance, qui est un acte de défense et de con-

---

1. Jésus-Christ, saint Paul et les Apôtres partageaient avec les sauvages cette opinion : les maladies étaient selon eux l'œuvre du démon, l'ennemi du genre humain (*saint Mathieu*, IX, 33. *Saint Luc*, XI, 14. *Actes des Apôtres*, XIX, 12, etc.). Cette superstition a, pendant des siècles, allumé dans l'Europe chrétienne les bûchers des sorcières.

servation personnelle, devient un acte de défense et de conservation collective. Le clan se protège en tirant vengeance du meurtre ou des blessures d'un de ses membres. Mais cette vengeance collective entraîne fatalement des dangers collectifs, qui parfois compromettent l'existence de la collectivité du clan. Les dangers collectifs de ces vendettes obligèrent les sauvages à étouffer leur sentiment de solidarité et à sacrifier le membre du clan auteur de l'injure, et à le livrer au clan de la victime. On a vu les sauvages de l'Australie, les armes à la main, s'arrêter et s'apaiser en réduisant la vengeance à un dommage personnel exactement égal à celui qui avait été commis et qui était devenu la cause de la querelle : vie pour vie, blessure pour blessure. Le talion était né.

*
* *

Le talion « vie pour vie, œil pour œil, dent pour dent, main pour main, pied pour pied, brûlure pour brûlure, plaie pour plaie, meurtrissure pour meurtrissure » (*Exode*, XXI, 23-25), peut seul donner pleine satisfaction aux sentiments égalitaires des peuplades communistes primitives, dont tous les membres sont égaux.

L'égalité la plus complète découle nécessairement des conditions dans lesquelles vit le sauvage des tribus communistes. Darwin rapporte dans son *Voyage d'un Naturaliste* cette anecdote caractéristique : il vit un Fuégien à qui on avait donné une couverture de laine la déchirer en lanières d'égale largeur, afin que chaque individu de sa horde reçût un morceau, le sauvage ne pouvant admettre qu'un membre du clan soit mieux partagé qu'un autre en quoi que ce soit. César, quand il vint en contact avec les tribus germaines, fut frappé de l'esprit égalitaire qui présidait à leurs partages de biens ; il l'attribuait au désir de créer l'égalité parmi leurs membres. César raisonne en civilisé vivant dans un milieu social où des conditions inégales d'existence engendrent fatalement l'inégalité parmi les citoyens. Les barbares qu'il avait sous les yeux vivaient au contraire dans un milieu communiste, engendrant l'égalité ; ils n'avaient donc pas à la chercher dans leurs partages, mais à satisfaire leur esprit égalitaire en distribuant des parts égales à tous, sans se douter le moindrement de l'importance sociale de leur acte ; c'est ainsi qu'on digère, sans rien connaître de la chimie stomacale, et que les abeilles construisent les alvéoles de la ruche d'après les plus exactes règles géométriques et mécaniques de résistance et d'économie d'espace, sans se douter de la géométrie et de la mécanique. L'égalité est non seulement implantée dans le cœur et le cerveau des hommes primitifs, elle existe encore dans leur apparence physique. Volney raconte qu'un chef peau-rouge lui exprima son étonnement de la grande différence physique qui existait entre les blancs qu'il voyait, tandis que la plus grande ressemblance régnait entre les membres d'une même tribu sauvage.

La vieillesse, entourée de respect, est le premier privilège qui apparaisse dans les sociétés humaines ;

il est le seul qui existe dans une tribu sauvage. Quelles que soient les qualités supérieures de courage, d'intelligence, d'endurance de la faim, de la soif, de la douleur, qui distinguent un guerrier, elles ne lui donnent pas le droit de s'imposer ; il peut être choisi pour diriger ses compagnons à la chasse et les commander à la guerre, mais l'expédition terminée, il redevient leur égal. « Le plus grand chef des Peaux-Rouges, dit Volney, ne peut même en campagne ni frapper, ni punir un guerrier et au village il n'est pas obéi par un autre enfant que le sien (1). » Le chef grec des temps homériques ne possédait une autorité guère plus étendue : Aristote remarque que si le pouvoir d'Agamemnon allait jusqu'au droit de tuer le fuyard, quand on marchait à l'ennemi, il se laissait patiemment insulter quand on délibérait. Les généraux grecs, dans les temps historiques, leur année de commandement expirée, rentraient dans le rang. Ainsi, selon Plutarque, Aristide et Philopœmen, qui avaient été chefs d'armées et qui avaient remporté des victoires, servaient comme simples soldats.

Le talion n'est que l'application de l'égalité en matière de satisfaction à accorder pour une injure ; il est l'expiation égalisée à l'offense ; seul un dommage exactement égal à l'offense commise, une vie pour une vie, une brûlure pour une brûlure, peut satisfaire l'âme égalitaire des hommes primitifs.

1. *Observations générales sur les Indiens de l'Amérique.* Éd. 1820.

L'instinct égalitaire, qui dans les distributions d'aliments et de biens imposa le partage égal, créa le talion ; la nécessité de prévenir les désastreuses conséquences des vendettes l'introduisit dans les sociétés primitives : la Justice ne joue aucun rôle ni dans sa création, ni dans son introduction ; aussi trouve-t-on le talion établi chez des peuples qui ont si peu idée de la Justice qu'ils ne possèdent pas de mots pour crime, faute, justice. Les Grecs homériques, bien que d'une civilisation relativement supérieure, n'avaient pas de mot pour loi ; et il est impossible de concevoir la Justice sans lois (1).

*
* *

Le talion, inventé et introduit pour échapper aux dangers des vendettes, et admis par les hommes primitifs parce qu'il donnait pleine satisfaction à leur passion de vengeance, dut être réglementé dès qu'il passa dans les mœurs. Le clan tout entier avait primitivement droit à la vengeance, qu'il exerçait sur n'importe quel membre du clan qui avait commis l'offense : on commença par limiter le nombre de personnes qui pouvaient exercer la vengeance et celui des personnes sur lesquels il était permis de l'exercer. Le *thar*, la loi du sang des Bédouins et de presque tous les Arabes, autorise tout individu compris

1. Cette absence du mot loi avait frappé les anciens : l'historien Josèphe remarque avec étonnement que dans l'Iliade le mot *nomos*, qui plus tard devait signifier loi, n'est jamais employé dans ce sens.

dans les cinq premiers degrés de parenté à tuer n'importe quel parent du meurtrier compris dans ces cinq premiers degrés : cette coutume a dû être générale, car chez les Germains et les Scandinaves le wehrgeld était payé et reçu par les parents des cinq premiers cercles ou degrés.

Cette coutume, quoique restreignant le champ de la vengeance, lui livrait cependant un trop vaste choix de victimes ; aussi chez les Hébreux on constate des tentatives pour le restreindre et pour limiter la vengeance au coupable. Jéhovah, qui ne craint pas de se contredire, ordonne dans le *Deutéronome* (XXIV, 16) « de ne pas faire mourir les pères pour les enfants, ni les enfants pour les pères, mais chacun sera mis à mort pour son propre péché ». Il était si difficile d'imposer cette limitation à la fougueuse vengeance, que longtemps après l'Éternel proteste contre le proverbe qui dit : « Les pères ont mangé le verjus et les dents des enfants sont agacées. Je suis vivant et vous n'userez plus de ce proverbe en Israël. Voici, toutes les âmes sont à moi, l'âme de l'enfant est à moi comme l'âme du père, et l'âme qui péchera sera celle qui mourra. » (*Ézéchiel*, XVIII, 2, 3, 4.)

Mais il fut encore plus difficile de limiter le nombre des personnes se considérant en droit d'exercer la vengeance, pour finir par le leur enlever. La passion de la vengeance ne pouvait être assouvie que si le plus proche parent de la victime punissait le coupable : ainsi c'est Pyrrhus, le fils d'Achille, qui devant l'armée achéenne doit immoler la sœur du meurtrier de son père. Caillaud rapporte que chez certaines tribus du désert africain le coupable est remis à l'entière discrétion des proches parents de la victime, qui le torturent et le tuent à leur guise ; Frazer a vu en Perse une femme, à qui on avait livré le meurtrier de son fils, le percer de cinquante coups de couteau et, par un raffinement de vengeance, lui passer sur les lèvres la lame ensanglantée. Au neuvième siècle, en Norvège, le meurtrier, conduit au bord de la mer par les membres de l'assemblée populaire, était mis à mort par la partie poursuivante ou, sur son autorisation, par le prévôt royal. Quant à Athènes le pouvoir civil se chargea de frapper le coupable ; le plus proche parent assistait à l'exécution, comme vengeur du sang : alors même qu'il ne jouait plus de rôle actif, il devait être présent, non seulement pour assouvir sa vengeance, mais encore pour remplir les conditions primitives du talion.

Le talion, en réglementant et limitant la vendetta, démontre que la passion qui torture et aveugle l'homme primitif s'apaise et devient susceptible de se courber sous un joug : l'homme s'habitue à ne plus exercer aveuglément la vengeance sur tout le clan ou sur toute la famille, mais sur le coupable seul et cette vengeance se limite à rendre strictement coup pour coup, mort pour mort (1). Cette réglementation ne

1. Le barbare ne s'arrête pas à mi-chemin, il pousse la logique à ses dernières conséquences : une fois qu'il eut l'idée de détacher le coupable de la collectivité de la famille pour lui faire porter la responsabilité de son action, il poussa cette idée jusqu'à détacher de la collectivité du corps

pouvait s'introduire et se maintenir que grâce à l'intervention collective des clans et des familles de la victime et du coupable. La famille, demeurant toujours responsable des actions de ses membres, est appelée à déclarer si elle veut endosser l'offense ou bien livrer l'offenseur ; dans ce dernier cas à déterminer l'expiation et à la proportionner à l'injure ; elle doit également contraindre le coupable à se soumettre passivement dans le cas où il y aurait résistance de sa part (1). On arriva de la sorte à constituer des tribunaux d'arbitrage, chargés d'apprécier l'offense et d'accorder la satisfaction.

l'organe qui avait commis l'acte pour le punir. Diodore de Sicile rapporte que l'Egyptien punissait le viol d'une femme libre par la castration ou plutôt l'éviration du coupable ; il amputait le nez de la femme adultère « afin de la priver des attraits qu'elle avait employés pour la séduction » ; il coupait les mains aux faux-monnayeurs et aux contrefacteurs des sceaux publics, afin de « châtier la partie du corps avec laquelle le crime avait été commis ». Dans presque tous les pays on a coupé les poignets aux voleurs pour des larcins de peu de conséquence n'entraînant pas la peine capitale.

1. Quand chez les Itelmen du Kamchatka, raconte un voyageur du XVIIIᵉ siècle, G.-W. Steller, un meurtre est commis, la famille de la victime s'adresse à celle du meurtrier et lui demande de le livrer ; si celle-ci consent et le remet, il est tué de la même façon qu'il a tué sa victime ; si elle refuse, c'est que la famille approuve le meurtre, alors la guerre est déclarée entre les deux familles ; celle qui triomphe massacre tous les mâles de la famille vaincue et emmène en esclavage les femmes et les filles. — En Polynésie, dans le cas où le coupable ne se soumettait pas passivement à la vengeance de la partie offensée, sa propre famille l'y contraignait par force. (ELLIS, *Polynesian Researches.*)

Les membres de la tribu, ainsi que c'était le cas chez les Scandinaves, réunis en assemblée, formaient ce premier tribunal arbitral ; mais à cause des difficultés que présentait la réunion de telles assemblées, on ne leur soumettait que les cas de meurtre ou de blessures graves ; pour ceux de moindre importance, tels que coups et blessures n'entraînant pas la mort ou la perte d'un membre, ils devaient être tranchés par le conseil des anciens.

Moïse, sur le conseil de son beau-père, Jethro, choisit « des hommes vertueux et les établit chefs des milliers, chefs des centaines, chefs des cinquantaines, chef des dizaines pour juger le peuple en tout temps », mais ils devaient lui rapporter les causes graves (*Exode*, xviii). Moïse reproduisait dans le désert probablement ce qui existait en Egypte. Un conseil de druides était en Gaule chargé de connaître l'offense et de fixer la rétribution ; si l'une des parties refusait de se soumettre à son arrêt, il l'interdisait des sacrifices, ce qui constituait la plus terrible pénalité, car l'interdit était fui par tout le monde. (César, *De bello Gallico*, VI, 13). L'Aéropage réglait à Athènes la vengeance. Eschyle met dans la bouche des Erinnies, qui viennent de perdre leur procès, ces paroles, dépeignant les maux qui avaient rendu nécessaire l'institution d'un semblable tribunal : « Que jamais la Discorde insatiable de meurtre ne fasse entendre dans la ville ses rugissements (maintenant que l'Aéropage existe pour régler les vendettes) ; que jamais le sang des citoyens n'abreuve, ne rougisse la poussière et que jamais pour venger un meurtre un autre meurtrier ne se dresse en courroux dans Athènes. » Ces antiques déesses, filles de la Nuit, qui personnifiaient la vengeance primitive, prononçaient leur oraison funèbre : après l'institution de l'Aéropage, elles s'apaisèrent et perdirent avec leur fonction leur caractère farouche ; elles reprirent alors leur nom antique d'Euménides, c'est-à-dire les Bonnes Déesses.

L'Aéropage devait remonter à une très haute antiquité ; une autre légende dit qu'il fut établi pour se prononcer sur le meurtre commis par Arès : il avait tué le fils de Poséidon qui avait violé sa fille, il fut acquitté par les douze dieux qui formaient le tribunal ; d'ailleurs le mot Aéropage signifie colline d'Arès. Une autre légende veut que le premier meurtre dont il eut à s'occuper fut celui de Procris, tué involontairement à la chasse par son époux Céphale. Cette légende et celle du matricide Oreste feraient remonter l'institution de l'Aéropage à la période du matriarcat, qui, au temps de la guerre de Troie, achevait d'être remplacé par le patriarcat : en effet, du moment que la femme cesse d'être chef de la famille, elle entre en esclave dans la maison de son mari, qui a droit de vie et de mort sur elle ; son fils même possédait ce droit, par conséquent on ne peut plus demander vengeance de sa mort, si le meurtre a été accompli par son mari ou par son fils (1). L'Aéropage rendait ses

1. Démosthène, dans un de ses plaidoyers civils, cite un article de la loi de Dracon qui donnait à tout Athénien le droit de vie et de mort sur cinq femmes : son épouse, sa fille, sa mère, sa sœur et sa concubine. Les *Gragas* (oies

arrêts dans les ténèbres, ainsi que le tribunal égyptien qui lui correspondait : c'est pourquoi Thémis, la déesse emblématique de la Justice, a les yeux bandés. Les Athéniens voulaient sans doute que ce symbolisme rappelât que l'Aéropage avait été institué pour se substituer aux Erinnies, filles de la Nuit, qui, d'après Homère, vivaient dans les ténèbres de l'Erèbe. L'Aéropage et le tribunal égyptien n'admettaient pas d'avocats ; le coupable lui-même devait garder le silence. Ces deux tribunaux, remplaçant les familles de l'offensé et de l'offenseur, ne jugeaient pas : leur rôle se bornait à trouver le coupable et à le livrer à la famille de l'offensé.

Si dans une ville commerciale, comme Athènes, la nécessité de maintenir l'ordre permit l'établissement d'un tribunal permanent pour régler les vendettes et punir les coupables, presque partout ailleurs il fallut

grises) qui sont les anciennes lois de l'Islande, consacraient le même droit, en y ajoutant les filles adoptives. Si plus tard, à l'époque de Solon, les mœurs s'étant transformées, les lois de Dracon parurent trop sanguinaires, elles ne furent jamais abolies ; « mais par consentement tacite des Athéniens, dit Aulu-Gelle, elles étaient comme oblitérées »

Les premières lois, précisément parce qu'elles fixaient et consacraient les coutumes des ancêtres, n'étaient jamais abrogées, elles subsistaient quoiqu'elles fussent contredites par de nouvelles lois : ainsi le code de Manou conserve côte à côte la loi qui ordonne le partage égal des biens entre frères et celle qui établit le droit d'aînesse. La loi des Douze Tables n'abolit pas à Rome les lois royales. La pierre sur laquelle ces dernières étaient gravées était inviolable ; tout au plus les moins scrupuleux se croyaient-ils permis de la retourner.

laisser aux familles le soin de satisfaire elles-mêmes leur vengeance. En Angleterre, au dixième siècle, sous le roi Alfred, la coutume et les lois autorisaient encore les familles à se déclarer des guerres privées, pour cause de meurtre. Le pouvoir civil, en France, n'ayant pu enlever la vengeance aux familles, essaya d'en atténuer les effets en imposant un intervalle entre l'offense et la vengeance : une ordonnance royale du treizième siècle, la *quarantaine-le-roy*, que l'on attribue à Philippe-Auguste ou à saint Louis, défendait d'entreprendre une guerre privée pour se venger avant quarante jours révolus depuis l'injure commise ; si dans cet intervalle un meurtre était commis par un des offensés, le meurtrier était puni de la peine de mort pour avoir transgressé l'ordonnance royale. Le gouvernement français n'a pu supprimer que tout dernièrement les vendettes en Corse.

．.．

La passion de la vengeance, bien que subissant le joug du talion et des assemblées arbitrales, restait encore indomptable : ses griffes et ses dents ne pouvaient être arrachées que par la propriété. Cependant la propriété, qui est destinée à faire disparaître les désordres des vengeances privées, ne fait son apparition dans le sein des familles qu'entourée d'un cortège de discordes et de crimes ; avant que le droit d'aînesse ne fut reconnu et passé dans les mœurs, elle engendra des luttes fratricides pour la possession des biens paternels, dont la Mythologie grecque a conservé les horribles souvenirs dans l'histoire des Atrides (1). Depuis lors, la propriété n'a cessé d'être la cause la plus efficace et la plus active de discordes et de crimes privés et des guerres civiles et internationales qui ont bouleversé les sociétés humaines.

La propriété entre comme une furie dans le cœur humain, bouleversant les sentiments, les instincts et idées les mieux enracinés, et suscitant de nouvelles passions ; il ne fallait rien moins que la propriété pour contenir et amortir la vengeance, l'antique et dominante passion de l'âme barbare.

La propriété privée, une fois constituée, le sang ne demande plus du sang : il demande de la propriété ; le talion est transformé.

La transformation du talion fut probablement facilitée par l'esclavage et le commerce des esclaves, le premier commerce international qui se soit établi

1. Si l'on s'en rapporte aux légendes mythologiques de la Grèce, il semble que lorsque l'autorité du père remplaça dans la famille celle de la mère, l'ordre de succession fut profondément troublé ; tous les fils, qui dans la famille matriarcale n'héritaient pas, prétendirent avoir des droits égaux pour s'emparer des biens du père défunt et de la direction familiale ; ce n'est qu'après bien des luttes intestines que le droit d'aînesse parvint à s'établir et il ne put se maintenir qu'en appelant à son secours la superstition religieuse. Le père était censé vivre dans son tombeau, placé dans la maison ou le jardin environnant ; il continuait à gérer ses biens et donnait des ordres à son successeur : on n'obéissait pas à l'héritier vivant, mais au père défunt. Alors, à côté de la religion de la tribu, s'établirent des cultes familiaux que Fustel de Coulanges croit primitifs.

d'une manière régulière. L'échange d'hommes vivants contre des bœufs, des armes et d'autres objets habitua le barbare à donner au sang un autre équivalent que du sang. Un nouveau phénomène familial contribua plus énergiquement encore que le commerce des esclaves à modifier le talion. La femme, tant que persiste la famille matriarcale, demeure dans son clan.. où elle est visitée par son ou ses maris ; dans la famille patriarcale, la jeune fille quitte sa famille pour aller habiter dans celle de son mari : le père est indemnisé de la perte de sa fille qui, en se mariant, cesse de lui appartenir. La jeune fille devient alors un objet de troc, une trouveuse de bœufs, *alphesiboia*, dit l'épithète homérique ; c'était contre des bœufs que les Grecs l'échangeaient. Le père commença par troquer ses filles et finit par vendre ses fils, ainsi que le démontrent les lois grecques et romaines. Le père, en vendant son propre sang, brise l'antique solidarité qui unissait les membres de la famille et qui les liait à la vie et à la mort. Les parents échangeant contre des bestiaux et d'autres biens leurs enfants, leur sang vivant, devaient, à plus forte raison, être disposés à accepter des bestiaux ou d'autres biens pour le sang versé, pour le fils tué. Les enfants, suivant l'exemple des parents, arrivèrent à leur tour à se contenter d'une indemnité quelconque pour le sang versé de leurs père et mère.

Alors, au lieu de vie pour vie, dent pour dent, on demande des bestiaux, du fer, de l'or pour vie, dent et autres blessures. Les Cafres exigent des bœufs, les

Scandinaves, les Germains et les barbares qui, au contact de peuples plus civilisés, ont appris l'usage de la monnaie, réclament de l'argent (1).

Cette révolution, une des plus profondes dont l'âme humaine ait été le théâtre, ne s'est pas accomplie subitement et sans déchirements. La religion, conservatrice des antiques coutumes, et les sentiments de solidarité et de dignité des barbares s'opposèrent à la substitution de l'argent au sang. La superstition attacha une malédiction à l'argent du sang. Le trésor, qui dans les Éddas est la cause de la mort de Sigurd et de l'extermination de la famille des Volsungs et des Giukings, est précisément le prix du sang que les dieux scandinaves Odin, Loki et Hœnir durent payer pour le meurtre d'Otter. Saxo Gramma-

1. Alors que les historiens croyaient que chaque peuple et chaque race avaient des mœurs et des coutumes spéciales, on a prétendu que le wehrgeld était d'origine germanique et que les Grecs et les Latins ne s'étaient jamais abaissés à ce moyen barbare de compenser le sang par de l'argent. Rien de plus inexact.

La table VIII de la loi romaine des Douze Tables dit :

II. Contre celui qui brise un membre et ne transige pas, le talion.

III. Pour la fracture d'une dent à un homme libre, peine de 300 as ; à un esclave, peine de 150 as.

IV. Pour une injure, peine 25 as.

Ajax, envoyé avec Ulysse et Phénix en ambassade auprès d'Achille pour le décider à accepter les présents d'Agamemnon et à apaiser sa colère, lui dit : « On voit des hommes acceptant rançon pour le meurtre d'un frère, d'un fils ; le meurtrier lui-même, après avoir payé une somme considérable, demeure dans sa patrie, et l'offensé satisfait réprime les mouvements de son âme irritée. » (*Iliade*, IX.)

ticus a conservé le chant d'un barde danois qui s'indigne contre les mœurs du jour et contre ceux qui portent dans leur bourse le sang de leurs pères. Les nobles du Turkestan, dit Pallas, ne consentent jamais à recevoir « le prix du sang ». Le meurtrier afghan, même s'il a commis un meurtre involontaire, rapporte Elphinstone, doit implorer la famille de la victime pour lui faire accepter l'argent de la compensation, et doit se soumettre à une humiliante cérémonie, analogue à celle qui, en pareille occasion, était en usage chez les Slaves du sud de l'Europe. « Les juges et les spectateurs forment un large cercle ; au milieu, le coupable, un fusil et un poignard attachés au cou, se traîne sur ses genoux jusqu'aux pieds de la partie offensée, qui, après lui avoir enlevé les armes, le soulève et l'embrasse en lui disant : Dieu vous pardonne. Les spectateurs félicitent par de joyeux applaudissements les ennemis réconciliés... Cette cérémonie, nommée le *cercle du sang*, se termine par une fête donnée aux dépens du meurtrier et à laquelle prennent part tous les assistants (1). » Le Bédouin, quoique acceptant l'argent du sang force le meurtrier et sa famille à se reconnaître ses obligés.

La rétribution du sang fut au début abandonnée à l'arbitraire de la partie offensée, qui à sa guise déterminait la quantité et la qualité des objets à don-

_____

1. KRASINSKI, *Montenegro and the Slavonians of Turkey*, 1853.

ner pour l'apaiser. Les Sagas nous montrent l'Islandais fixant lui-même le prix du sang et ne se contentant de rien moins que de tous les biens du meurtrier et de sa famille ; il lui fallait pour apaiser sa passion de vengeance le dépouillement complet, afin de priver le coupable et sa famille des joies de la vie. L'exagération de la compensation rendait pratiquement impossible ce mode d'expiation et donnait lieu à d'interminables débats ; les barbares, pour obvier à cette difficulté, se virent forcés de déterminer le prix qu'il était permis de réclamer. Les codes barbares fixent minutieusement le prix à payer en nature ou en monnaie pour la vie d'un homme libre, d'après sa naissance et son rang, pour des blessures à la main, au bras, à la jambe, etc., et pour toute injure à son honneur et toute atteinte à sa paix domestique. Le roi, aussi bien que le paysan, était protégé par un wehrgeld payable à ses parents : la seule différence entre le wehrgeld du roi et celui des autres individus de la nation était le taux du prix du sang (1).

La famille du coupable était responsable du paiement du prix du sang que la famille de la victime partageait entre ses membres, proportionnellement

1. L'établissement du wehrgeld amène cette curieuse conséquence que Mallet constate chez les Scandinaves ; puisque la mort d'un homme libre et des blessures à sa main, son pied, etc., sont tarifées, le corps d'un débiteur doit être rendu responsable de la dette contractée. C'est ce raisonnement qui, dans tous les pays, a donné au créancier le droit de mutiler et de faire esclave son débiteur.

au degré de parenté. Les *Gragas* d'Islande indiquent le mode de partage : les mâles de la famille étaient divisés en cinq cercles ou degrés de parenté ; le premier cercle, composé du père, de la mère et du fils aîné, recevait ou payait 3 marcks ; les deuxième et troisième cercle, 2 marcks, le quatrième 1 marck et le cinquième une ore ou un huitième de marck.

Le wehrgeld amena la création d'un corps officiel chargé de surveiller son application ; plus tard, des amendes lui furent ajoutées. Le wehrgeld continua à être payé aux parents de la victime, tandis que les amendes entrèrent dans les caisses royales ou publiques : c'est à peu près ce qui existe de nos jours dans les pays capitalistes, où le wehrgeld a pris le nom de dommages et intérêts.

****

L'esprit simpliste et égalitaire du sauvage l'avait conduit au talion : vie pour vie, blessure pour blessure, c'était tout ce qu'il pouvait imaginer pour réglementer la vengeance ; mais lorsque, sous l'action de la propriété, le talion se transforma et que l'équation brutale, vie pour vie, fut remplacée par l'équation économique, bestiaux et autres biens pour vie, blessure, injure, etc., l'esprit du barbare fut soumis à une rude épreuve : il eut à résoudre un problème qui l'obligeait à pénétrer dans le domaine de l'abstraction. Il avait d'un côté à peser le dommage matériel et moral causé à une famille par la mort d'un des siens et à un individu par la perte d'un de ses membres ou par une insulte et de l'autre côté à mesurer l'avantage que leur procurerait la cession de certains biens matériels, c'est-à-dire qu'il lui fallait doser et équivaloir des choses n'ayant entre elles aucun rapport matériel direct. Le barbare commença brutalement par réclamer, dans le cas de meurtre, la ruine sociale du coupable, sa mort économique, la cession de tous ses biens, pour arriver, après bien des efforts intellectuels, par tarifer la vie, la perte d'un œil, d'une dent et même des insultes. Cette tarification lui fit forcément acquérir de nouvelles notions abstraites sur les rapports des hommes entre eux et avec les choses, qui, à leur tour, engendrèrent dans son cerveau l'idée de justice rétributive, laquelle a pour mission de proportionner, aussi exactement que possible, la compensation au dommage.

II

LA JUSTICE DISTRIBUTIVE

L'instinct de conservation, le premier et le plus impérieux des instincts, pousse l'homme sauvage, ainsi que l'animal, son ancêtre, à s'emparer des objets dont il a besoin ; tout ce qu'il peut saisir, il l'empoigne pour satisfaire soit sa faim, soit sa fantaisie. Il se comporte envers les biens matériels de la même façon que le savant et le littérateur envers les biens intellectuels ; il prend son bien partout où il le trouve, selon le mot de Molière (1). Les voyageurs européens qui ont été victimes de cet instinct, se sont livrés à de belles indignations morales et ont flétri le sauvage de l'épithète de voleur, comme s'il était possible que l'idée de vol entrât dans la tête humaine avant la constitution de la propriété (2).

Dompter cet instinct *préhenseur* (3), qui est la trans-

1. « La Nature, disait Hobbes, a donné à chacun de nous égal droit sur toutes choses... En l'état de Nature, chacun a le droit de faire et de posséder tout ce qui lui plait. D'où vient le commun dire, que *la Nature a donné toutes choses à tous* et d'où il se recueille qu'en l'état de Nature l'utilité est la règle du Droit. » (*De Cive*, liv. I, ch. 1.) Hobbes et les philosophes qui parlent de Droit naturel, de Religion naturelle, de Philosophie naturelle, prêtent à dame Nature leurs notions de droit, de religion et de philosophie, qui ne sont rien moins que naturelles. Que dirait-on du mathématicien qui attribuerait à la Nature ses notions du système métrique et philosopherait sur le Mètre et le Millimètre naturels ? Les mesures de longueur, les lois, les dieux et les idées philosophiques sont de fabrication humaine : les hommes les ont inventés, modifiés et transformés au fur et à mesure de leurs besoins privés et sociaux.

2. Proudhon, qui s'était attribué la propriété du mot de Brissot, commettait la même erreur quand il donnait pour un axiome social son *La Propriété c'est le vol*, car le vol est la conséquence de la propriété et non sa cause déterminante. L'origine historique de la propriété tant mobilière qu'immobilière démontre que jamais à ses débuts elle n'a revêtu un caractère de dépouillement, — il n'en pouvait être autrement.

3. Le mot *préhenseur* existe dans la langue zoologique. Littré le définit : qui a la faculté de saisir, d'empoigner.

formation d'une des propriétés essentielles de la matière organisée, le soumettre au joug, et le comprimer au point de l'étouffer, a été une des tâches de la civilisation. Pour subjuguer l'instinct préhenseur, l'humanité a passé par de plus nombreuses étapes que pour dompter et amortir la passion de la vengeance. L'asservissement de cet instinct primordial a concouru à constituer l'idée de justice, ébauchée par la domestication de la vengeance.

.*.

Le sauvage, tant qu'il erre par petites hordes sur la terre inhabitée, le long de la mer et des fleuves, s'arrêtant là où il trouve en abondance sa nourriture, exerce son instinct préhenseur sans restrictions d'aucune sorte. Mais dès les temps préhistoriques les plus reculés la nécessité de se procurer des moyens d'existence l'oblige à contenir dans de certaines limites cet instinct. Lorsque la population d'une contrée acquiert une certaine densité, les tribus sauvages qui l'habitent se partagent la terre en territoires de chasse, ou en pâturages, quand ils pratiquent l'élève du bétail. Afin de préserver leurs subsistances qui sont les fruits naturels, le gibier, les poissons et parfois, des troupeaux de porcs, paissant librement dans les forêts, les nations sauvages et barbares de l'ancien et du nouveau monde bordent leurs territoires par des zones neutres (1). Tout individu qui franchit la limite

1. Les grossiers sauvages de la Terre de Feu limitent

du territoire de sa tribu est pourchassé, traqué et parfois mis à mort par la tribu avoisinante. Il peut, dans
la limite du territoire, prendre librement ce dont il a
besoin, mais au delà de cette limite, il ne prend qu'à
ses risques et périls : les violations de territoires, souvent encouragées pour exercer le courage et l'habileté
des jeunes guerriers, sont parmi les causes les plus
fréquentes de guerre entre tribus voisines. Les sauvages, afin d'éviter ces guerres et de vivre en paix
avec leurs voisins, durent dompter leur instinct préhenseur et ne lui permettre libre carrière que dans la
limite de leur propre territoire, propriété commune
de tous les membres de la tribu.

Mais même dans les limites de ce territoire la
nécessité de conserver les moyens d'existence oblige
les sauvages à mettre un frein à leur instinct préhenseur. Les Australiens interdisent la consommation
des poules et des porcs quand il y a disette et celle
des bananes et des ignames, quand la récolte des
fruits de l'arbre à pain s'annonce mal ; ils défendent
la pêche dans certaines baies, quand le poisson s'y
fait rare ; les Peaux-Rouges du Canada, pour d'autres
raisons, ne tuaient pas les femelles des castors. Les

leurs territoires par de larges espaces inoccupés ; César
rapporte que les Suèves mettaient leur orgueil à les entourer de vastes solitudes. Les Germains nommaient forê
limitrophe et les Slaves forêt protectrice l'espace neutre
entre deux ou plusieurs tribus. Morgan dit que dans l'Amérique du Nord cet espace était plus étroit entre les tribus
de même langue, d'ordinaire apparentées et alliées, et plus
large entre les tribus d'idiomes différents.

sauvages, même mourant de faim, ne touchent pas aux plantes et aux animaux qui sont les totems de leurs tribus, c'est-à-dire les ancêtres dont ils prétendent .descendre. Ces interdictions, pour être plus efficaces, revêtent souvent un caractère religieux ; l'objet interdit est *taboué*, et les dieux se chargent de châtier les transgresseurs de l'interdiction.

Ces restrictions à l'instinct préhenseur sont communistes, elles ne sont imposées que dans l'intérêt de tous les membres de la tribu et c'est seulement à ce titre que le sauvage et le barbare s'y soumettent volontairement ; mais il existe même chez les sauvages d'autres restrictions qui n'ont pas ce caractère d'intérêt général.

Les sexes, dans les tribus sauvages, sont nettement séparés par leurs fonctions : l'homme est guerrier et chasseur, la femme nourrit et élève l'enfant, qui lui appartient et non au père généralement inconnu ou incertain ; elle se charge de la conservation des provisions, de la préparation et distribution des aliments, de la confection des vêtements, des ustensiles de ménage, etc., et elle vaque à la culture quand elle débute. Cette séparation, basée sur des différences organiques, introduite pour empêcher les relations sexuelles promisques et maintenue par les fonctions échéant à chaque sexe, est renforcée par des cérémonies religieuses et pratiques mystérieuses particulières à chaque sexe et sous peine de mort interdites aux personnes de l'autre sexe et par la création d'un langage qui n'est compris que par les initiés d'un sexe. La séparation des sexes amenà fatalement leur antagonisme qui se traduisit par des interdictions imposées à l'instinct préhenseur, qui n'ont plus un caractère général, mais prennent un caractère particulier de sexe, on pourrait dire de classe, car, ainsi que le remarque Marx, la lutte de classes se manifeste d'abord sous la forme de lutte de sexes. Voici quelques-unes de ces interdictions de sexe : les tribus cannibales défendent d'ordinaire aux femmes de participer aux festins anthropophagiques ; certaines viandes recherchées, telle que la chair du castor, de l'ému, etc., sont en Australie spécialement réservées aux guerriers ; c'est par un semblable sentiment que les Grecs et les Romains des temps historiques défendaient aux femmes l'usage du vin.

Les restrictions imposées à l'instinct préhenseur vont devenir plus nombreuses avec la constitution de la propriété collective familiale. Tant que le territoire du clan demeure propriété indivise de tous ses membres, qui le cultivent en commun, de même qu'ils chassent et pêchent en commun, les provisions confiées à la garde des femmes mariées, ainsi que le rapporte Morgan, demeurent propriétés communes ; aussi dans la limite du territoire de son clan un sauvage prend librement les vivres dont il a besoin : dans un village de Peaux-Rouges, dit Cattlin, tout individu, homme, femme ou enfant, a le droit d'entrer dans n'importe quelle case, même dans celle du chef militaire de la nation, et de manger à sa faim. Les Spartiates, au dire d'Aristote, avaient conservé ces mœurs communistes. Mais le partage des terres arables du clan va introduire d'autres mœurs.

Le partage des terres ne pouvait avoir lieu qu'à la condition de donner pleine satisfaction au sentiment de jalouse égalité qui emplit l'âme des hommes primitifs ; ce sentiment exige impérieusement que *tous aient les mêmes choses*, selon la formule que Thésée, le législateur mythique d'Athènes, avait donnée pour base au droit. Toute distribution de vivres ou du butin de guerre parmi les hommes primitifs se faisait de la manière la plus égalitaire ; ils ne pouvaient concevoir qu'il en fût autrement ; partage égal est pour eux la fatalité, aussi dans la langue grecque *Moira*, qui signifie la part qui revient à chaque convive dans un repas, finit par désigner la déesse suprême de la destinée à qui sont soumis les hommes et les dieux ; et le mot *Diké*, usité d'abord pour partage égal, coutume, finit par être le nom de la déesse de la Justice (1).

1. Un fragment d'Héraclide de Pont, disciple de Platon, contient une description des repas communistes des Doriens. Chaque personne aux *Andreies* (repas commun des hommes) recevait une part égale, excepté l'Archonte, membre du conseil des anciens, qui avait droit à une quadruple portion ; une en sa qualité de citoyen, une deuxième en sa qualité de président de table et deux autres pour l'entretien de la salle, qui devaient probablement êtres réservés aux serviteurs. Chaque table était sous la surveillance spéciale d'une matriarche, qui distribuait les aliments aux convives. Cette fonction de distributrice, réservée à la femme, impressionna si fortement les Grecs préhistoriques, qu'ils personnifièrent la Destinée et les Destins par

Si l'égalité la plus parfaite doit présider à la distribution des aliments, à plus forte raison le sentiment égalitaire sera en éveil lorsqu'il s'agira de distribuer les terres, qui procureront des vivres à toute la famille ; car le partage des terres se faisait par famille, proportionnellement au nombre de ses membres mâles.

,

On a dit, avec raison, que les inondations du Nil forcèrent les Egyptiens à inventer les premiers éléments de la géométrie, afin de pouvoir redistribuer les champs, dont le fleuve débordé avait emporté les démarcations. La mise en commun des terres arables après la récolte et leurs redistributions annuelles imposèrent aux autres peuples les mêmes nécessités que les débordements du Nil. Les hommes primitifs durent dans tous les pays découvrir par eux-mêmes les éléments de l'arpentage, sans passer par l'école des Egyptiens. On ne peut mesurer que parce qu'on sait compter. Probablement le troupeau fortifia l'idée de nombre et développa la numération, le partage des terres engendra l'idée de mesure et le vase celle de capacité.

Les terres arables étaient divisées en surfaces rectilignes, en parallélogrammes très longs et très étroits : l'*aclus*, la mesure agraire des romains primitifs,

les déesses, *Moira*, *Aissa*, les *Kéres*, dont les noms signifient, part qui revient dans une distribution de vivres ou de butin.

avait 40 mètres de long et 1 m. 50 de large. Mais
avant de savoir mesurer la surface des parallélogrammes en multipliant la base par la hauteur, par conséquent avant de pouvoir les égaliser, les hommes
primitifs ne pouvaient être satisfaits que si les pièces
de terres revenant à chaque famille étaient renfermées
dans des lignes *droites* d'égales longueurs ; ils obtenaient ces lignes en reportant sur le sol le même
bâton, un même nombre de fois (1). Le bâton qui servait à mesurer la longueur des lignes était sacré ; les
hiéroglyphes égyptiens prennent pour symbole de la
Justice et de la Vérité la Coudée, c'est-à-dire l'unité de
mesure : ce que la Coudée avait mesuré était juste et
vrai (2).

Les lots compris entre les lignes droites d'égale
longueur mettaient en repos l'esprit égalitaire et ne

1. « Les procédés d'arpentage des Egyptiens, dit Paul
Tannery, sont moins perfectionnés que ceux des savants
grecs et ils reviennent parfois à des formules métriques
passablement inexactes. Ainsi les Egyptiens mesuraient
l'aire d'un quadrilatère en faisant le produit des demi-
sommes des deux côtés opposés. Cette formule et d'autres
aussi fausses, transmises au moyen âge par les héritiers des
agrimenseurs romains, se sont perpétuées en Europe dans
les traités élémentaires jusqu'à l'époque de la Renaissance. »
Pour l'histoire de la Science hellène, 1887.

2. Haxthausen rapporte dans son curieux *Voyage en Rus-
sie*, qu'il a vu dans le gouvernement de Jaroslaf des perches
révérées comme les mesures sacrées de l'arpentage. La longueur des perches est en raison inverse de la qualité des
terres ; la plus courte sert à mesurer la meilleure terre et la
plus longue les terres de qualité inférieure : « tous les lots
sont de la sorte inégaux en grandeur et égaux en valeur ».

donnaient pas lieu à des contestations. La ligne droite était donc la partie importante de l'opération : les lignes droites une fois tracées, les pères de famille étaient contents, elles donnaient pleine satisfaction à leurs sentiments égalitaires, pour cette raison le mot grec *orthos* qui d'abord veut dire ce qui est en ligne droite, signifie par extension ce qui est vrai, équitable et juste (1). La ligne droite parce qu'elle acquit la puissance de dompter leurs passions sauvages, devait nécessairement revêtir à leurs yeux un caractère auguste ; c'est par un phénomène analogue que les Pythagoriciens, éblouis par les propriétés des nombres qu'ils étudiaient, attribuèrent à la décade un caractère fatidique et que tous les peuples ont donné aux premiers nombres des qualités mystiques.

1. La racine *or* dans la langue grecque concourt à former trois séries de mots, qui semblent contradictoires, mais qui sont complémentaires et se rattachent au partage des terres.

1° Idée d'aller en ligne droite :

Or-thos, droit, vertical, vrai, équitable, juste ; — *or-nid*, mouvement en haut, essor, élan, passion , — *or-numi, or-inô*, mettre en mouvement, exciter ; — *or-ugma*, fossé, galerie souterraine ; — *or-ux*, pioche ; — *or-thoô*, redresser ; — *or-thosios Zeus*, Jupiter qui redresse les torts ;

2° Idée de borner, de limiter :

Or-os, borne, frontière ; — *or-izd*, borner, limiter, définir, statuer ; — *or-ios*, ce qui sert de limite ; — *Zeus or-ios*, Jupiter protecteur des limites ; — *theos or-ios*, Dieu terme ;

3° Idée de vigilance :

Our-os, garde, gardien ; — *pul-or-os*, gardien des portes. — *tima-or-os*, celui qui punit, qui venge ; — *or-omai*, surveiller, garder,

Il est donc compréhensible que la ligne droite représentât, pour les hommes des premiers partages agraires, tout ce qui leur semblait juste.

L'esprit égalitaire des hommes primitifs était si farouche que pour que le partage des terres, divisées en étroites bandes d'égale longueur, ne suscitât pas de querelles, on en faisait la distribution par le sort à l'aide de cailloux, avant l'invention de l'écriture ; aussi le mot grec *kleros*, qui veut dire caillou, prend par extension la signification de lot assigné par le sort, puis celles de patrimoine, fortune, condition, pays.

L'idée de justice était à son origine si étroitement liée au partage de terres, qu'en grec le mot *nomos*, qui signifie usage, coutume, loi, a pour racine *nem* qui donne naissance à une nombreuse famille de mots, contenant l'idée de pâturage et de partage (1).

1. *Nemô*, partager, distribuer, puis traiter quelqu'un suivant la loi ; — *nomé*, pâturage, partage, lot ; — *nomas*, nomade vagabond qui erre en faisant paître un troupeau ;— *nomos*, primitivement pâturage, puis séjour, demeure, partage, et en dernier lieu usage, loi ; — *nomizô*, observer la coutume, la loi, penser, croire, juger ; — *nomisma*, chose établie par la coutume, par la loi, pratique religieuse, monnaie ; — *nomisis*, culte, religion, croyance ; — *Némésis*, colère des Dieux contre ceux qui attentent aux droits d'autrui, déesse de la justice distributive ; — *epi-nomia*, droit au pâturage ; — *pro-nomia*, privilège.

La filiation philologique indique que les idées de partage, de demeure, d'usage, de coutume, de loi, de penser, de juger, de croire et de religion découlent d'une même source : la nécessité de partager les terres.

Nomos, d'abord exclusivement usité pour pâturage, a pris dans le cours des temps de nombreuses et dissemblables significations (séjour, habitation, usage, coutume, loi), qui sont autant de sédiments historiques déposés par l'évolution humaine ; si l'on déroule la série chronologique de ces significations, on passe en revue les principales étapes parcourues par les peuplades préhistoriques. *Nomos*, pâturage, rappelle l'époque pastorale et vagabonde ; dès que le nomade (*nomas*) s'arrête, *nomos* est usité pour séjour, habitation ; mais lorsque les peuples pasteurs s'arrêtent et élisent domicile dans une contrée, ils doivent fatalement partager les terres, *nomos* prend alors le sens de partage ; dès que les partages agraires sont passés dans les mœurs, *nomos* revêt sa dernière signification de coutume, loi ; — la loi n'étant à l'origine que la codification de la coutume ; dans le grec de la période byzantine et de l'époque moderne, *nomos* ne conserve plus que la signification de loi. De *nomos* dérivent *nomisma*, ce qui est établi par la coutume, pratique religieuse ; *nomizô*, observer la coutume, penser, juger ; *nomisis*, culte, religion ; *Némésis*, déesse de la justice distributive, etc., qui sont autant de témoins de l'action exercée par les partages agraires sur la pensée humaine.

*_**

Le partage des terres communes du clan ouvre les portes d'un monde nouveau à l'imagination des hommes préhistoriques ; il bouleverse les instincts, les passions, les idées et les mœurs d'une façon plus énergique et plus profonde que de nos jours ne le ferait le retour de la propriété capitaliste à la communauté. Les hommes primitifs, pour faire pénétrer dans leur cerveau l'idée étrange et antinaturelle qu'ils ne devaient toucher plus aux fruits et aux récoltes du champ voisin, à la portée de leurs mains, durent recourir à toute la sorcellerie qu'ils étaient capables d'imaginer.

Chaque champ, alloti par le sort à une famille, était entouré d'une zone neutre, ainsi que le territoire de la tribu ; la loi romaine des Douze Tables la fixait à cinq pieds ; des bornes marquaient ses limites, d'abord elles n'étaient que des tas de pierre ou des troncs d'arbre, ce n'est que plus tard qu'on leur donna la forme de piliers à tête humaine, auxquels on ajoutait parfois des bras. Ces monceaux de pierre et ces morceaux de bois étaient des Dieux pour les Grecs et les Latins, on jurait de ne pas les déplacer (1) ; le laboureur ne devait pas s'en approcher de peur que « le Dieu se sentant heurté par le soc de la charrue, ne lui criât : Arrête, ceci est mon champ, voilà le tien ». (Ovide, *Fastes.*) — « Maudit qui transporte la borne du prochain ; tout le monde lui criera : Amen », fulmine Jéhovah (*Deutéronome*, XXVII, 17.)

1. Platon, dans ses *Lois*, dit : « Notre première loi doit être celle-ci : que personne ne touche à la borne qui sépare un champ de celui du voisin, car elle doit rester immobile ; que nul ne s'avise d'ébranler la pierre qu'on s'est engagé par serment à laisser en place. »

Les Etrusques appelaient toutes les malédictions sur la tête du coupable : « Celui qui aura déplacé la borne, dit un de leurs anathèmes sacrés, sera condamné par les Dieux, sa maison disparaîtra, sa race s'éteindra, sa terre ne produira plus de fruits ; la grêle, la rouille, les feux de la canicule détruiront ses moissons ; ses membres se couvriront d'ulcères et tomberont en corruption. » Si la propriété apportait à l'humanité la Justice, elle en chassait la Fraternité.

Tous les ans, aux Terminales, les propriétaires mitoyens du Latium enguirlandaient les bornes, faisaient des offrandes de miel, de blé et de vin et immolaient un agneau sur un autel, construit pour l'occasion, car c'était un crime que de tacher de sang la borne sacrée.

S'il est vrai, selon le mot du poète latin, que la peur engendra les Dieux, il est encore plus vrai que dès que la propriété est instituée, les Dieux ne sont inventés que pour inspirer la terreur : les Grecs créèrent des déesses terribles pour dompter l'instinct préhenseur et pour horrifier les violateurs du bien d'autrui. Diké et Némésis appartiennent à cette catégorie de divinités : elles naquirent postérieurement à l'introduction des partages agraires, ainsi que l'indiquent leurs noms ; elles furent chargées de maintenir les nouveaux usages et de châtier ceux qui les enfreignaient. Diké, épouvantable comme les Erinnies, avec lesquelles elle s'allie pour terrifier et punir, s'apaise à mesure que les hommes s'habituent à respecter les nouvelles coutumes agraires ; elle se dépouillle peu à peu de son aspect rébarbatif. Némésis présidait aux partages et veillait à ce que la distribution des terres se pratiquât d'une manière équitable. Némésis, sur le bas-relief qui reproduit la mort de Méléagre, est représentée un rouleau à la main, sans doute le rouleau sur lequel on inscrivait les lots échus à chaque famille ; son pied pose sur la roue de la Fortune. Pour comprendre ce symbolisme, on doit se rappeler que les lots de terre étaient tirés au sort (1).

1. L'agriculture eut une action décisive sur le développement de la mentalité des hommes primitifs : ainsi par exemple c'est elle qui modifia leurs opinions sur la division du temps. Les Heures, qui dans la Mythologie grecque ne désignent pas les divisions du jour mais celles de l'année, étaient primitivement au nombre de deux : l'Heure du printemps, Thallô dont le nom signifie verdoyer, fleurir, et l'Heure de l'automne, Karpos, qui veut dire fruit. Le printemps et l'automne sont les saisons importantes pour le sauvage qui ne cultive pas la terre, mais qui se nourrit des fruits qu'elle porte spontanément. Après le partage des terres le nombre des Heures est porté à trois : Diké, Eunomia, dont le nom signifie bon pâturage, équité, observation de la coutume, et Eirené, qui veut dire paix. Hésiode les décrit dans sa Théogonie donnant aux hommes des coutumes, et établissant parmi eux la paix et la justice, ainsi que Demeter Thesmophore.

Tant que les hommes vivent de la chasse, de la pêche et de la cueillette, il leur est indifférent d'être en guerre pendant une saison plutôt que pendant une autre ; mais dès qu'ils ont des champs à ensemencer et à moissonner, ils doivent suspendre pendant certaines périodes de l'année les guerres de tribu à tribu et établir des trêves pour les semailles, les récoltes et autres travaux agricoles : ils créèrent alors l'Heure de la paix, Eiréné, et mirent ces

Les Grecs étaient si convaincus que la culture et le partage des terres avaient donné naissance aux lois et à la Justice, que de Demeter, la déesse des pâtres de l'Arcadie, où elle portait le nom d'Érinnys et qui ne joue aucun rôle dans les deux poèmes homériques, ils firent la déesse de la terre féconde, qui initia les hommes aux mystères de l'agriculture et établit parmi eux la paix, en leur donnant des coutumes et des lois. Demeter, sur les monuments du plus ancien style, est représentée la tête couronnée d'épis, tenant à la main des instruments aratoires et des pavots, qui, à cause de leurs innombrables graines, sont le symbole de la fécondité; mais dans les plus récentes représentations, qui la montrent comme législatrice (*thesmophora*), Demeter remplace ses anciens attributs par le stylet, qui sert à graver les coutumes et les lois réglant les partages de terre et

trèves sous sa protection : les catholiques du moyen âge les plaçaient sous celle de Dieu et les hommaient Trèves de Dieu. Eiréné dérive du verbe *eirô*, parler ; à Lacédémone on appelait *eiren* le jeune homme, âgé de plus de vingt ans, qui avait droit de prendre la parole dans les assemblées publiques. Durant les périodes consacrées aux travaux des champs, les disputes entre tribus et bourgades ne se réglaient plus par les armes, mais par la parole, d'où Eiréné, la déesse qui parle.

La culture des terres pourrait avoir eu une influence sur l'écriture, comme semblerait le prouver cette antique manière d'écrire dont s'étaient servis les Grecs, les Chinois, les Scandinaves, etc., qui consiste à écrire alternativement de gauche à droite et de droite à gauche, en revenant sur ses pas, comme les bœufs qui labourent.

par le rouleau sur lequel sont inscrits les titres de propriété (1).

Mais les déesses les plus terrifiantes et les imprécations et anathèmes les plus horribles, qui cependant troublent si profondément l'imagination fantasque et naïve des peuples enfants s'étant montrés impuissants à réfréner l'instinct préhenseur et l'habitude invétérée de s'emparer des objets dont on avait besoin, on dut recourir à des châtiments corporels d'une férocité inouïe, en formelle opposition avec les sentiments et les mœurs des sauvages et des barbares qui, s'ils s'infligent volontairement des coups, pour se préparer à leur vie de luttes incessantes, ne leur donnent jamais le caractère de châtiment ; le sauvage ne frappe pas son enfant, ce sont les pères propriétaires qui ont inventé l'horrible précepte : Qui aime bien châtie bien. Les attentats contre la propriété furent punis plus férocement que les crimes contre les personnes : les abominables codes de l'inique Justice firent leur entrée dans l'histoire à la suite et comme conséquence de l'appropriation familiale de la terre.

La propriété marque son apparition en enseignant aux barbares à fouler aux pieds leurs nobles sentiments d'égalité et de fraternité ; des lois frappant de la peine de mort sont édictées contre ceux qui atten-

1. *La Galerie mythologique* de Millin (Paris, 1811) reproduit de nombreux médaillons, camées, vases, bas-reliefs, etc., sur lesquels Demeter est figurée avec ses divers attributs.

tent à la propriété. « Celui qui aura, la nuit, furtivement coupé ou fait paître des récoltes produites par la charrue, ordonne la loi des Douze Tables, s'il est pubère, sera dévoué à Cérès et mis à mort ; s'il est impubère, sera battu de verges à l'arbitraire du magistrat et condamné à réparer le dommage au double. Le voleur manifeste, c'est-à-dire pris en flagrant délit, si c'est un homme libre, sera battu de verges et livré en esclavage... L'incendiaire d'une meule de froment sera flagellé et mis à mort par le feu. » (*Table* VIII, 9, 10, 14). La loi des Burgondes dépasse la féroce loi romaine ; elle condamnait à l'esclavage la femme et les enfants âgés de plus de quatorze ans qui ne dénonçaient pas immédiatement l'une son mari et les autres leur père, coupable d'un vol de chevaux ou de bœufs (XLVII, 1. 2). La propriété introduisait la délation dans le sein de la famille.

La propriété privée des biens meubles et immeubles dès son apparition donne naissance à des instincts, des sentiments, des passions et des idées, qui sous son action ont été se développant au fur et à mesure de ses transformations et qui persisteront tant que la propriété privée subsistera.

*
* *

Le talion déposa dans la tête humaine le germe de l'idée de justice, que le partage des terres, qui jeta les basés de la propriété immobilière privée, devait féconder et faire fructifier. Le talion apprit à l'homme à dompter sa passion de la vengeance et à la soumettre à une réglementation ; la propriété courba sous le joug de la religion et des lois son instinct préhenseur. Le rôle de la propriété dans l'élaboration du droit fut si prépondérant qu'il obscurcit l'action initiatrice du talion, au point qu'un peuple aussi subtil que les Grecs et que des esprits aussi perspicaces que Hobbes et Locke ne l'aperçurent pas : en effet la poétique Grèce attribue l'invention des lois aux seules déesses qui président au partage et à la culture des terres ; Hobbes pense qu'avant la constitution de la propriété, « en l'état de nature, il n'y a point d'injustice, en quoi qu'un homme fasse contre quelqu'autre » ; et Locke affirme que « là où il n'y a pas de propriété, il n'y a point d'injustice, est une proposition aussi certaine que n'importe quelle démonstration d'Euclide : l'idée de propriété étant un droit à une chose et l'idée à laquelle correspond le mot injustice étant l'invasion ou la violation de ce droit » (1). Les Grecs et ses profonds penseurs, hypnotisés par la propriété et oubliant l'être humain et ses instincts et passions, suppriment le premier et le principal facteur de l'histoire. L'évolution de l'homme et de ses sociétés ne peut être comprise et expliquée que si l'on tient compte des actions et réactions les unes sur les autres des énergies humaines et des forces économiques et sociales.

1. Hobbes, *De Cive*, remarque ajoutée à la traduction française de Sorbière. — Locke, *Essay on the human understanding*.

L'esprit égalitaire des hommes primitifs, pour amortir la passion de la vengeance, n'avait su et n'avait pu trouver que le talion ; lors du partage des aliments, du butin et des terres, ce même esprit égalitaire exigea impérieusement des parts égales pour tous, afin que «tous eussent les mêmes choses», selon la formule de Thésée.

Coup pour coup, compensation égale au tort causé et parts égales dans les distributions de vivres et de terres étaient les seules idées de justice que pouvaient concevoir les premiers hommes ; idée de justice que les Pythagoriciens exprimaient par l'axiome, *ne pas dépasser l'équilibre de la balance ;* qui, dès qu'elle fut inventée, devint l'attribut de la Justice.

Mais l'idée de justice, qui à l'origine n'est qu'une manifestation de l'esprit égalitaire, va, sous l'action de la propriété qu'elle contribue à constituer, consacrer les inégalités que la propriété engendre parmi les hommes.

La propriété, en effet, ne peut se consolider qu'en acquérant le droit de se mettre à l'abri de l'instinct préhenseur, et ce droit, une fois acquis, devient une force sociale indépendante et automotrice, qui domine l'homme et se retourne contre lui.

Le droit de propriété conquiert une telle légitimité qu'Aristote identifie la Justice avec le respect des lois qui le protègent et l'injustice avec la violation de ces mêmes lois ; que la *Déclaration des droits de l'homme et du citoyen,* des bourgeois révolutionnaires de 1789, l'érige en « droit naturel et imprescriptible de l'homme » (art. II), et que le pape Léon XIII, dans sa fameuse encyclique sur le sort des ouvriers, le transforme en dogme de l'Église catholique. — La matière mène l'esprit.

Le barbare avait substitué la propriété au sang versé ; la propriété se substitua d'elle-même à l'homme, qui dans les sociétés civilisées ne possède de droits que ceux que lui confère la propriété.

La Justice, semblable à ces insectes qui aussitôt nés dévorent leur mère, détruit l'esprit égalitaire qui l'a engendrée et consacre l'asservissement de l'homme.

La révolution communiste, en supprimant la propriété privée et en donnant « à tous les mêmes choses », affranchira l'homme et fera revivre l'esprit égalitaire ; alors les idées de Justice qui hantent les têtes humaines depuis la constitution de la propriété privée s'évanouiront, comme le plus affreux cauchemar qui ait jamais torturé la triste humanité civilisée.

Origine de l'Idée du Bien

I

FORMATION DE L'IDÉAL HÉROIQUE

Un même mot est usité dans les principales lan_gues européennes pour désigner les biens matériels et le Bien moral : on peut, sans être taxé de hardiesse, conclure que le fait doit se retrouver dans les idiomes de toutes les nations parvenues à un certain degré de civilisation, puisqu'on sait aujourd'hui que toutes traversent les mêmes phases d'évolution matérielle et intellectuelle. Vico, qui avait pressenti cette loi historique, affirme dans la *Scienza nuova*, qu'il « devait nécessairement exister dans la nature des choses humaines une langue mentale commune à toutes les nations, laquelle langue désigne uniformément la substance des choses qui sont les causes agissantes de la vie sociale ; cette langue se plie à autant de formes différentes que les choses peuvent présenter d'aspects divers. Nous en avons la preuve dans le fait que les proverbes, ces maximes de la sagesse vulgaire, sont de même substance chez toutes les nations antiques et modernes, bien qu'ils soient exprimés dans les formes les plus différentes ».

J'ai signalé dans les études précédentes sur les *Origines des idées abstraites et de l'idée de Justice*, les tours et les détours par lesquels avait passé l'esprit humain pour représenter dans les hiéroglyphes égyptiens l'idée abstraite de Maternité par l'image du vautour et celle de la Justice par la Coudée ; dans cette étude je vais essayer de le suivre dans la route tortueuse qu'il a parcourue pour arriver à confondre sous le même vocable les biens matériels et le Bien moral.

⁂

Les mots qui dans les langues latine et grecque servent pour biens matériels et le Bien, ont été à l'origine des qualificatifs de l'être humain.

Agathos (grec), fort, courageux, généreux, vertueux, etc.

Ta agatha, les biens, les richesses.

To agathon, le Bien ; *to akron agathon*, le Bien suprême.

Bonus (1) (latin), fort, courageux, etc.

Bona, les biens ; *bona patria*, patrimoine.

1. Le même phénomène s'observe dans notre langue : bon, dans le vieux français, signifie courageux : la *Chanson de Roland* l'emploie toujours dans ce sens :

Franceis sunt bon, si ferrunt vassalement

Les Français sont courageux, ils frapperont brave-

Bonum, le Bien.

Agathos et *bonus* sont des adjectif génériques : le Grec et le Romain des temps barbares, à qui on les donnait, possédaient toutes les qualités physiques et morales requises par l'idéal héroïque, aussi leurs superlatifs irréguliers (*aristos*, *esthlos*, *beltistos*, et *optimus*) sont au pluriel usités substantivement pour désigner les meilleurs et les premiers citoyens : l'historien Velleius Paterculus appelle *optimates* les patri-

ment, XCI.) Parlant de l'archevéque Turpin, Roland dit :

> Li arcevesque est mult bons chevaliers :
> Nen ad meillur en terre desuz ciel,
> Bien set ferir e de lance e d'espiet.

(L'archevêque est un bien courageux chevalier : — il n'en est pas de meilleur sur terre sous le ciel, — il sait bien frapper et de la lance et de l'épieu, CXLV).

Le roi Jean avait été surnommé *bon* à cause de son courage. Commines, qui écrivait au quinzième siècle, dit *bons homs* pour hommes braves. — *Goodman*, après avoir été en anglais le qualificatif du soldat et après avoir désigné le chef de famille, le maitre de maison, finit, ainsi que notre *bonhomme*, par être appliqué au paysan : *goodman Hodge*, Hodge est un terme méprisant pour paysan. C'est sans doute quand bonhomme arriva à être généralement donné aux paysans, que nobles et hommes d'armes pillaient (*vivre sur le bonhomme* était une expression courante) que le mot prit le sens ridicule qu'il a conservé ; d'après Ducange, il a eu un moment la signification de cocu. L'addition d'une désinence rend *good* et *bon* grotesques, *goody*, *bonasse*. *Agathos* et *bonus* ne pouvaient dans l'antiquité acquérir une telle signification : ce n'est que dans le latin du moyen âge que l'on rencontre *bonatus*, bonasse. Les écrivains de la période byzantine emploient *agathos* surtout dans le sens de doux, bon ; et il parait que les gamins de l'Athènes moderne s'en servent pour imbécile.

ciens et les riches plébéiens qui se liguèrent contre les Gracques.

La force et le courage sont les premières et les plus nécessaires vertus des hommes primitifs, en guerre perpétuelle entre eux et contre la nature (1). Le sauvage et le barbare, forts et courageux, possèdent par surcroît les autres vertus morales de leur idéal ; aussi comprennent-ils toutes les qualités physiques et morales sous le même adjectif. La force et le courage étaient alors si bien toute la vertu, que les Latins, après avoir usité le mot *virtus* pour force physique et courage, l'employèrent pour vertu ; que les Grecs donnèrent les mêmes significations successives au mot *arétè*, et que le mot javelot, l'arme primitive, qui en grec se dit *Kalon*, sert plus tard pour le Beau et qui en latin se dit *Quiris*, désigne le citoyen romain. Varron nous apprend que primitivement les Romains représentaient le dieu Mars par un javelot.

Il était fatal que la force et le courage fussent alors toute la vertu : puisque se préparer à la guerre, acquérir la bravoure pour en affronter les périls, dévelop-

1. La force physique était si prisée que, dans le troisième chant de l'Iliade, Hélène, désignant aux vieillards de Troie les chefs grecs, ce n'est pas par leur âge, leur physionomie, ou leur caractère, mais par leur force qu'elle distingue Ulysse de Ménélas et d'Ajax, qui l'emporte sur les deux par la largeur des épaules. Diodore de Sicile, passant en revue les qualités d'Epaminondas, mentionne d'abord la vigueur de son corps, puis la force de son éloquence, sa générosité et son habileté stratégique.

per les forces physiques pour en supporter les fatigues et les privations, et les forces morales pour ne pas faiblir sous les tortures infligées aux prisonniers, était toute l'éducation physique et morale des sauvages et des barbares. Dès l'enfance leurs corps étaient assouplis et trempés par des exercices gymnastiques et endurcis par des jeûnes et des coups sous lesquels ils succombaient parfois. Périclès, dans son discours aux funérailles des premières victimes de la guerre du Péloponèse, contraste cette éducation héroïque, encore en vigueur à Sparte, qui conservait les mœurs antiques, avec celle que recevait la jeunesse à Athènes, laquelle était entrée dans la phase démocratique bourgeoise. « Nos ennemis, dit-il, dès la première enfance se forment au courage par les plus rudes pratiques, et nous, élevés avec douceur, nous n'avons pas moins d'ardeur à courir aux mêmes dangers. » Livingstone, qui retrouva chez les tribus africaines ces mœurs héroïques, fit à des chefs un semblable contraste entre les soldats anglais et les guerriers nègres.

Le courage étant dans l'antiquité toute la vertu, la lâcheté devait nécessairement être le vice : aussi les mots qui en grec et en latin (*kakos* et *malus*) veulent dire lâche, signifient le mal, le vice.(1).

1. *Imbellis, imbecillis,* qui signifient impropre à la guerre, sont surtout usités par les écrivains latins pour lâche, faible de corps et d'esprit : *malus* a un sens plus général, il est qualificatif de celui qui au physique et au moral ne possède pas les vertus requises.

Quand la société barbare se différencia en classes, les patriciens monopolisèrent le courage et la défense de la patrie : ce monopole était « naturel » pour me servir de l'expression de l'économie bourgeoise, quoique rien ne paraisse plus naturel aux bourgeois que d'envoyer à leur place dans les expéditions coloniales des ouvriers et des paysans et même, quand ils le peuvent, de confier la défense de la patrie à des prolétaires qui n'en possèdent ni un pouce de terre, ni un engrenage de machine. Les patriciens se réservaient, comme un privilège, la défense de la patrie, parce que eux seuls avaient une patrie, car alors on n'avait une patrie qu'à la condition de posséder un coin de son sol. Les étrangers qui, pour cause de commerce et d'industrie, résidaient dans une cité antique ne pouvaient posséder la maison dans laquelle ils trafiquaient de père en fils, et ils restaient des étrangers quoique habitant la ville depuis des générations. Il fallut trois siècles de luttes aux plébéiens romains qui demeuraient sur le mont Aventin pour obtenir la propriété des terrains sur lesquels ils avaient bâti leurs demeures. Les étrangers, les prolétaires, les artisans, les marchands, les colons, les serfs et les esclaves, étaient dispensés du service militaire, et n'avaient pas le droit de porter des armes, ni même d'avoir du courage, qui était le privilège de la classe patricienne (1). Thucydide rapporte que les magistrats de Sparte firent massacrer traîtreusement

1. Même dans la démocratique Athènes, du temps d'Aristophane, les marchands n'étaient pas astreints au service

2,000 ilotes qui par leur bravoure venaient de sauver la république. Du moment qu'il était interdit aux plébéiens de prendre part à la défense de leur pays natal et de posséder par conséquent du courage, la lâcheté devait nécessairement être la vertu maîtresse de la plèbe, comme le courage était celle de l'aristocratie ; aussi l'adjectif grec *Kakos* (lâche, laid, méchant) veut substantivement dire homme de la plèbe, tandis que *Aristos*, superlatif d'*Agathos*, désigne un membre de la classe patricienne ; et le latin *malus* signifie laid, difforme, comme l'étaient aux yeux du patricien l'esclave et l'artisan, déformés selon Xénophon par leurs métiers, tandis que les exercices gymnastiques développaient harmoniquement le corps de l'aristocrate (1).

⁂

Le patricien de la Rome antique était *bonus* et l'eupatride de la Grèce homérique était *Agathos*, parce que

militaire ; le sycophante de son *Plutus* déclare qu'il se fait marchand pour ne pas partir à la guerre.

Plutarque dit que Marius, « pour combattre les Cimbres et les Teutons, enrôla au mépris des lois et des coutumes, des esclaves et des gens sans aveu (c'est-à-dire des pauvres). Tous les généraux avant lui n'en recevaient pas dans leurs troupes ; ils ne confiaient les armes, comme les autres honneurs de la République, qu'à des hommes qui fussent dignes et dont la fortune connue répondit de leur fidélité ».

1. « Les travaux des métiers déforment le corps et dégradent l'intelligence, c'est pour cette raison que les gens qui se livrent à ces travaux ne sont jamais appelés aux charges publiques ». XÉNOPHON, *Economiques.*

l'un et l'autre possédaient les vertus physiques et morales de l'idéal héroïque, le seul idéal que pouvait enfanter le milieu social dans lequel ils se mouvaient : ils était braves, généreux, forts de corps et stoïques d'âme et de plus propriétaires fonciers, c'est-à-dire membres d'une tribu et d'un clan possédant le territoire sur lequel ils résidaient (1).

Les barbares, qui ne pratiquent que l'élève du bétail et une agriculture des plus rudimentaires, se livrent avec passion au brigandage et à la piraterie pour épuiser leur trop plein d'énergie physique et morale et pour s'emparer des biens qu'ils ne savent et ne peuvent se procurer autrement. Dans un poème grec, dont il ne reste qu'une strophe (le Skolion d'Hybrias), un héros barbare chante : « J'ai pour richesse ma grande lance et mon glaive et mon bouclier, remparts de ma chair ; par eux, je laboure ; par eux, je moissonne ; par eux, je vendange le doux jus de la vigne ; par eux, je suis appelé le maître de la *mnoïa* » (la troupe des esclaves de la communauté). Archiloque, qui fut un aventurier mercenaire, vivant de la guerre, chante lui aussi : « à la pointe de la lance les galettes bien pétries, à la pointe de la lance le bon vin d'Ismaros, pour le boire, je m'appuie sur la lance (2).»

1. L'épithète *stoïque* appliquée aux héros barbares, est un anachronisme, mais il n'est que verbal : la mot fut fabriqué pour désigner les disciples de Zénon, qui enseignait sous le Portique, *stoa* : les barbares possédaient la force morale que les stoïciens s'efforçaient d'acquérir.

2. Les chevaliers de la fin du Moyen-Age, qui avaient été ruinés par les croisades, et dépossédés de leurs terres

César rapporte que les Suèves envoyaient tous les ans la moitié de leur population virile en expéditions de rapine ; les Scandinaves, les semailles terminées, montaient sur leurs vaisseaux et partaient ravager les côtes de l'Europe ; les Grecs, pendant la guerre de Troie, abandonnaient le siège pour se livrer au brigandage. « Le métier de pirates n'avait alors rien de honteux, il conduisait à la gloire », dit Thucydide. Les capitalistes le tiennent en haute estime, les expéditions coloniales des nations civilisées ne sont que des guerres de brigands ; mais si les capitalistes font faire leurs pirateries par des prolétaires, les héros barbares payaient de leur personne. Il n'était alors honorable de s'enrichir que par la guerre, aussi les épargnes du fils de famille romaine se nommaient *peculium castrense* (pécule amassé dans les camps) ; plus tard, quand la dot de la femme vint les grossir, elle prit le nom de *peculium quasi castrense*. Les généraux encourageaient le pillage : Iphicrate, général athénien du temps de Phocion, rapporte Plutarque « voulait qu'un soldat mercenaire fut avide d'argent et de plaisirs, afin qu'en cherchant à satisfaire ses passions il s'exposât avec plus d'ardeur à tous les dangers ». Ce brigandage général donnait une vérité exacte au proverbe du Moyen-Age : Qui terre a, guerre a. Les propriétaires de troupeaux et de récoltes ne dépo-

par leurs luttes intestines. ne vivaient que de la guerre et appelaient, comme le héros grec, « moisson de l'épée » le butin gagné dans les combats.

saient jamais les armes, ils accomplissaient, les armes à la main, les fonctions de la vie commune. La vie des héros était un long combat : ils mouraient jeunes, comme Achille, comme Hector ; dans l'armée achéenne, il n'y avait que deux vieillards, Nestor et Phénix ; vieillir était alors chose si exceptionnelle, que la vieillesse devint un privilège, le premier qui se soit glissé dans les sociétés humaines.

Les patriciens, se chargeant de la défense de la cité, s'en réservaient naturellement le gouvernement, qui était confié aux pères de famille ; mais quand le développement du commerce et de l'industrie eut formé dans les villes une classe nombreuse de plébéiens riches, ils durent, après bien des luttes civiles leur faire une place dans le gouvernement. Servius Tullius créa à Rome l'ordre des chevaliers avec des plébéiens possesseurs d'une fortune d'au moins 100,000 sesterces (environ 5.250 fr.), évalué par le cens : tous les cinq ans on passait la revue de l'ordre équestre et les chevaliers dont la fortune était tombée au-dessous du cens ou qui avaient encouru une flétrissure censoriale perdaient leur dignité. Solon, qui s'était enrichi dans le commerce, ouvrit le Sénat et les tribunaux d'Athènes à ceux qui possédaient les moyens d'entretenir un cheval de guerre (*hippeis*) et une paire de bœufs (*zeugitai*) : dans toutes les villes dont on a conservé des souvenirs historiques, on trouve les traces d'une semblable révolution, et partout la richesse que comporte l'entretien d'un cheval de guerre donne le droit politique. Cette nouvelle aristocratie qui prenait son origine dans la richesse amassée par le commerce, l'industrie et surtout par l'usure, ne put se faire accepter et se maintenir dans sa suprématie sociale qu'en s'adaptant à l'idéal héroïque des patriciens et qu'en assumant une part dans la défense de la cité dont elle partageait le gouvernement (1).

Il fut un temps dans l'antiquité, où il était aussi impossible de concevoir un propriétaire sans vertus guerrières, que de nos jours de se représenter un directeur de mines ou de fabrique de produits chimiques sans capacités administratives et connaissances scientifiques diverses. La propriété était alors exi-

1. Aristophane, avocat du parti aristocratique et adversaire de la démocratie athénienne, oppose les mœurs antiques aux nouvelles, et par une étrange inconséquence accable des traits les plus envenimés de sa satire Lamachus, Cléon et les démagogues, réclamant et obtenant, malgré l'opposition des aristocrates, la continuation de la guerre contre Sparte. Les temps avaient changé, l'ancienne aristocratie du sang et la nouvelle aristocratie de la richesse avaient beaucoup perdu de leurs sentiments belliqueux et ne conservaient plus dans son intégrité que le sentiment propriétaire ; la guerre ne les enrichissait plus, elle enlevait leurs bestiaux, ravageait leurs champs, arrachait leurs oliviers et leurs vignes, détruisait leurs récoltes et incendiait leurs maisons. Aristophane lui-même avait des propriétés dans l'Eubée, qui était un des champs de bataille de la guerre du Péloponèse. Platon, qui en sa qualité d'idéaliste est un ardent défenseur de la propriété, demande, dans sa *République*, que les Grecs décident qu'en toute guerre entre eux on ne doit pas incendier les maisons et les récoltes ; on ne devait se permettre ces passe-temps guerriers qu'en pays barbare.

geante, elle imposait des qualités physiques et morales à son possesseur : le seul fait d'être propriétaire faisait présupposer qu'on possédait les vertus de l'idéal héroïque, puisqu'on ne pouvait conquérir et conserver la propriété qu'à la condition de les avoir. Les vertus physiques et morales de l'idéal héroïque étaient, en quelque sorte, incorporées dans les biens matériels, qui les communiquaient à leurs propriétaires : c'est ainsi qu'à l'époque féodale, le titre nobiliaire était soudé à la terre, le baron dépossédé de son manoir perdait son titre de noblesse, qui allait s'ajouter à ceux de son vainqueur : il en était de même pour les corvées, et les redevances, elles se réglaient d'après les conditions de la terre et non d'après celle des personnes occupantes (1). Rien n'était donc plus naturel que l'anthropomorphisme barbare qui dotait les biens matériels de vertus morales (2).

1. Le livre de comptes de l'abbaye de Saint-Germain-des-Prés, qui date du ixe siècle, et que Guérard publia en 1847, sous le titre de *Polyptique de l'abbé Irminon*, classe les nombreuses terres de la communauté monacale en trois catégories : en manses ingénuiles, lidiles et serviles, différemment imposées de services personnels et de redevances en nature, sans tenir compte de la qualité des personnes qui les occupaient : ainsi les familles de serfs occupant une manse ingénuile, c'est-à-dire libre, acquittaient moins de redevances et de corvées que des hommes libres cultivant une manse servile.

2. Un phénomène inverse d'hippomorphisme se produisit au Moyen-Age. Les nobles s'étant réservé le droit d'aller armés à cheval, avaient par ce fait une telle supériorité dans les combats, que le cheval parut communiquer au

Le rôle de défenseur de la patrie que s'étaient réservé les propriétaires n'était pas une sinécure. Aristote remarque dans sa *Politique* que pendant les guerres du Péloponèse les défaites sur terre et sur mer décimèrent les classes riches d'Athènes ; que dans la guerre contre les Iapyges les hautes classes de Tarente perdirent une telle quantité de leurs membres que la démocratie put s'établir et que trente ans auparavant, à la suite de combats malheureux, le nombre des citoyens était tombé si bas à Argos, que l'on dut accorder le droit de cité aux périèques (colons vivant hors des murs de la ville). La guerre faisait de tels ravages dans ses rangs, que la belliqueuse aristocratie spartiate redoutait de s'y engager. La fortune des riches, ainsi que leurs personnes, était à l'absolue disposition de l'Etat : les Grecs désignaient parmi eux les *leitourgeoi*, les *trierarchoi*, etc., qui devaient défrayer les dépenses des fêtes publiques et de l'armement des galères de la flotte : quand, après les guerres médiques, il fallut reconstruire les murailles d'Athènes, détruites par les Perses, on démolit les édifices publics et les maisons privées afin de se procurer des matériaux pour leur reconstruction.

baron féodal des vertus guerrières ; aussi prit-il, ainsi que les riches des républiques antiques, le nom de sa monture et se nomma *chevalier*, *caballero*, etc... Ses vertus les plus prisées étaient de cheval (*chevaleresques*, *caballerescos*, *chivalrous*, etc.). Don Quichotte jugeait le cheval un personnage si important dans la chevalerie errante, qu'il lui fallut toute sa casuistique pour permettre à Sancho Pança de le suivre, monté sur un âne.

Puisqu'il n'était permis qu'aux propriétaires de biens meubles et immeubles d'être braves. et de posséder les vertus de l'idéal héroïque ; puisque, sans la possession des biens matériels, ces qualités morales étaient inutiles et même nuisibles à leurs possesseurs, ainsi que le prouve le massacre des 2.000 ilotes, rapporté plus haut ; puisque la possession des biens matériels était la raison d'être des vertus morales, rien donc n'était plus logique et plus naturel que d'identifier les qualités morales avec les biens matériels et de les confondre sous le même vocable.

II

DÉCOMPOSITION DE L'IDÉAL HÉROIQUE

Les phénomènes économiques et les événements politiques qu'ils engendraient, se chargèrent de ruiner l'idéal héroïque et de dissoudre l'union primitive des vertus morales et des biens matériels, que la langue enregistre d'une manière si naïve.

Le partage des terres arables, possédées en commun par tous les membres du clan, commença à introduire parmi eux l'inégalité. Les terres sous l'action de causes multiples, se concentrèrent entre les mains de quelques familles du clan et finirent même par tomber dans la possession d'étrangers, de sorte qu'un nombre croissant de patriciens se trouvèrent dépossédés de leurs biens ; ils se réfugièrent dans les cités, où ils vécurent en parasites, en frelons, dit Socrate : il n'en pouvait être autrement. Car dans les sociétés antiques, et en fait dans toute société basée sur l'esclavage, le travail manuel et même intellectuel, n'étant exécuté que par des esclaves et des étrangers, est peu rétribué et est considéré comme dégradant, à l'exception cependant de l'agriculture et de la garde des troupeaux.

La situation politique créée par les phénomènes économiques est exposée par Platon, dans VIII° livre de la *République*, avec une force et une netteté de vue qu'on ne saurait trop admirer : une lutte de classes violente troublait les cités de la Grèce. L'Etat oligarchique, c'est-à-dire basé sur le cens, dit Socrate, « n'est pas un de sa nature, il renferme nécessairement deux Etats, l'un composé de riches, l'autre de pauvres, qui habitent le même sol et conspirent les uns contre les autres ». Socrate ne comprend pas parmi les pauvres, les artisans et encore moins les esclaves, mais seulement les patriciens ruinés.

« Le plus grand vice de l'Etat oligarchique est la liberté qu'on laisse à chacun de vendre son bien ou d'acquérir celui d'autrui et à celui qui a vendu son bien de demeurer dans l'Etat sans emploi ni d'artisan, ni de commerçant, ni de chevalier, ni d'hoplite, ni autre titre que celui d'indigent... (1) Il est impos-

1. Socrate veut dire que ne pouvant entretenir un cheval de guerre et n'ayant pas les moyens d'acheter une armure complète, ils ne pouvaient servir ni en qualité de

sible d'empêcher ce désordre, car si on le prévenait les uns ne posséderaient pas des richesses excessives, tandis que les autres sont réduits à la dernière misère... Les membres de la classe gouvernante ne devant leur autorité qu'aux grands biens qu'ils possèdent, se gardent de réprimer par la sévérité des lois le libertinage des jeunes débauchés et de les empêcher de se ruiner par des dépenses excessives, car ils ont le dessein d'acheter leurs biens et de les approprier par l'usure pour accroître leurs richesses et leur puissance. »

La concentration des biens crée dans l'Etat une classe « de gens armés d'aiguillons, comme les frelons, les uns accablés de dettes, les autres notés d'infamie, d'autres perdus à la fois de biens et d'honneurs, en état d'hostilité et de conspiration constante contre ceux qui se sont enrichis des débris de leur fortune et contre le reste des citoyens et n'aimant qu'une chose, les révolutions... Cependant les usuriers avides, la tête baissée et sans avoir l'air d'apercevoir ceux qu'ils ont ruinés, à mesure que d'autres se présentent, leur font de larges blessures au moyen de l'argent qu'ils leur prêtent à gros intérêt, et tout en multipliant leurs revenus, ils multiplient dans l'Etat l'engeance des frelons et des mendiants ».

Lorsque les frelons devenaient par leur nombre et leur turbulence une menace pour la sécurité de la

chevalier, ni en celle d'hoplite c'est-à-dire de guerrier armé de toutes pièces.

classe gouvernante, on les envoyait fonder des colonies et quand cette ressource venait à manquer, les
riches et l'Etat essayaient de les calmer par des distributions de vivres et d'argent. Périclès ne put se maintenir au pouvoir qu'en exportant et en nourrissant
les frelons : il expédia 1.000 citoyens d'Athènes colo-
niser la Chersonèse, 500 Naxos, 250 Andros, 1.000 la
Thrace, autant la Sicile, à Thurium ; il leur distribua
par voie du sort les terres de l'île d'Egine dont les
habitants avaient été massacrés ou expulsés. Il sala-
riait les frelons dont il ne put débarrasser Athènes ;
il leur donnait de l'argent même pour aller au spectacle ; c'est lui qui introduisit l'usage de payer
6.000 citoyens, c'est-à-dire près de la moitié de la
population jouissant de droits politiques, pour remplir la fonction de juges (*dikastes*) (1) : le salaire des
juges, qui au début était d'une obole par jour, fut
élevé à trois (environ 0 fr. 47) par le démagogue Cléon ;
la somme annuelle montait à 5.560 talents, soit environ 930.000 francs, ce qui était considérable même
pour une ville comme Athènes : aussi lorsque Pysan-
dre y abolit le gouvernement démocratique, il décréta
que les juges ne seraient plus payés, que les soldats
seuls recevraient un salaire et que le maniement des
affaires publiques ne serait confié qu'à 5.000 citoyens,
capables de servir l'Etat de leur fortune et de leur per-

1. Le nombre des citoyens ayant à Athènes leurs droits
politiques était de 14.040, ainsi que le prouva le recense-
ment que fit Périclès pour la distribution des blés qui leur
étaient envoyés en présent d'Egypte.

sonne. Périclès, pour contenir et satisfaire les artisans, qui faisaient cause commune avec les frelons, avait dû entreprendre de grands travaux publics.

Les phénomènes économiques, qui en dépossédant une partie de la classe patricienne, créaient une classe de déclassés, ruinés et révolutionnaires, se développaient plus rapidement dans les villes qui par leur position maritime devenaient des centres d'activité commerciale et industrielle. La classe de plébéiens enrichis dans le commerce, l'industrie et l'usure, grandissait à mesure que le nombre des patriciens ruinés et parasitaires augmentait. Ces plébéiens enrichis, pour arracher aux gouvernants des droits politiques, se liguaient avec les nobles dépossédés, mais dès qu'ils les obtenaient, ils s'unissaient aux gouvernants pour combattre les patriciens appauvris et les plébéiens pauvres ou de petite fortune ; et ceux-ci, lorsqu'ils devenaient les maîtres de la cité, abolissaient les dettes, chassaient les riches et se partageaient leurs biens. Les riches bannis imploraient le secours de l'étranger pour rentrer dans leur cité et à leur tour massacraient leurs vainqueurs. Ces luttes de classes ensanglantèrent toutes les villes de la Grèce et les préparèrent à la domination macédonienne et romaine.

Les phénomènes économiques et les luttes de classe qu'ils engendraient, avaient bouleversé les conditions de vie, au milieu dequelles s'était elaboré l'idéal héroïque.

La manière de faire la guerre avait été profondé-

ment transformée par les phénomènes économiques.
La piraterie et le brigandage, ces industries favorites
des héros barbares, avaient été rendues difficiles,
depuis que les fortifications perfectionnées des villes
les mettaient à l'abri des coups de main. Solon, bien
que chef d'une ville commerciale et commerçant lui-
même, avait été obligé, pour complaire à des habitudes invétérées, de fonder à Athènes un collège de
pirates, mais l'établissement de nombreuses colonies
le long des côtes méditerranéennes et le développement commercial qui en fut la conséquence avaient
forcé les villes maritimes à établir la police des mers
et à donner la chasse aux pirates, dont l'industrie
perdait de son prestige, à mesure que ses bénéfices
diminuaient.

Des changements d'une importance capitale s'étaient
effectués dans l'organisation des armées de mer et de
terre. Les héros homériques, ainsi que les Scandinaves, qui plus tard devaient ravager les côtes européennes de l'Atlantique, quand ils partaient en expédition maritime, ne prenaient pas avec eux des
rameurs et des matelots : leurs navires à fonds plats
qu'ils construisaient eux-mêmes et qui, d'après
Homère, ne pouvaient porter que de 50 à 120 hommes, n'étaient montés que par des guerriers, qui
ramaient et se battaient : les combats n'avaient lieu
que sur terre. l'Iliade ne mentionne pas d'engage-
ment sur mer. Les perfectionnements que les Corin-
thiens apportèrent aux constructions maritimes et
l'accroissement des forces navales rendirent néces-

saire l'emploi de rameurs et de matelots mercenaires qui ne prenaient pas part aux combats que les hoplites et d'autres guerriers moins pesamment armés livraient sur mer et sur terre. Le mercenariat, une fois acclimaté sur la flotte, s'imposa aux armées de terre ; elles n'étaient d'abord composées que de citoyens, entrant en campagne avec trois ou cinq jours de vivres, qu'ils fournissaient eux-mêmes, ainsi que leurs chevaux et leurs armes ; ils se nourrissaient sur l'ennemi lorsque leurs provisions étaient épuisées et rentraient dans leurs foyers dès que l'expédition, toujours de courte durée, était terminée. Mais lorsque la guerre, portée au loin, exigeait une longue présence à l'armée, l'Etat fut obligé de pourvoir à la nourriture du guerrier. Périclès, au commencement de la guerre du Péloponèse, donna pour la première fois à Athènes une solde aux guerriers, qui alors devinrent des soldats, c'est-à-dire des salariés, des mercenaires ; la solde était de 2 drachmes, environ 2 francs par jour, pour les hoplites. Diodore de Sicile dit que c'est au siège de Véies, que les Romains introduisirent la solde dans leurs armées. Du moment que l'on était payé pour se battre, la guerre redevint une profession lucrative, comme aux temps homériques ; il se forma des corps de soldats, où s'enrôlaient les citoyens pauvres et les patriciens déclassés et ruinés, ainsi qu'il existait déjà des troupes de rameurs et de matelots mercenaires, vendant leurs services au plus offrant (1).

1. Thucydide rapporte que les ambassadeurs de Corin-

Socrate dit qu'un État oligarchique, c'est-à-dire gouverné par les riches, « est impuissant à faire la guerre parce qu'il lui faut armer la multitude et avoir par conséquent plus à craindre d'elle que de l'ennemi, ou bien à ne pas s'en servir et à se présenter au combat avec une armée vraiment oligarchique », c'est-à-dire réduite aux citoyens riches. Mais les nouvelles nécessités de la guerre forcèrent les riches à dompter leurs frayeurs et à violer les antiques coutumes ; elles les obligèrent à armer les pauvres et même les esclaves. Les Athéniens enrôlèrent sur la flotte des esclaves, en leur promettant la liberté, et ils libérèrent

the, pour décider les Spartiates, intimidés par les forces maritimes d'Athènes, à se joindre à eux pour déclarer la guerre, leur dirent : « Nous n'avons qu'à faire un emprunt pour débaucher, par une solde plus élevée, les rameurs d'Athènes. » — Nicias, dans la lettre qu'il adresse de Sicile à l'assemblée des Athéniens, se plaint de la désertion des mercenaires. Quelques années plus tard, les matelots quittaient la flotte athénienne en Asie Mineure pour passer sur celle de Lysandre qui leur donnait une plus forte solde.

Les Carthaginois, pour combattre en Sicile l'armée grecque, enrôlèrent des soldats grecs qui faisaient le métier de se battre pour la solde. Alexandre trouva au service de Darius des mercenaires grecs, qu'il incorpora dans son armée, après leur avoir pardonné de s'être battus pour des barbares contre des Grecs. Le mercenariat abolit le sentiment patriotique si farouche et si profond chez le barbare ; on rencontrait des mercenaires grecs guerroyant dans toutes les armées. Quand les stoïciens et les cyniques, longtemps avant les chrétiens, parlèrent de la fraternité humaine s'élevant au-dessus des étroites murailles de la cité antique, ils ne faisaient que donner une expression humanitaire et philosophique au fait accompli par les événements économiques et politiques.

ceux qui s'étaient vaillamment battus aux Arginuses (406 avant Jésus-Christ). Les Spartiates eux-mêmes durent armer et libérer des ilotes ; ils envoyèrent au secours des Syracusains, assiégés par les Athéniens, un corps de 600 hoplites, composé d'ilotes et de *neodamodes* (nouveaux affranchis). Tandis que le gouvernement de la République de Sparte frappait d'infamie les Spartiates qui avaient rendu les armes à Sphactéries, bien que plusieurs d'entre eux eussent occupé de hautes positions politiques, il accordait la liberté aux ilotes qui leur avaient fait passer des vivres pendant qu'ils étaient assiégés par les troupes athéniennes.

La solde qui transforma le guerrier en mercenaire, en soldat (1) devint en peu de temps un instrument de dissolution sociale : les Grecs avaient juré à Platée « qu'ils légueraient aux enfants de leurs enfants la haine contre les Perses pour que cette haine durât tant que les fleuves couleraient vers la mer » ; cependant un demi-siècle après ce fier serment, Athéniens, Spartiates et Péloponésiens courtisaient à l'envi le roi de Perse, afin d'obtenir des subsides pour payer leurs matelots et leurs soldats. La guerre du Péloponèse précipita la chute des partis aristocratiques et fit éclater au grand jour la ruine des mœurs

1. Le mot soldat qui, dans les langues européennes, a remplacé celui de guerrier (*soldier*, anglais, *soldat*, allemand, *soldado*, espagnol, *soldato*, italien, etc.) vient de *solidus*, sou, d'où *solde*. C'est du salaire qu'il reçoit que le militaire dérive son nom. Historiquement le soldat est le premier salarié.

héroïques que les phénomènes économiques avaient sourdement préparée.

Les riches qui s'étaient réservé, comme le premier de leurs privilèges, le droit de porter des armes et de défendre la patrie, prirent rapidement l'habitude de se faire remplacer à l'armée par des mercenaires ; un siècle après l'innovation de Périclès le gros des armées d'Athènes était composé de soldats salariés. Démosthène dit dans une de ses Olynthiennes que dans l'armée envoyée contre Olynthe il y avait 4,000 citoyens et 10,000 mercenaires ; que dans celle que Philippe battit à Chéronée, il y avait 2,000 Athéniens et Thébains et 15,000 mercenaires. Les riches, quoique ne se battant pas, récoltaient les bénéfices de la guerre : « Les riches sont excellents pour garder les richesses, disait Athanagoras, le démagogue syracusain, ils abandonnent les dangers au grand nombre et, non contents de ravir la plus grande partie des avantages de la guerre, ils les usurpent tous. »

Les patriciens barbares, rompus dès l'enfance à tous les travaux de la guerre, étaient des guerriers qui défiaient toute comparaison, les nouveaux riches, au contraire, pouvaient difficilement la soutenir, ainsi que le constate Socrate : « Quand les riches et les pauvres se trouvent ensemble à l'armée, sur terre ou sur mer, et qu'ils s'observent mutuellement dans les circonstances périlleuses, les riches n'ont alors aucun sujet de mépriser les pauvres ; au contraire, quand un pauvre maigre et brûlé par le soleil, posté sur le champ de bataille à côté d'un riche élevé à l'ombre et chargé d'embonpoint, le voit tout hors d'haleine et embarrassé de sa personne, quelle pensée, crois-tu, qui lui vienne à ce moment à l'esprit ? Ne se dit-il pas à lui-même que ces gens ne doivent leurs richesses qu'à la lâcheté des pauvres ? Et quand ceux-ci sont entre eux, ne se disent-ils pas les uns les autres : en vérité ces riches sont bien peu de chose ! »

Les riches, en désertant le service militaire et en remettant à des mercenaires la défense de la patrie, perdirent les qualités physiques et morales de l'idéal héroïque, tout en conservant les biens matériels qui en étaient la raison d'être ; il arriva alors, comme le remarque Aristote, que « la richesse, loin d'être la récompense de la vertu, dispensait d'être vertueux » (1).

Mais les vertus héroïques, que ne cultivaient plus les riches, devenaient l'apanage de mercenaires, d'affranchis et d'esclaves, qui ne possédaient pas de biens matériels ; et ces vertus qui conduisaient les héros barbares à la propriété ne parvenaient qu'à les

---

1. Un semblable phénomène se reproduisit vers la fin du moyen âge. Le seigneur féodal n'avait droit aux redevances en nature et au service personnel de ses serfs et vassaux qu'à la condition de les défendre contre les nombreux ennemis qui les environnaient ; mais quand, à la suite d'événements économiques et politiques, il y eut une pacification générale à l'intérieur, le seigneur n'eut plus à remplir son rôle de protecteur, ce qui ne l'empêcha pas de conserver et même d'aggraver les corvées et les redevances qui avaient perdu leur raison d'être.

faire vivre misérablement de leur solde. Les phénomènes économiques avaient donc décrété le divorce
des biens matériels et des qualités morales autrefois
si intimement unis (1).

Il se trouvait parmi ces mercenaires aux vertus
héroïques un nombre considérable de patriciens dé-
pouillés de leurs biens par l'usure et les guerres civiles, tandis que les riches comptaient dans leurs rangs
beaucoup de gens enrichis par le commerce, l'usure
et même par la guerre, faite par d'autres : ainsi, au
commencement de la guerre du Péloponèse, lorsque
Corinthe prépara son expédition contre Corcyre, Thucydide raconte que l'Etat promit aux citoyens qui
s'enrôleraient le partage des terres conquises, et offrit
les mêmes avantages à ceux qui, sans prendre part à
la campagne, donneraient 50 drachmes.

L'idéal héroïque s'était écroulé semant le désordre
et la confusion dans les idées morales, et ce bouleversement se répercutait dans les idées religieuses. La

1. L'époque capitaliste a vu un divorce analogue, tout
aussi brutal et tout aussi fécond en conséquences révolutionnaires. Au début de la période capitaliste, pendant les
premières années du xixᵉ siècle, l'idéal du petit bourgeois et
de l'artisan acquit une certaine consistance dans l'opinion
publique : le travail, l'ordre et l'économie furent considérés comme étroitement liés à la propriété ; ces vertus morales conduisaient alors à la possession des biens matériels. Les économistes et les moralistes bourgeois peuvent
encore, comme des perroquets, répéter que la propriété
est le fruit du travail, mais elle n'est plus sa récompense.
Les vertus de l'idéal artisan et petit bourgeois ne conduisent plus le salarié qu'au bureau de bienfaisance et à l'hô-
pital

plus grossière superstition continuait à fleurir, même à Athènes, qui condamnait à mort Anaxagoras, Diagoras, Socrate, qui brûlait les ouvrages de Protagoras pour impiété contre les Dieux, et cependant les auteurs comiques lançaient contre les Dieux et leurs prêtres, ce qui était encore plus hardi, les plus audacieuses et les plus cyniques attaques ; les démagogues et les tyrans profanaient leurs temples et pillaient leurs trésors sacrés, et des débauchés souillaient et renversaient la nuit les statues des Dieux, placées dans les rues. Les légendes religieuses, transmises depuis l'antiquité la plus reculée et admises naïvement tant qu'elles cadraient avec les mœurs ambiantes, étaient devenues choquantes par leur grossièreté. Pythagore et Socrate demandaient leur suppression, dût-on pour cela mutiler Homère et Hésiode et même interdire la lecture de leurs poèmes ; Epicure déclarait que c'était faire acte d'athéisme que de croire aux légendes sur les Dieux et de les redire. Les chrétiens des premiers siècles n'ont fait que généraliser et systématiser ce que les païens avaient critiqué et fait en plein paganisme.

L'heure avait sonné pour la société bourgeoise alors naissante, pour la société basée sur la propriété individuelle et la production marchande de formuler un idéal moral et une religion correspondant aux nouvelles conditions sociales façonnées par les phénomènes économiques : et c'est l'éternel honneur de la philosophie sophistique de la Grèce d'avoir tracé les principaux linéaments de la religion nouvelle et

du nouvel idéal moral. L'œuvre morale de Socrate et
de Platon n'a pas encore été dépassée (1).

III

L'IDÉAL MORAL BOURGEOIS

L'idéal héroïque, simpliste et logique, reflétait dans
la pensée la réalité ambiante, sans déguisements et
sans déformations ; il érigeait en premières vertus de
l'âme humaine les qualités physiques et morales que
devaient posséder les héros barbares pour conquérir
et conserver les biens matériels qui les classaient
parmi les premiers citoyens et les heureux de la
terre.

La réalité de la naissante société démocratique
bourgeoise ne correspondait plus à cet idéal. Les
richesses, les honneurs et les jouissances n'étaient

1. On doit entendre par production marchande la forme
de production dans laquelle le travailleur produit, non
pour sa consommation ou celle de sa famille, mais pour la
vente. Cette forme de production, qui caractérise la société
bourgeoise, se distingue absolument des formes qui l'ont
précédée, dans lesquelles on produisait pour sa consommation, soit en employant des esclaves, des serfs ou des
salariés. Les familles patriciennes de l'antiquité, comme
les seigneurs du Moyen-Age, faisaient produire sur leurs
terres et dans leurs ateliers, vivres, vêtements, armes, etc.,
en un mot presque tout ce dont ils avaient besoin, et
n'échangeaient que le surplus de leur consommation à de
certaines époques de l'année.

plus le prix de la valeur et des autres vertus héroïques, pas plus que dans notre société capitaliste la propriété n'est la récompense du travail, de l'ordre et de l'économie. Cependant les richesses continuaient toujours à être le but de l'activité humaine, et même elles devenaient de plus en plus son but unique et suprême : pour atteindre ce but si ardemment convoité, il ne fallait plus mettre en action les qualités héroïques autrefois si prisées ; mais comme la nature humaine ne s'était point dépouillée de ces qualités, bien que dans les nouvelles conditions sociales elles fussent devenues inutiles et même nuisibles « pour faire son chemin dans la vie », et comme elles devenaient dans les républiques antiques des causes de troubles et de guerre civile, il était urgent de les dompter et de les domestiquer en leur donnant une satisfaction *platonique*, afin de les utiliser à la prospérité et à la conservation du nouvel ordre social.

Les sophistes entreprirent la besogne. Les uns, comme les Cyrénaïques, n'essayant pas de déguiser la réalité, reconnurent carrément et proclamèrent hautement que la possession des richesses était « le souverain bien » et que les jouissances physiques et intellectuelles qu'elles procurent étaient « la dernière fin de l'homme ». Ils professèrent hardiment l'art de les conquérir par tous les moyens licites et illicites, et d'échapper aux désagréables conséquences que pouvaient entraîner la maladroite violation des lois et des coutumes. — D'autres sophistes, tels que les cyniques et beaucoup de stoïciens, en révolte ouverte contre les lois et les coutumes, voulurent retourner à l'état présocial et « vivre selon la nature » ; ils affichèrent le mépris des richesses : « le sage seul est riche », clamaient-ils avec ostentation : mais ce dédain pour les biens hors de leur prise était en trop choquante opposition avec le train du jour et le sentiment général et souvent trop déclamatoire pour être pris en sérieuse considération. D'ailleurs ni les uns ni les autres ne donnaient une portée utilitaire sociale à leurs théories morales et c'était précisément ce que réclamait la démocratie bourgeoise.

D'autres sophistes, tels que Socrate, Platon et un grand nombre de stoïciens, abordèrent de front le problème moral : ils n'érigèrent pas en dogme le mépris des richesses, ils reconnurent au contraire qu'elles étaient une des conditions du bonheur et même de la vertu, bien qu'elles eussent cessé d'en être la récompense. L'homme juste ne devait plus demander au monde extérieur le prix de ses vertus, mais le chercher dans son for intérieur, dans sa conscience, que devaient guider des principes éternels, placés en dehors du monde de la réalité et il ne pouvaient espérer de l'obtenir que dans l'autre vie. Ils ne se révoltèrent pas contre les lois et les coutumes, ainsi que les cyniques ; ils conseillèrent au contraire de s'y conformer et recommandèrent à chacun de rester à sa place et de s'accommoder de sa situation sociale ; c'est ainsi que saint Augustin et les Pères de l'Eglise imposèrent, comme un devoir, aux esclaves chrétiens de redoubler de zèle pour leur maître terrestre, afin de mériter les grâces du maître céleste. Platon et les Pères de l'Eglise s'étaient donné pour mission d'étayer les institutions sociales à l'aide de la morale et de la religion.

Socrate, qui avait vécu dans l'intimité de Périclès, et Platon, qui avait fréquenté les cours des tyrans de Syracuse, étaient de profonds politiciens, ne voyant dans la morale et la religion que des instruments pour gouverner les hommes et maintenir l'ordre social.

Ces deux subtils génies de la philosophie sophistique sont les fondateurs de la morale individualiste de la bourgeoisie, de la morale qui ne peut aboutir qu'à mettre en contradiction les paroles et les actes et qu'à donner une sanction philosophique à la mise en partie double de la vie: la vie idéale, pure, et la vie pratique, impure ; l'une étant la revanche de l'autre. C'est ainsi que « les très nobles et très honnestes dames » du xviiᵉ siècle avaient réussi à faire l'amour en partie double, se consolant de l'amour intellectuel dont elles se délectaient avec des amants platoniques, en jouissant solidement de l'amour physique avec leur mari, complété au besoin par un ou plusieurs amants pour de bon.

La morale de toute société basée sur la production marchande ne peut échapper à cette contradiction, qui est la conséquence des conflits dans lesquels se débat l'homme bourgeois: si pour réussir dans ses entreprises commerciales et industrielles, il doit cap-

ter la bonne opinion du public en se parant de vertus, il ne peut les mettre en pratique s'il veut pros-
pérer ; mais il entend que ces vertus de parade soient
pour les autres impérieuses, des « impératifs caté-
goriques » comme dit Kant ; c'est ainsi que s'il livre
de la camelote, il exige d'être payé en argent fin (1).
La bourgeoisie, si elle ne maintient sa dictature de
classe que par la force brutale, a besoin pour assou-
pir l'énergie révolutionnaire des classes opprimées
de faire croire que son ordre social est la réalisation

1. Les païens n'essayaient pas de déguiser la vérité et
mettaient le commerce sous le patronage de Mercure, le
dieu des voleurs. Les catholiques sont plus jésuites ; les
ordres religieux qui ne se consacrent pas exclusivement à
la captation d'héritages font du commerce et de l'industrie
leur principale et même unique occupation, quoiqu'ils prétendent n'adorer qu'un dieu pur de tout mensonge et
innocent de toute fraude.

Le premier acte de la bourgeoisie capitaliste arrivant au
pouvoir en 1789 fut de proclamer la liberté du vol, en
débarrassant le commerce et l'industrie de tout contrôle.
Les maîtres de métier du moyen âge, ne travaillant
que pour le marché local, pour des voisins, avaient établi
un sévère contrôle de la production ; les syndics des corporations étaient autorisés à entrer à toute heure dans les
ateliers afin d'examiner la matière première et la manière
dont elle était ouvrée ; pour faciliter leur inspection, les
portes et les fenêtres de l'atelier restaient ouvertes pendant
le travail : les artisans du moyen âge opéraient littéralement
sous les yeux du public. Les objets, avant d'être mis en
vente, contrôlés par les syndics, étaient marqués d'un
plomb ou de tout autre signe, attestant que la corporation se portait garant de leur bonne qualité. Ce contrôle
incessant, qui gênait et comprimait l'essor du génie voleur
de la bourgeoisie capitaliste, était un de ses plus sérieux
griefs contre les corporations.

aussi parfaite que possible des principes éternels qui ornent la philosophie spiritualiste et que Socrate et Platon avaient en partie formulés plus de quatre siècles avant Jésus-Christ.

La morale religieuse n'échappe pas à cette fatale contradiction : si la plus haute formule du christianisme est « aimez-vous les uns les autres », les Églises chrétiennes, pour achalander leurs boutiques, ne songent qu'à convertir par le fer et le feu les hérétiques, afin de les sauver, assurent-elles, des feux éternels de l'enfer.

Le milieu social barbare, qu'engendraient la guerre et le communisme du clan, arrivait à tendre jusqu'à leur extrême limite les nobles qualités de l'être humain, la force physique, le courage, le stoïcisme moral, le dévouement corps et biens à la communauté, à la cité ; le milieu social bourgeois, basé sur la propriété individuelle et la production marchande, érige au contraire en vertus cardinales les pires qualités de l'âme humaine, l'égoïsme, l'hypocrisie, l'intrigue, la rouerie et la filouterie (1).

---

1. Les écrivains bourgeois ont l'habitude de charger de tous les vices de la civilisation les sauvages et les barbares, que les capitalistes volent, exploitent et exterminent, sous prétexte de les civiliser et ce sont eux qui les corrompent physiquement et moralement avec l'alcool, la syphilis, la Bible, le travail forcé et le commerce.

Les voyageurs, qui viennent en contact avec des peuplades sauvages, non contaminées par la civilisation, sont frappés par leurs vertus morales et Leibniz, qui à lui seul vaut tous les philosophes du libéralisme, ne pouvait s'empêcher de leur rendre hommage. « Je sais, à n'en pouvoir

La morale bourgeoise, bien que Platon prétende qu'elle descend du haut des cieux et qu'elle plane au-dessus des vils intérêts, reflète si modestement la vulgaire réalité, que les sophistes au lieu de forger un mot nouveau pour désigner le principe, qui selon Victor Cousin, qui s'y connaît, est « la morale tout entière », prirent le mot courant et le nommèrent le Bien : *to agathon*. Lorsque l'idéal chrétien se formula à côté et à la suite de l'idéal philosophique, il subit la même nécessité. Les Pères de l'Église lui imprimèrent le sceau de la vulgaire réalité.

Beatus, que les païens employaient pour riche et que Varron définit « celui qui possède beaucoup de

douter, écrit-il, que les sauvages du Canada vivent ensemble et en paix ; quoi qu'il n'y ait parmi eux aucune espèce de magistrat, on ne voit jamais ou presque jamais dans cette partie du monde de querelles, de haines ou de guerres, sinon entre hommes de différentes nations et de différentes langues. J'oserais presque appeler cela un miracle politique, inconnu à Aristote, et que Hobbes n'a point remarqué. Les enfants mêmes, jouant ensemble, en viennent rarement aux mains, et lorsqu'ils commencent à s'échauffer un peu trop, ils sont aussitôt retenus par leurs camarades. Au reste, qu'on ne s'imagine point que la paix dans laquelle ils vivent soit l'effet d'un caractère lent et insensible, car rien n'égale leur activité contre l'ennemi, et le sentiment d'honneur est chez eux au dernier degré de vivacité, ainsi que le témoigne l'ardeur qu'ils montrent pour la vengeance, et la constance avec laquelle ils meurent au milieu des tourments. Si ces peuples pouvaient, à de si grandes qualités naturelles, joindre un jour nos arts et nos connaissances, nous ne serions auprès d'eux que des avortons ».

biens », *qui multa bona possidet*, devient dans la latinité ecclésiastique celui qui possède la grâce de Dieu ; *Beatitudo*, dont Pétrone et les écrivains de la décadence se servent pour richesses, veut dire, sous la plume de saint Jérôme, félicité céleste ; *Beatissimus*, l'épithète donnée par les auteurs du paganisme à l'homme opulent, devient celle des patriarches, des Pères de l'Eglise et des Saints !

La langue nous a révélé que les barbares, par leur procédé anthropomorphique habituel, avaient incorporé leurs vertus morales dans les biens matériels ; mais les phénomènes économiques et les événements politiques, qui préparèrent le terrain pour le mode de production et d'échange de la bourgeoisie, dénouèrent l'union primitive du moral et du matériel. Le barbare ne rougissait pas de cette union, puisque c'étaient les qualités physiques et morales, dont il était le plus fier, qui étaient mises en action pour la conquête et la conservation des biens matériels ; le bourgeois, au contraire, a honte des basses vertus qu'il est forcé de mettre en jeu pour arriver à la fortune, aussi veut-il faire croire et il finit par croire, que son âme plane au-dessus de la matière et se repaît de vérités éternelles et de principes immuables : mais la langue, dénonciatrice incorrigible, nous dévoile que sous les nuages épais de la morale la plus purifiée se cache l'idole souveraine des capitalistes, le Bien, le Dieu-propriété.

La morale, ainsi que les autres phénomènes de l'activité humaine, tombe sous la loi du déterminisme économique formulée par Marx : « Le mode de production de la vie matérielle conditionne en général le procès de développement de la vie sociale, politique et intellectuelle. »

Origine et Evolution de l'Idée de l'Ame

Une étude critique de l'évolution de l'idée de
propriété embrasserait en quelque sorte les
plus remarquables phases de l'histoire intellectuelle de l'espèce humaine.

L.-H. MORGAN. *Ancient Society*

I

INVENTION DE L'AME

Les philosophes spiritualistes, depuis plus de deux
mille ans, discutent à perte d'esprit sur l'âme, sur son
essence et ses qualités, sur ses destinées et son siège
dans le corps : Descartes, par dérision sans doute, la
logeait dans la glande pinéale, petit corpuscule de
matière grise, situé en avant du cervelet ; d'autres philosophes, que raille Voltaire, lui donnaient dans les
méninges une plus spacieuse demeure, mais aucun
d'eux ne s'est demandé quand, pourquoi et comment
l'idée de l'âme s'était glissée dans la tête humaine
s'y était enracinée et développée. La question mérite

qu'on s'en occupe, quand ce ne serait que pour chercher une explication de ce double phénomène, dont se désintéressent les historiens et les philosophes : la disparition chez les peuples antiques de l'idée de l'âme que l'on trouve chez les sauvages même les plus inférieurs et sa réapparition quelques siècles avant l'ère chrétienne.

⁂

Un folkloriste anglais prétend qu'il serait facile de retrouver chez les campagnards des nations civilisées les plus grossières superstitions des nègres de l'Afrique : il n'y aurait pas lieu de s'en étonner, puisque des idées de sauvages occupent une place d'honneur dans la philosophie des spiritualistes et la religion des chrétiens : l'idée de l'âme est d'origine sauvage.

Les hommes primitifs, plus idéalistes qu'on ne croit, spiritualisent tout : la propriété individuelle, l'idéal des civilisés, ne fait son apparition parmi eux que sous une forme immatérielle. Le sauvage avant de posséder une propriété matérielle possède une propriété immatérielle, la propriété de son nom, qui lui est donné à sa puberté dans une cérémonie d'initiation, dont le baptême chrétien est un souvenir. Ce nom est son bien le plus précieux ; et quand il veut témoigner son affection par un présent inestimable, il l'échange contre celui de son ami. La propriété individuelle rencontra tant de difficultés à s'introduire que même ce nom est une propriété viagère, appartenant à la tribu et le lui retournant à la mort de l'individu (1).

L'âme, principe immatériel de la vie, qui abandonne le corps après la mort pour continuer son existence sur terre ou sous terre, au ciel ou aux enfers, est une

1. La parole, le Verbe, le Λογος, qui pour Platon est la Raison et l'Intelligence (que seraient-elles, en effet, sans les mots ?) caractérise l'espèce humaine : les Romains appelaient le nouveau-né, le non-parlant, *in-fans.* Cette merveilleuse propriété impressionne si vivement la naïve et exubérante imagination des sauvages qu'ils attribuent aux mots une existence indépendante des objets qu'ils désignent, ils sont leurs âmes, leurs fantômes, ἀγάλματα, disait Héraclite : ils agissent comme des êtres vivants. Les Grecs croyaient que les imprécations d'un père ou d'une mère allaient dans l'Hadès réveiller les Érynnies, et les ramenaient sur terre ; les malédictions étaient douées d'une si terrible action que les Hébreux et les Chinois punissaient de mort le fils, qui avait maudit son père. La connaissance du nom d'un individu donnait à celui qui la possédait une puissance magique sur lui : aussi le sauvage cache le sien aux étrangers. Encore de nos jours le nom des membres de la famille régnante de Chine est inconnu au peuple ; il est interdit sous peine de mort de désigner l'empereur par son nom ; il ne doit l'être que par sa devise : Soleil du peuple, Étincelle bleue, etc. Le nom de Dieu n'est pas révélé dans la Bible ; les juifs et les chrétiens l'ignorent ; celui qui le saurait n'aurait qu'à le prononcer pour l'obliger à faire ses quatre volontés. La révélation aux initiés du nom des divinités Kabiriques et de la Despoïna arcadienne, rapporte Pausanias, était un des rites de leurs mystères. Berthelot dit que cette croyance en la puissance des mots était « une perception confuse du pouvoir scientifique que l'homme devait acquérir un jour sur la nature ; elle avait fait naître cette opinion qu'il était possible de conjurer et de dominer les dieux par la seule force de la méditation et des formules magiques ». *Dieu et l'homme* ... (*Revue.*)

invention des sauvages, perfectionnée par les civilisés.

Il est des problèmes de la vie et de la nature qui de tout temps ont préoccupé l'esprit de l'homme : dès qu'il commença à réfléchir, il essaya de les résoudre et il les résolut comme il put et comme le lui permettaient ses connaissances. Maintes fois les solutions, forcément erronées, de l'homme primitif sont devenues des vérités indiscutables et ont servi de fondement à des constructions idéologiques qu'il a fallu des siècles pour démolir : par exemple l'idée que le soleil tourne autour de la terre, date de l'époque la plus reculée ; si elle a pu être scientifiquement réfutée, elle n'en persiste pas moins dans le langage des peuples civilisés, qui parlent du lever et du coucher du soleil.

Les singuliers phénomènes physiologiques du sommeil et du rêve qui troublaient Pascal et qui n'ont pas encore reçu une explication complètement satisfaisante (1), inquiètent vivement le sauvage, qui, pour les expliquer inventa l'âme ; car il ne sut et ne put trouver rien de plus simple et de plus ingénieux que de dédoubler l'homme en un corps solide, palpable et

---

1. « Personne, dit Pascal, n'a d'assurance, hors la foi, s'il veille ou s'il dort, vu que durant le sommeil on croit veiller... de sorte que la moitié de la vie se passant en sommeil, qui sait si cette moitié où nous pensons veiller n'est pas un autre sommeil, un peu différent du premier, dont nous nous réveillons, pensant dormir. » (*Pensées*, VIII, 1.)

visible et en un esprit aériforme, impalpable et invisible.

Le sauvage ne doute pas de la réalité de ses rêves : s'il rêve qu'il voyage, se bat, ou chasse, il croit que c'est arrivé ; mais comme au réveil il se retrouve à l'endroit où il s'est endormi, il conclut que pendant qu'il était plongé dans le sommeil « un autre lui-même » un *double*, selon son expression, a quitté son corps pour aller chasser ou se battre et puis est revenu réintégrer le domicile corporel, qui alors se réveille. L'Australien pense que le départ du double se fait quand le dormeur ronfle. Si pour une cause quelconque le double ne retourne pas, le corps ne se réveille pas ; on ne doit pas contrarier cet autre soi-même, de peur qu'il ne déserte son logis ; il faut se garder de réveiller brusquement une personne endormie, parce que son esprit pourrait être au loin, on doit le faire lentement et avec précaution afin de lui donner le temps de retourner ; dans certaines parties de l'Inde changer la figure d'un dormeur, soit en la peignant, soit en lui mettant des moustaches, c'est commettre un meurtre, parce que son double ne reconnaissant pas sa demeure ne peut y rentrer et il meurt. Si du vivant de l'individu le double quitte le corps, pour mener une vie indépendante, il peut également survivre à la décomposition du cadavre ; le sauvage n'en doute pas puisqu'il lui arrive de revoir ses ancêtres et ses compagnons défunts ; ce sont leurs esprits, c'est-à-dire leurs doubles qui viennent le visiter pendant son sommeil. Comme il ne croit qu'à la mort occasionnée par des blessures et des accidents, quand quelqu'un meurt de vieillesse ou de maladie, il s'imagine qu'un sorcier lui a ravi son double ou qu'un esprit malfaisant l'a égaré durant une de ces pérégrinations nocturnes et l'empêche de revenir dans son enveloppe corporelle. Le double est une espèce de principe vital, qui maintient le corps en vie et qui cause sa mort quand il l'abandonne.

Le sauvage travaillant sur l'idée du double, inventée pour expliquer les phénomènes du rêve, en a deduit logiquement une série d'idées, qui devaient trouver leur place et leur développement dans les religions et les philosophies : l'idéologie qu'il a élaborée avec cette idée lui a fourni l'explication d'un grand nombre de phénomènes dont il ne pouvait découvrir les causes naturelles. L'âme, qui n'est qu'un synonyme civilisé du double sauvage, fut une des premières hypothèses scientifiques de l'esprit humain.

.·.

L'âme est un duplicata du corps, ayant tête, bras, jambes, cœur, ventre, etc..; elle évolue avec lui, croissant et décroissant en stature et en force, à mesure qu'il grandit et vieillit : l'Eskimau qui passe par des périodes de surabondance et de disette s'imagine que son double engraisse et maigrit en même temps que son corps. Chaque partie de l'âme siège dans l'organe qui lui correspond : Platon reprit philosophiquement cette localisation, qui permettait à l'Hindou de comprendre la mort successive des organes, lesquels meurent les uns après les autres, à mesure que leur parcelle d'âme les abandonne, et ce n'est qu'au départ de la dernière, que la mort est complète.

Le double est impalpable comme une ombre. L'ombre du corps a été prise pour l'âme : les sauvages de l'Equateur, où les corps n'ont pas d'ombre à midi, ne sortent pas à cette heure de leurs cases de peur de perdre leur âme et de mourir ; les Grecs avaient eu la même idée ; ils croyaient que les hommes et les animaux qui pénétraient dans le sanctuaire de Zeus sur le mont Lycée perdaient leur ombre et mouraient. L'image d'une personne dans une eau claire ou sur une surface polie est l'image de son âme, si on la frappe, on la blesse : le mythe de Narcisse et l'envoûtement magique du moyen âge se rattachent probablement à cette croyance : si on prend et emporte le portrait d'un individu on lui enlève son âme ; pour cette raison le sauvage refuse de se laisser portraiturer.

L'âme est un souffle léger, *tenuis aura ;* les mots grecs et latin employés pour âme πνεῦμα, ψυχή, ἄνεμος, *anima* ont d'abord été usités pour souffle. Saint Augustin remarque que le Saint-Esprit dans le texte grec du Nouveau-Testament est toujours appelé le Saint-Souffle, τὸ αγιον πνεῦμα, Jésus sur la croix « pencha la tête et rendit le Souffle » dit saint Jean (XIX, 30). Cette âme-souffle est audible ; les Australiens entendent les esprits, qui chez eux habitent dans les arbres, ainsi que les Dryades de la mythologie grecque, lorsqu'ils sautent de branche en branche. L'âme s'échappe par les orifices naturels, le nez et la bouche spécialement et on peut la saisir au passage en la ferrant avec des hameçons ou en l'enfermant dans une calebasse. Les héros de l'Iliade pensaient qu'elle « s'échappait par les blessures et alors un nuage se répand sur les yeux » et qu'on pouvait l'extraire, comme un corps étranger ; Patrocle « arracha l'âme de Sarpedon en même temps que la pointe de sa lance. » (*Il.*, XVI, 505).

L'âme qui peut à sa fantaisie déserter le corps, doit cependant s'incorporer dans un objet quelconque ; elle reste attachée au cadavre ; et lorsque les chairs tombent en pourriture elle se réfugie dans le squelette, particulièrement dans les os du crâne. Les sauvages pour avoir auprès d'eux les âmes des ancêtres gardent les têtes de morts et même de simples os, que les Caraïbes enveloppaient dans du coton et à qui ils parlaient et demandaient des conseils.

Les Grecs conservaient précieusement l'omoplate de Pelops, parce qu'ils croyaient que si on possédait les os d'un mort, on avait son âme sous la main: Cimon transporta à Athènes le squelette de Thésée, pour que les Athéniens pussent s'assurer les services de son âme ; Hérodote rapporte que les Lacédémoniens acquirent « une grande supériorité dans les combats contre les Tégéates » quand ils eurent enlevé à Tégée et porté à Sparte les ossements d'Oreste (I § 68). Le culte des catholiques pour les os miraculeux des saints a pour origine la même croyance. La reprise et la coordination en un corps de doctrine des idées sauvages qui survivaient dans la civilisation gréco-latine, fut une des principales causes du succès du christianisme. On prétend que la coutume mystique qu'ont les sauvages de manger les cadavres des parents s'explique par l'intention de donner à leurs âmes une demeure vivante, et de les conserver dans le sein de la famille et de la tribu. Les Egyptiens embaumaient les morts afin de garder à l'âme dans le meilleur état possible de conservation son habitation corporelle : Maspero suppose que les nombreuses statues et statuettes du défunt que l'on rencontre dans les tombeaux y étaient placées, pour qu'en cas de destruction de la momie son âme trouvât un corps où se loger.

La croyance que l'âme du mort demeurait dans le tombeau de son cadavre, amena les sauvages à penser qu'elle s'incorporait dans les pieux et les pierres plantés dessus et les Tasmaniens et les Péruviens à marier les pierres tombales de personnes de sexes différents. Les arbres qui croissaient sur les tombes et les animaux qui les habitaient étaient censés être animés par les esprits des défunts ; une couleuvre s'étant échappée du tombeau d'Anchise, on crut que son âme s'y était incorporée. Cette croyance donna probablement naissance à l'idée de la métempsychose et peut-être à la coutume qu'ont les sauvages de prendre pour totems, c'est-à-dire pour ancêtres, des animaux, des plantes et même des objets inanimés.

L'âme du mort erre malheureuse autour des siens jusqu'à ce qu'ils lui aient donné un tombeau où il puisse habiter ; c'est pourquoi les Iroquois et les Grecs attachaient tant d'importance à recueillir les corps des guerriers tombés sur le champ de bataille. La coutume d'enterrer les cadavres, au lieu de les abandonner sans sépulture à la voracité des animaux, comme le faisaient autrefois les Eskimaux, autorise à supposer que l'idée de l'âme remonte à une antiquité extrêmement reculée, puisque des anthropologistes pensent que des tombes de certaines cavernes dateraient de l'époque paléolithique, l'époque la plus ancienne où l'on ait trouvé des traces positives de la présence de l'homme : ce n'est qu'à l'âge de bronze que l'on substitua la crémation à l'enterrement parce que l'idée de l'âme s'était transformée, comme il sera dit plus loin.

Le sauvage qui a d'enfantines notions sur la nature croit qu'il peut commander aux éléments, comme à ses membres, et qu'il peut avec des paroles magiques arrêter le soleil, ordonner à la pluie de tomber, à la tempête de souffler, etc. Les esprits des morts ont cette autorité sur les éléments à un plus haut degré que les vivants ; le sauvage les invoque pour qu'il produise le phénomène quand il échoue à le déterminer : ils lui sont d'une si constante utilité qu'il ne cesse de les implorer : le Peau-Rouge en partant pour la chasse ne manque pas de leur demander un temps propice et une abondance de gibier. Les chefs étant plus écoutés que les simples mortels, ceux-ci les

chargent d'intercéder auprès d'eux dans les cas ur-
gents et mal leur en prend s'ils ne réussissent pas.
Quand les nègres d'Afrique ne peuvent par leurs
prières faire cesser une sécheresse prolongée, ils traî-
nent leurs rois aux tombeaux des ancêtres pour qu'ils
les supplient de faire pleuvoir et si la pluie ne vient
pas, ils les rouent de coups et les tuent même parce
qu'ils ne veulent pas les prier ou les prient mal. Le
roi scandinave Olaf du ixᵉ siècle fut brûlé vif parce
qu'il n'avait pu décider les âmes des ancêtres à mettre fin à une famine.

Les âmes des morts, capables de produire tous les
phénomènes de la nature, donnent des maladies et
les guérissent. L'Odyssée parle de malades souffrant
de cruelles douleurs causées par des « esprits ennemis » (V. 396); tandis que les Tasmaniens rangeaient
les malades autour du lit d'un mort pour que son
esprit les guérît. Les âmes ont tant d'influence sur la
végétation que lorsque les indigènes de la Nouvelle
Guinée ensemencent un champ, ils déposent à son
centre des bananes, et des cannes à sucre, appellent
les ancêtres par leurs noms et leur disent : « Voici
votre nourriture, faites que la récolte vienne bien et
soit abondante; si elle ne venait pas bien et n'était
pas abondante, ce serait une honte pour vous et pour
nous aussi. »

Les esprits des morts de la famille et de la tribu
sont serviables pour leurs membres; ils les visitent
pendant le sommeil, les conseillent, et les protègent
contre leurs ennemis morts et vivants ; ils prennent

part à leurs guerres et combattent pour eux ; les Grecs avaient vu à Marathon et à Salamine l'âme de Thésée, à la tête des troupes, se battre contre les Perses (Plutarque. *Thésée*, § 35). Il arrivait parfois que pour se procurer un puissant esprit, on tuait un homme remarquable par ses supérieures qualités : il est à peu près certain que si les Tahitiens assassinèrent le capitaine Cook, pour qui ils avaient la plus grande vénération, c'était afin que son âme demeurât parmi eux ; pareil accident faillit arriver à Sir Richard Burton, qui s'était costumé en brahmane pour explorer des régions inconnues de l'Inde ; il joua si bien son personnage qu'il passa pour un saint et que dans un village on complota sa mort. Lucien et Pausanias mentionnent l'existence à Athènes du tombeau d'un Scythe, Toxaris, dont l'âme accomplissait des cures miraculeuses : il est possible qu'il avait été immolé dans cette intention. Cette idée subsiste dans le Christianisme ; Jésus est condamné par Dieu à mourir sur la croix pour rendre service aux fidèles en les sauvant de la damnation éternelle. Les villes, les églises et les chapelles possédaient toutes au moyen âge le tombeau ou les os d'un saint ou d'une sainte pour avoir à leur service l'âme d'un mort : la République de Venise pour s'approvisionner de défenseurs contre le Pape et le Sultan importa d'Alexandrie les dépouilles de saint Marc et déroba à Montpellier celle de saint Roques. Les esprits se battaient entre eux, quand deux villes ou deux peuples se déclaraient la guerre : dans l'Iliade les dieux et les déesses, qui sont des âmes divinisées, prennent parti les uns pour les Grecs les autres pour les Troyens ; Cleisthenes, le tyran de Sicyone, en lutte avec Argos, demande à Thèbes de lui céder les restes de Melanippe et de Menestée, deux fameux guerriers du cycle thébain pour opposer leurs âmes à celle d'Adraste, le héros argien.

Les esprits des morts ne peuvent rendre des services aux vivants que parce qu'ils continuent à vivre dans leurs tombes ; et s'ils vivent, ils ont besoin des choses indispensables à la vie. L'Australien allume la nuit des feux auprès des tombeaux, pour qu'ils viennent se réchauffer ; on leur apporte des aliments pour apaiser leur faim et on répand du sang, du lait et d'autres liquides pour étancher leur soif ; le sol absorbant le liquide, on s'imagine qu'ils l'ont bu. Les Grecs homériques appelaient les morts par leurs noms quand ils faisaient à leur intention des libations de vin doux, et d'eau miellée ou saupoudrée de farine (*Il.* XXIII, 220, *Od.* XI, 26, etc.).

L'habitude d'enfouir des graines et des tubercules dans la terre des tombeaux pour la nourriture des âmes des morts a pu suggérer l'idée de les cultiver, ainsi que le suppose Grant Allen. Il est difficile d'expliquer comment le sauvage a pu découvrir qu'en déposant dans la terre des graines et des tubercules il pourrait obtenir après un temps plus ou moins long une récolte de graines et tubercules semblables ; car s'ils étaient simplement enterrés dans un terrain non préparé et si la plantule, lorsqu'elle germe, n'était pas protégée par des sarclages et des binages contre les herbes et plantes déjà enracinées, elle serait étouffée sous leur vigoureuse végétation, comme le sont les graines d'arbres dans les steppes herbacées. Le sauvage a trop de peine à recueillir les graines et les racines, dont il se nourrit, pour avoir l'idée de les enterrer avec l'espoir d'en récolter de semblables dans un temps qu'il ne saurait calculer. Le culte des âmes des morts lui a fait faire des expériences de culture à son insu. En effet l'enfouissement des graines et des tubercules dans les tertres des tombeaux étaient des expériences de culture qu'il n'aurait su imaginer ; elles étaient faites dans les meilleures conditions de réussite, puisque la terre accumulée sur la fosse était soigneusement débarrassée de toute herbe, racine et pierre et fréquemment arrosée de sang et d'autres liquides. Les plantes ainsi protégées, soignées et nourries croissaient mieux qu'à l'état sauvage et donnaient une abondante récolte ; et comme le sauvage n'avait pas conscience des soins involontaires qu'il leur avait données, il attribua naturellement leur luxuriante végétation à l'action de l'âme du mort ; il eut alors l'idée d'élargir autour du tombeau l'espace ensemencé dans l'espérance qu'elle étendrait ses services végétatifs sur un plus grand rayon ; il arriva de la sorte à cultiver des surfaces étendues, toujours avec le concours efficace de l'âme du mort. L'hypothèse de Grant Allen expliquerait pourquoi les sauvages placent les tombes au milieu de leurs cultures et pourquoi à l'époque des semailles ils prient les âmes des ancêtres de leur procurer d'abondantes récoltes. Les processions dans les champs et les prières des Rogations catholiques, à l'époque des semailles, pendant les trois jours qui précèdent l'Ascension, sont des souvenirs des temps sauvages.

Le sauvage, qui ignore son âge et qui n'a qu'une numération très limitée, ne peut avoir l'idée d'une durée éternelle ; il n'est donc pas encore question de l'immortalité de l'âme, qui est censée vivre aussi longtemps que le souvenir du défunt se prolonge. Le primitif croit à la survivance de l'esprit de son père, grand-père et aïeul, qu'il a connu ou dont il a entendu parler et à celle de l'âme de toute personne dont on conserve la mémoire pour une raison quelconque (1). Mais comme les esprits des morts dont

1. Les âmes des morts que la tradition préserve de l'oubli deviennent des centres de cristallisations légendaires ; en durant dans la mémoire des vivants, elles bénéficient des prodiges qu'ils ont l'habitude d'attribuer aux esprits et sont pour cela invoqués en toute occurrence et finissent naturellement et sans que les sauvages s'en aperçoivent par devenir des esprits supérieurs, des dieux.

L'histoire du mot grec Δαίμων et de ses dérivés indique les étapes de cette évolution. Il veut dire au singulier esprit, et au pluriel les mânes, les ombres des morts ; il dérive de δαίομαι, partager, diviser et reproduit l'idée sauvage qui partage, divise, dédouble l'homme en corps solide et esprit aériforme. Homère, Hésiode et Eschyle s'en servent pour désigner les dieux, qui avant d'habiter l'Olympe avaient comme Jésus séjourné sur la terre. Il revient avec cette signification plusieurs fois dans l'Iliade. (I. 222 ; III. 420 ; V. 438 ; XI. 792 ; XVII. 98, etc.). Les Pères

on a perdu le souvenir pourraient exister, on se comporte à leur égard comme si on ne doutait pas de leur existence. Le nègre soudanais, quand il fait des offrandes à son ancêtre, lui dit : « O père, je ne connais pas tous tes parents, toi tu les connais tous, invite-les à partager ces aliments avec toi ». Porphyre rapporte que les Grecs adressaient des prières et faisaient des sacrifices à des âmes dont ils ignoraient les noms, « de peur que si on négligeait leur culte elles ne soient disposées à faire du mal... tandis qu'ils nous font du bien quand on leur rend des honneurs ». Pausanias dit que pour une semblable raison on avait élevé à Athènes des autels aux dieux inconnus, c'est à-dire aux âmes divinisées, inconnues.

Le sauvage, qui ne se sépare pas des animaux dans lesquels son âme émigre et se meut à l'aise et qu'il prend pour ancêtres, les dote d'une âme ; et comme sa logique ne recule devant aucune conséquence, il attribue egalement une âme à la terre, à la lune, au soleil, aux astres, aux plantes et même aux objets inanimés. Anaxagoras devait donner une âme, νους, à l'univers. Tout possède une âme dans l'imagination du sauvage et du barbare, c'est pourquoi sur les tombes et les bûchers des morts ils immolent des

de l'Eglise l'emploient pour démons. Il donne naissance à δαιμόνιον, divinité pour les auteurs classiques et démon, esprit impur, diable pour les auteurs ecclésiastiques et à δαιμονίω, déifier, être déifié ; les chrétiens lui donnèrent la signification de démoniser, être possédé par le démon.

animaux et brisent des ustensiles et des armes afin
que leurs âmes se dégagent et continuent à rendre
dans l'autre monde des services au défunt.

II

INVENTION DU PARADIS

Le double, cet embryon de l'âme de la philosophie
spiritualiste, n'est pas plutôt inventé que cette invention se retourne contre son auteur : l'homme a toujours été victime de l'œuvre de son cerveau et de ses
mains.

Le sauvage est plus effrayé d'un mort que d'un
vivant ; il vit dans une perpétuelle terreur des esprits
invisibles, mais toujours présents : il leur attribue
tous les malheurs qui lui arrivent, les accidents et les
blessures, comme les maladies, la vieillesse et la
mort : dans l'*Iliade* les dieux, c'est-à-dire les âmes
divinisées, dirigent les lances et les javelots qui bles-
sent les guerriers. Les esprits, qui peuvent être d'utiles compagnons, sont excessivement vindicatifs, ils
se vengent des torts réels ou imaginaires qu'on leur
a faits pendant la vie et après la mort. La peur de ces
vengeances engage les parents et les ennemis d'un
mourant à se réconcilier avec lui pour n'être pas
tourmentés par son âme et à s'éloigner au plus vite
de son cadavre autour duquel elle rôde : on abandonne la cabane et même le campement où il y a eu

un décès ; on quitte la localité pour dépister l'âme du mort, on cesse de prononcer son nom de peur qu'elle ne s'imagine qu'on l'appelle et n'accoure si elle l'entend. Quand on ne peut fuir le défunt on l'enterre sous un monticule de terre, après lui avoir attaché les membres, afin que son âme ne puisse s'échapper, et pour plus de sécurité on place des pierres dessus ; quand le cadavre est celui d'un ennemi, on brise sa colonne vertébrale, on ampute les pouces pour qu'il ne puisse tirer l'arc ; les Grecs lui coupaient les pieds et les mains pour qu'il ne pût combattre ; et Grant Allen rapporte que dans la protestante Angleterre, pour empêcher que l'âme du suicidé ne sorte de son tombeau on le transperçait d'un pieu qui le clouait au fond de la fosse. La crainte des esprits a eu des effets moins macabres : chez les Sioux, elle est, dit-on, un frein au meurtre et chez d'autres peuplades elle a mis fin aux repas anthropophagiques pour ne pas encourir la vengeance de la victime (1). Les âmes des bêtes féroces sont redoutées.

Le quarante-sixième chant du Kalevala, qui narre dramatiquement une chasse à l'ours chez les anciens Finnois, relate minutieusement les précautions qu'on doit prendre pour détourner les vengeances de l'animal mis à mort. Quand il est tué et pendant qu'on le dépouille on lui donne les noms les plus caressants

1. Le *Temps* du 10 janvier 1902 rapporte qu'un missionnaire norwégien, ayant dit aux Sakalaves qui s'apprêtaient à le tuer que son esprit resterait parmi eux, ils lui laissèrent la vie de crainte de sa vengeance.

et flatteurs, il est « le gracieux pied de miel, l'homme antique, le héros illustre, etc. » et son meurtrier, le héros-barde, Waïnamoinen, essaye de lui persuader qu'il n'a pas été tué par l'épieu, mais que lui-même s'est empalé en se précipitant sur une branche d'arbre.

Mais malgré toutes ces précautions, le sauvage ne peut débarrasser son imagination fantasque des terreurs que lui inspirent les âmes des morts : il est persuadé qu'elles l'environnent et lui causent mille maux. L'idée lui vint de leur assigner un territoire pour résidence : un sentiment analogue animait les paysans écossais du moyen âge lorsqu'aux partages agraires ils donnaient à Satan un lot de terre qui n'était pas mis en culture. Le lieu d'habitation affecté aux esprits est d'ordinaire par delà la mer ou sur le sommet d'une montagne, que les vivants évitent avec soin : ceci explique pourquoi les plus antiques divinités habitent les cavernes et les sommets et sont adorés « sur les hauteurs » selon l'expression de la Bible, qui deviennent des lieux sacrés. Iawhé, le Dieu d'Abraham, c'est-à-dire l'esprit divinisé de l'ancêtre, apparut à Moïse sur le mont Sinaï à l'endroit « sanctifié » qu'on ne devait fouler que « pieds nus » comme l'enceinte consacrée à Dodone, à Zeus, dont les prêtres étaient déchaux. Joseph dit que Moïse conduisit par ignorance ses moutons dans cet endroit où les pâtres de la région ne menaient pas leur troupeau, malgré l'abondance de l'herbage (*Antiq.*, II, c. 12).

Afin que l'âme parte de son plein gré pour sa

demeure posthume, on lui signifie qu'elle n'a plus rien à faire parmi les vivants. Les Bodos de l'Inde disent au mort à qui ils offrent du riz et des boissons : « Bois et manges ; jusqu'ici tu as bu et mangé avec nous, tu ne le peux plus ; tu étais l'un de nous, tu ne l'es plus ; nous n'irons plus à toi, ne viens plus à nous. » Les Dayaks de Borneo pour intimider l'âme du défunt lui déclarent que si elle reste parmi eux, elle n'aura pour logement qu'un panier de rotin et les Iroquois le soir des funérailles lâchent un oiseau pour l'emporter au plus vite : les Grecs et les Romains, qui avaient eu une pareille coutume, la remirent en honneur avant l'ère chrétienne. Mais les âmes étaient récalcitrantes et ne s'empressaient pas à quitter les parents et les amis, qui parfois étaient obligés de recourir à la violence pour les forcer à déguerpir : les Australiens et les nègres de la Côte d'Or pour les chasser des campements et villages courent de droite et de gauche et frappent l'air avec des massues en poussant des hurlements : ils prétendent dormir plus paisiblement et jouir d'une meilleure santé après une telle expédition contre les âmes. Mais ces luttes héroïques ont leurs dangers : Howit a vu dépérir de langueur un vaillant guerrier australien parce qu'il avait pourchassé les esprits.

Le sauvage pour n'être pas obligé d'en arriver à de si pénibles et dangereuses extrémités a eu recours à un ingénieux moyen ; il a embelli la demeure posthume de toutes les joies et de tous les plaisirs qu'il pouvait imaginer, afin que l'âme n'hésitât pas à s'y

rendre et perdît toute envie de retourner parmi les
vivants. Toutes les nations primitives ont inventé des
paradis d'outre-tombe où les âmes revivaient déli-
cieusement leur vie terrestre : l'âme de l'Australien
en grimpant à une corde arrive à un trou dans les
nuages, qui donne accès à un autre monde, où tout
est mieux que sur terre ; quand il veut dire qu'un
kangourou est gras et bien à point, il déclare qu'il
ressemble à ceux du pays des nuages. Les Hellènes
homériques pensaient que les Dieux parvenaient à
leur demeure céleste par des trous dans les nuages.
Les âmes des Iroquois poursuivaient et tuaient les
bisons dans de giboyeux territoires de chasse ; celles
des Groenlandais habitaient un pays au printemps
éternel, au soleil toujours à l'horizon, abondamment
pourvu de rennes, de phoques et d'oiseaux de mer ;
celles des Scandinaves se battaient le jour et banque-
taient le soir dans le Valhalla en compagnie des
radieuses Valkyries. Les âmes des morts recommen-
çaient dans ces demeures posthumes l'existence terrestre dans des conditions de félicité inconnues aux
vivants : aussi les Hellènes préhomériques en prenant congé d'un mort lui disaient: Χαῖρε ! amuse-toi !

Les Grecs avaient passé par l'idéologie des sauvages
puisqu'ils avaient traversé les conditions de vie qui
l'avaient engendré. Les âmes de leurs morts avaient
erré sur terre sans domicile, pendant l'âge d'or, rapporte Hésiode. comme celles des sauvages ; et quand
elles devinrent encombrantes et tracassières, ils leur
fixèrent un lieu de résidence sur le plus haut sommet

de l'Olympe — (plusieurs montagnes en Grèce et en Asie Mineure portaient le nom d'Olympe) — et ils l'agrémentèrent des bonheurs qu'ils pouvaient imaginer afin de leur procurer une vie de « bienheureux », comme ils appelaient les esprits, δαιμόνες, de l'Olympe, dont la déification du temps de l'Iliade était de date si récente, que les « nouveaux dieux » comme les appelle Eschyle, se différenciaient à peine des héros homériques. Avant d'habiter l'Olympe en qualité d'esprits, ils étaient nés et avaient vécu sur terre comme des hommes ; et comme les guerriers de l'*Iliade* ils sont armés de lances et d'égides ; ils combattent et voyagent sur des chars ; ils habitent un palais aux lambris dorés, ils festoyent aux chants d'Apollon et des Muses, tandis que Hébé verse le nectar ; ils reçoivent des blessures qui les font rugir de douleur, ils ont des querelles et des infortunes de ménage, ils sont tourmentés par des chagrins et des peines morales ; ils assistent aux festins sacrés des mortels et s'irritent quand on ne les invite pas. Les déesses aiment la toilette, se parent et se parfument comme les beautés terrestres. Les mœurs des habitants de l'Olympe reproduisent celle des hommes, dont ils ne se distinguent que par la force, la taille, le liquide, — ἰχώρ — qui coule dans les veines, plus subtil que le sang, à cause de l'ambroisie, leur nourriture, ainsi que par la faculté de se rendre invisibles et de se métamorphoser en animaux et objets inanimés : Athèna dans l'*Iliade* se change en oiseau et en flamme ; les Grecs prenaient les animaux qui apparaissaient inopinément pour des dieux qui avaient voulu assister incognito à un spectacle les intéressant.

L'Olympe des Grecs, ainsi que les habitations posthumes des autres sauvages, avait été ouvert aux âmes de tous les morts, à celles des femmes comme à celles des hommes ; mais lorsque Zeus eut vaincu les Titans, défenseurs de l'ordre matriarcal et intronisé le patriarcat dans l'Olympe, il chassa Kronos, Gaia, Demeter et les autres divinités de l'époque matriarcale ; il le ferma aux âmes des hommes et le réserva pour les esprits qui avaient soutenu sa cause et reconnu son autorité patriarcale (1). Mais les Hellènes qui à l'époque n'étaient pas encore préparés pour la suppression du paradis posthume, lui substituèrent pour loger les âmes des morts l'île des Bienheureux, « située loin de l'Olympe des immortels... où la terre porte trois fois par an des fruits doux comme le miel », dit Hésiode. Cette nouvelle

1. Si l'on débarrasse la riche et poétique mythologie grecque des élucubrations symboliques, allégoriques et mystiques, dont les philosophes et les poètes de l'époque classique et de la période Alexandrine l'ont surchargée et embrouillée et que les mythologues d'Allemagne, platement copiés par ceux de France et d'Angleterre, ont porté à leur plus parfaite confusion, elle devient un inappréciable reliquaire des coutumes préhistoriques, qui préserve le souvenir de mœurs que les voyageurs et les anthropologistes voient revivre chez les nations sauvages des temps modernes. J'ai étudié dans le *Mythe de Prométhée*, les récits mythologiques d'Hésiode, d'Eschyle et d'Homère qui racontent l'introduction du patriarcat dans l'Olympe.

demeure, que gouvernait Kronos, était un paradis aristocratique où ne furent admis que les demi-dieux et les héros des cycles thébains et troyens ; comme l'Olympe, il se ferma après eux ; les âmes d'Aristogiton et d'Harmodius seules eurent le bonheur d'y être expédiées. Les Champs-Elysées dont il est fait mention pour la première fois dans l'Odyssée (IV, 563, et sqq.) sont une reproduction plus hospitalière de l'île des Bienheureux ; ils sont « situés aux limites de la terre... les hommes y mènent une vie bienheureuse sans neige, ni long hiver, ni pluie, toujours rafraîchis par les brises du Zéphyr, envoyés par l'Océan. »

La demeure posthume, inventée par les sauvages pour se débarrasser des âmes des morts qui les tourmentaient, et aménagée de tous les conforts et plaisirs imaginables pour les engager à ne pas la déserter, finit par devenir une agréable espérance, leur permettant de se promettre la plus heureuse prolongation de la vie terrestre. La croyance en ce délicieux séjour s'enracina si profondément dans l'imagination des hommes primitifs, parvenus à un certain degré de développement, qu'ils immolaient des individus pour y porter des nouvelles de la terre et que des hommes et des femmes s'offraient volontairement en sacrifice pour remplir le rôle de messager.

Le paradis d'outre-tombe était d'abord libéralement ouvert à tous les membres de la tribu, aux femmes comme aux hommes, quels que fussent leurs mérites et démérites ; il n'était pas une récompense, mais un droit acquis ; d'ailleurs on était trop anxieux de se délivrer des âmes des morts pour mettre des difficultés à leur admission. Mais quand les âmes s'accoutumèrent à s'y rendre avec empressement, on songea à l'utiliser comme moyen d'éducation morale. Les Aztecs semèrent des obstacles sur la route qui y conduisait ; la déesse Téogamique, compagne du dieu de la guerre, Huitzilopochtli, y transportait les âmes des guerriers morts en combattant et dans les supplices infligés par l'ennemi ; les Valkyries parcouraient les champs de bataille pour recueillir les âmes des Scandinaves tués et les porter rapidement dans le Valhalla ; les Kères, que la mythologie posthomérique représente comme des furies, courant au milieu du carnage, entrechoquant leurs dents longues et, aiguisées et se disputant les cadavres (Hésiode, *Bouclier d'Hercule*) devaient être dans les temps préhomériques les conductrices des âmes des guerriers morts en combattant, comme la déesse Téogamique des Aztecs et les Valkyries des Scandinaves. L'Odysée (XIV, 207) et l'Hymne homérique à Arès les montrent entraînant dans l'Hadès les âmes des guerriers désignés par les Moires. L'Aztec qui ne mourait pas sur le champ de bataille ou dans les supplices devait, ainsi que l'Egyptien, être muni de passeports et de mots de passe pour être reçu dans le paradis, où n'étaient admises que les âmes des hommes et des femmes dans la fleur de l'âge ; celles des vieillards se rendaient dans un lieu où le sommeil était éternel et celles des enfants s'incorporaient de nouveau pour avoir la chance de parvenir à l'âge des guerriers. Les Algonquins enterraient les enfants sur les bords des routes pour que leurs petites âmes pussent pénétrer dans le sein des femmes qui viendraient à passer et renaître.

Dès que la croyance en la demeure posthume fut bien établie, on s'empressa de faire disparaître le cadavre, afin que l'âme perdît sa résidence corporelle ; au lieu de l'enterrer, comme c'était la coutume, on le brûlait. On apprit au trépassé à hâter les cérémonies funéraires, afin de perdre toute raison de séjourner parmi les vivants : l'âme de Patrocle apparaît la nuit à son ami Achille pour réclamer de promptes funérailles, « la chose la plus agréable aux morts ». Les esprits revivant dans l'autre monde la vie terrestre, ils devaient par conséquent avoir des animaux et des objets dont ils s'étaient servis, on immolait sur le bûcher des chevaux, des chiens et parfois des hommes et on brisait des armes et d'autres objets pour que leurs doubles continuassent leurs services aux morts. Ulysse retrouve dans l'Erèbe « d'où on ne revient pas » ses compagnons défunts revêtus de leurs armes : mais guerriers et armures étaient des doubles, des ombres impalpables. Mais l'Hadès du XIe chant de l'Odyssée n'est plus « le séjour des bienheureux », la joyeuse demeure inventée par les sauvages ; les esprits y mènent une vie si lugubre, que le fier Achille, fils d'une déesse, se lamente et voudrait échanger sa royauté sur les morts contre la vie d'un domestique campagnard. Lorsque ce chant fut composé, les Grecs, depuis plusieurs générations vivaient sous le régime patriarcal dont les mœurs ne correspondaient plus à l'idéologie des sauvages.

Les sauvages en inventant l'âme pour expliquer les phénomènes du rêve et ensuite la demeure posthume pour se délivrer des âmes des morts, ont élaboré les éléments idéologiques qui, après avoir servi à fabriquer l'idée de Dieu, devaient être utilisés par la philosophie spiritualiste et la religion chrétienne pour créer l'immortalité de l'âme et le paradis céleste. On ne rencontre dans leur idéologie aucune mention de l'enfer ; Tylor dit que lorsque des sauvages en parlent, c'est qu'ils sont entrés en contact avec les chrétiens qui leur en ont suggéré l'idée. Cependant dans leur paradis il existe des distinctions : les Caraïbes disent que dans le pays des bienheureux où les fruits croissent abondamment et où du matin au soir les âmes dansent et banquettent, leurs ennemis, les Arawaks, sont des esclaves et que les Caraïbes lâches vont servir les âmes des Arawaks. L'idée de l'enfer ne commence à se dessiner nettement, du moins dans la mythologie grecque, qu'aux débuts de l'époque patriarcale, quand Zeus « le dieu des pères » devient le souverain de l'Olympe : mais le Tartare « au seuil et aux portes d'airain » n'est que la prison où il enferme et torture ses ennemis personnels, c'est là qu'il enchaîne, loin des rayons du soleil, son père Kronos et les Titans (*Il.*, VIII, 13 et 481).

III

ÉCLIPSE DE L'IDÉE DE L'AME

L'idée de l'âme, qui occupe une place si considérable dans l'idéologie des sauvages et des barbares communistes, a subi une éclipse chez les peuples du bassin méditerranéen, les Egyptiens exceptés, pendant une longue période de leur développement, durant laquelle on continue par habitude routinière à accomplir les cérémonies funéraires, qui n'ayant plus de sens pour ceux qui les célèbrent, se transforment peu à peu ; on cesse d'immoler des victimes sur le bûcher et la loi intervient pour limiter le nombre des objets que l'on ne brûlait plus que par ostentation, puisqu'ils ne devaient être d'aucune utilité au mort qui ne laissait pas après lui une âme. Les Grecs, comme par le passé, continuent à dire au défunt : amuse-toi ! mais la croyance en la survivance de l'âme est morte.

Théognis et les auteurs des Proverbes et de l'Ecclésiaste, ces antiques philosophes du pessimisme bourgeois, recommandent de jouir de l'heure présente, car tout finit à la mort. Le même sort est réservé à l'homme et à la bête, assure le moraliste israélite, « telle qu'est la mort pour l'un, telle est la mort pour l'autre ; ils ont tous les deux le même esprit et l'homme n'a pas d'avantage sur l'animal... qui peut affirmer que le souffle de l'homme monte en haut et que le souffle de l'animal descend en bas... J'ai vu que c'est chose bonne et agréable pour l'homme de manger, et de boire et de jouir du fruit de son travail... c'est là un don de Dieu... Vis joyeusement tous les jours de la vie... Tout ce que tu auras le moyen de faire, fais-le selon ton pouvoir... il n'y a ni occupation, ni discours, ni science, ni sagesse dans le sépulcre où tu cours très vite. » (*Ecclésiaste*, III, 19-21, V, 18-19, IX, 9-10). Le poète mégarien, Théognis, est tout aussi convaincu du sort qui lui est réservé après la mort. « Au sein de la terre, dit-il, je reposerai comme une pierre, sans voix. » La croyance en la vie future était si bien évanouie, que Tyrtée ne sait offrir à ceux qui se sacrifient pour la patrie d'autre immortalité que celle de la gloire ; et que Périclès, dans le célèbre discours, prononcé aux funérailles des premières victimes de la guerre du Péloponèse, ne peut leur promettre que « des louanges immortelles et la plus honorable sépulture ». Déjà dans l'Iliade Zeus n'accorde à son fils Sarpedon, que Patrocle vient de tuer, « qu'un tombeau et un cippe, car cette récompense est due aux morts. » (*Il.*, XVI, 675 et sqq.) (1).

1. L'Iliade, qui est un assemblage de chants populaires composés en des localités et à des époques différentes, relate forcément des mœurs et des croyances différentes: tandis que au chant XVI, Zeus ne promet pas à son fils Sarpedon une vie posthume, l'âme de Patrocle dans le chant XXIII demande à Achille de hâter ses funérailles pour qu'il aille dans l'Hadès, « d'où elle ne reviendra plus quand on lui aura rendu les honneurs du bûcher. »

La croyance en la survivance de l'âme ne reparaît plus après Homère, que chez Pindare, remarque Zeller dans son *Histoire de la Philosophie grecque*. Le même phénomène se constate chez les Romains et les autres nations de la Méditerranée ; les Egyptiens ne font exception à ce fait, que l'on peut considérer comme général pour tous les peuples parvenus à un certain degré de développement, que parce qu'ils avaient conservé la famille matriarcale, même pendant la période historique. Mais l'idée de l'âme que l'on aurait pu croire évanouie à tout jamais du cerveau humain, on la voit renaître sept et six siècles avant Jésus-Christ avec une vie et une force nouvelles, pour devenir le thème favori de la philosophie spiritualiste et la base fondamentale de la morale bourgeoise et de l'idéologie chrétienne.

Les historiens qui ont constaté l'évanouissement et la renaissance de l'idée animique se sont bornés à mentionner ces étranges phénomènes sans essayer de les expliquer et d'en rechercher les causes déterminantes, que d'ailleurs ils n'auraient pu trouver dans les champs explorés par leur pensée, et que l'on ne peut espérer découvrir qu'en appliquant la méthode historique de Marx, qu'en allant les chercher dans le milieu économique : ce n'est qu'en étudiant les transformations de la propriété et du mode de production que l'on a chance de rencontrer les causes qui ont déterminé dans la tête humaine l'évolution de l'idée de l'âme et de celle de son habitat posthume. inventées par les sauvages.

.[.].

La propriété et la production des objets nécessaires à la vie matérielle ont traversé une série de formes qui ont conditionné l'organisation familiale et politique, ainsi que les mœurs, les croyances et les idées qui leur sont propres.

Le communisme a été le berceau social de l'humanité, et c'est à cette première forme d'organisation sociale que correspondent les idées primitives de l'âme et de sa demeure d'outre-tombe. Tant qu'elle persiste les membres d'une *gens* et parfois d'une tribu vivent dans une maison commune et comme ils sont égaux, ils ont tous les mêmes droits sur les biens de la communauté gentile ou tribale : tout au plus remarque-t-on une différence entre les sexes ; l'homme, plus particulièrement chasseur, procure les provisions que la femme est chargée d'administrer, de conserver, de préparer culinairement et de distribuer ; ces importantes fonctions lui assurent une supériorité intellectuelle et sociale. Elle est une providence pour le sauvage insouciant et imprévoyant : elle préside à ses destinées du berceau à la tombe. L'homme élaborant son idéologie avec les événements et les acquisitions intellectuelles de sa vie quotidienne devait donc commencer par déifier la femme. Les Hellènes et les latins préhistoriques plaçaient leurs destinées sous le contrôle de déesses, les Moires et les Parques, Μοιραι, *Parcæ* ; dont les noms signifient en latin, économes et en grec la part qui revient à chacun dans une distribution de vivres et de butin. « Les Moires tiennent le gouvernail de la nécessité... Zeus lui-même ne pourrait pas éviter la destinée.» dit Eschyle dans le *Prométhée* (V, 516-19).

Cette égalité économique entraîne fatalement l'égalité des autres conditions de la vie matérielle et morale : aussi quand le sauvage invente l'âme et sa demeure posthume, il octroie une âme à tous les membres de la tribu, aux femmes comme aux hommes et il ouvre le paradis à toutes les âmes ; cette résidence est commune, comme la maison terrestre ; toutes, sans qu'il soit tenu compte de leurs mérites et démérites, s'y rendent pour continuer joyeusement la vie communiste qu'elles viennent de quitter ; tandis que les hommes courent après le gibier, les femmes confectionnent les vêtements de peau et tiennent le ménage : l'antique déesse italienne Mania, la mère des Manes, c'est-à-dire la mère des esprits des morts, dont l'image placée à la porte des maisons, protégeait contre tout danger, ainsi que la Proserpine grecque régnait sur le royaume des ombres : la femme continuait dans le monde des morts à gouverner la demeure comme dans le monde des vivants. Tant que persiste le communisme primitif de la gens, les idées de la survivance de l'âme et de son bonheur posthume sont vivaces.

Mais lorsque les femmes mariées de la gens, qui vivaient sous le même toit, se séparent et s'établissent chacune dans une maison, la gens qui était la famille

commune se segmente en familles privées, gouver-
nées d'abord par la mère, puis par le père. Chaque
famille est propriétaire de la maison qu'elle habite
et du jardin qui l'entoure ; la terre arable, bien que
demeurant propriété commune n'est plus cultivée
en commun : elle est distribuée tous les ans entre les
familles ; ces distributions annuelles finissent par
tomber en désuétude ; et chaque famille possède
comme propriété privée, le lot qui lui est échu au
dernier partage : tant que durent les partages, les
terres sont alloties aux chefs de familles proportionnellement au nombre de ménages placés sous leur
autorité.

Cette évolution économique, dont je ne donne
qu'un excessivement bref raccourci, ne put se produire sans réagir sur les croyances animiques. La
destruction de la maison commune se refléta dans
l'autre monde, la demeure commune des âmes dispa-
rut. La constitution de la famille patriarcale et le morcellement de la propriété commune en propriétés
privées des familles, amena un autre phénomène
idéologique tout aussi extraordinaire ; tous les membres de la famille, le patriarche excepté, perdirent
leur âme ; lui seul eut le privilège de la conserver,
parce que lui seul était propriétaire. Toute personne
sans propriété fut dépouillée de son âme : les femmes,
qui pendant les premiers temps du patriarcat ne possédaient pas même leur corps, puisqu'elles étaient
achetées et vendues comme du bétail, furent privées
de leur âme ; l'idée que la femme ne possédait pas

d'âme s'enracina si bien dans le monde antique, qu'elle persista pendant des siècles dans le christianisme, qui cependant faisait de l'allocation d'une âme à tous les hommes un de ses plus efficaces moyens de propagande. Les hommes de la famille patriarcale, à l'exception du père, subirent le sort de la femme, ils perdirent leur âme parce qu'ils ne possédaient pas de propriété. Le sauvage, s'il donnait aux hommes et aux bêtes une âme qui croissait et décroissait avec leur corps et s'il s'intéressait à sa destinée posthume, ne s'inquiétait pas de son origine; pour lui on naissait avec une âme, comme avec un cœur et des mains. Maintenant, c'est la propriété de la famille patriarcale, qui octroie à son patriarche une âme, en attendant que la sophistique platonicienne et la religion chrétienne confèrent cet attribut à Dieu. La demeure posthume ayant été supprimée, l'âme du patriarche doit habiter le tombeau familial, placé loin du contact et même de la vue des étrangers, au centre de la maison et près du foyer, dont elle devient la gardienne. Les Grecs et les Romains, pour bien signifier au mort que là était sa demeure, l'appelaient trois fois par son nom en l'y mettant; les Romains ajoutaient la formule sacramentelle : *animam sepulcro condimus*, nous déposons ton âme dans le sépulcre.

Les récits mythologiques permettent de suivre chez les Grecs les principales phases de l'évolution de l'idée animique. L'Olympe, qui fut la demeure commune ouverte à tous les esprits des morts, se ferme dès que Zeus s'en empare, y introduit le patriarcat, en chasse les Titans, Gaia, Kronos et les autres, esprits qui ont défendu l'ordre matriarcal et le réserve exclusivement aux esprits qui ont combattu pour sa cause et qui deviennent les ancêtres des familles patriarcales de la terre. L'île des Bienheureux, située loin de l'Olympe, recueille les esprits des héros et des demi-dieux des cycles Thébains et Troyens, ces demi-dieux, fils des dieux et de mortelles, étaient les premiers ancêtres des familles patriarcales qui par eux se rattachaient aux esprits déifiés de l'Olympe. Tous les membres de la famille patriarcale ne se laissèrent pas dépouiller de leur âme sans résistance, ils continuèrent à se doter d'une âme, comme par le passé, et pour les dégoûter de toute envie de se survivre, on inventa l'Erèbe, où l'on envoyait leurs âmes ; elles étaient si malheureuses dans ce séjour glacial, où ne brillait jamais la lumière du soleil, qu'ils renoncèrent d'eux-mêmes à mener une existence posthume aussi lamentable. Et pour rendre insupportable l'idée du prolongement indéfini de la vie, on racontait que Tithon, à qui Zeus, lors de son mariage avec la déesse Aurore, accorda l'immortalité comme présent de noces, tomba dans un tel état de décrépitude qu'il était un objet de dégoût et que Glaucus qui en se frottant avec une herbe, semée par Kronos, avait acquis une vie illimitée, essaya vainement de se noyer pour échapper aux infirmités de la vieillesse.

On n'accordait une âme au chef de la famille patriarcale que par raison utilitaire. Ceci nécessite explication.

La famille patriarcale n'était pas réduite, comme la famille individualiste de la Bourgeoisie, aux trois éléments indispensables : le père, la mère et les enfants, elle était une collectivité de ménages, car si on se débarrassait des filles en les donnant en mariage, les garçons ne quittaient pas la maison paternelle, mais y introduisaient leurs femmes légitimes et leurs concubines. Le paterfamilias avait donc sous son autorité les familles de ses oncles, frères et fils : tous ces ménages possédaient en commun la maison, un domaine inaliénable et des droits dans les distributions annuelles des terres restées communes à la tribu et à la gens. Il était l'administrateur de tous les biens de la collectivité et il la représentait dans les partages agraires : s'il venait à mourir sans héritier légitime, elle perdait ses droits ; aussi il était tenu de procréer un fils et s'il n'y parvenait pas, la morale patriarcale l'obligeait à divorcer ou à livrer son épouse à un parent, qui de son mieux, le remplaçait auprès d elle ; l'enfant, né de cet adultère, exigé par la morale et la religion, était agréé par les ancêtres et par toute la famille, comme l'héritier légitime ; il était réputé le descendant des Ancêtres. Le veau n'appartient pas au propriétaire du taureau qui a sailli, mais au propriétaire de la vache, dit la formule indienne du code de Manou. Cette nécessité d'avoir un héritier légitime afin de conserver à la collectivité patriarcale ses droits de propriété explique pourquoi

les ancêtres avaient la préoccupation constante que
le paterfamilias vivant eût un fils, « un sauveur du
foyer » dit Eschyle, dans le Choephores, car il est
« le sauveur de l'enfer », c'est-à-dire de la ruine économique, dit Brahma, et c'est le fils qui dans le christianisme est le rédempteur, le sauveur de l'enfer. Lorsque par la suite et grâce à la dot la femme acquit
quelques droits dans la famille elle refusa de se prêter à cet adultère, aussi moral que religieux ; on permit alors au paterfamilias d'adopter un enfant pour
lui succéder ; cette adoption se faisait chez les Romains devant le lit conjugal, comme si l'on voulait
prouver que l'enfant adopté en était le rejeton.

Le patriarche, qui représentait les ancêtres et qui
personnifiait la famille, était le propriétaire titulaire
de ses biens, qu'il ne possédait qu'en viager ; il ne
pouvait ni les distraire, ni les léguer à sa guise : il
était leur administrateur dans l'intérêt de ses membres. Il résumait en sa personne les droits propriétaires de la collectivité familiale, dont il était le maître
absolu ; s'il ne pouvait aliéner ses biens, il avait le
droit de frapper, de vendre en esclavage et de tuer ses
membres. Tous, hommes et femmes, étaient devant
lui sans propriété, sans droits et sans âme : lui seul
possédait une âme, parce que lui seul était propriétaire.

Quand un membre de la famille mourait, on lui
rendait les traditionnels honneurs funéraires ; on brû-(
lait son cadavre d'après les rites habituels ; mais ses
os calcinés, recueillis, lavés avec du vin et déposés

dans une niche, on ne s'en occupait plus. C'était une autre affaire quand le paterfamilias trépassait, on ajoutait son âme à la série des ancêtres, dont on conservait à Rome les masques en cire, qu'on promenait devant le cadavre du défunt et dans les grandes cérémonies publiques : il devenait, ainsi que les patriarches qui l'avaient précédé, une divinité, à qui l'on rendait un culte familial. Vivant, il était le lien qui rattachait la famille aux ancêtres, mort, il devenait un ancêtre ; tandis que les autres membres, parce qu'ils ne possédaient pas d'âmes, mouraient tout entiers et n'étaient l'objet d'aucun culte ; ils étaient des « hommes mortels », comme Hésiode et Eschyle les appellent.

Mais une âme n'était octroyée au paterfamilias que pour que vivant et mort il fût au service de la propriété familiale : vivant, il devait l'administrer dans l'intérêt de la famille, mort, il devait s'intéresser à sa gestion.

La concession d'une âme au patriarche avait été imposée par des nécessités majeures. Il n'avait pas été chose commode aux débuts de la famille patriarcale de faire accepter l'autorité du Père à des femmes et à des hommes qui sortaient du communisme de la gens, où régnait l'égalité. L'histoire de Zeus, telle qu'elle est rapportée par l'*Iliade*, les poèmes d'Hésiode et le *Prométhée* d'Eschyle, donnent une idée des difficultés que les Pères terrestres eurent à vaincre pour gouverner la famille. Les dieux sont des Pères de amille, dont les descendants vivent sur terre, mais.

dans l'Olympe, ils sont les fils de Zeús, que l'*Iliade* et le *Promélhée* d'Eschyle nomment le Père, parce qu'ils sont soumis à son despotisme patriarcal. Il ne put établir son autorité que par la force ; il avait deux serviteurs aux côtés de son siège, la Force et la Violence, toujours prêts à lui obéir, dit l'Hymne à Zeus de Callimaque, ce sont eux qu'il dépêche avec Héphæstos pour enchaîner Prométhée. Il dut se servir de ses poings et « suer beaucoup » pour réduire Poséidon (*Il.*, XV, 227) et il ne parvint à faire régner la paix qu'en partageant l'héritage de Kronos avec ses deux frères et qu'en soumettant à d'ignominieux châtiments Hera, sa sœur et son épouse. De semblables querelles et luttes devaient éclater sur terre à chaque ouverture de testament : les filles du défunt refusaient de se soumettre à l'autorité de leurs frères, et ceux-ci se disputaient et se battaient pour savoir qui commanderait ; il est probable qu'au début les garçons se partagèrent les biens, et que chacun d'eux établit une famille indépendante, comme le firent Zeus, Poséidon et Hadès ; ou bien qu'ils se succédèrent à tour de rôle dans le gouvernement de la famille, comme Etéocle et Polynice : le partage égalitaire des biens entre les enfants mâles a dû précéder le droit d'aînesse ; les deux modes de succession se rencontrent dans le code de Manou. Mais quand le droit d'aînesse fut entré dans les mœurs, l'autorité du nouveau paterfamilias, dans certains pays il était le plus jeune fils, ne put s'exercer sur ses oncles, ses frères et leurs femmes et enfants, qu'en utilisant leurs idées superstitieuses, qu'en le sacrant le délégué du défunt, lequel du fond de son tombeau lui donnait des conseils et des ordres; quand ils lui obéissaient, ils ne faisaient que se soumettre aux volontés de l'âme du mort, qui au lieu de partir pour l'île des Bienheureux, résidait à perpétuité dans le sépulcre familial : ceci explique pourquoi on s'empressa de fermer l'accès des Iles Fortunées, une fois qu'on y eut expédié les âmes des demi-dieux et des héros de la guerre de Thèbes et de Troie; on avait trop besoin des âmes des Pères morts afin de gouverner la famille, pour les autoriser à se payer une vie posthume dans ce lieu de délices; et c'est pour leur enlever toute velléité d'abandonner le tombeau, situé près du foyer dont elles étaient les gardiennes, que la mythologie grecque peignit avec de si lugubres couleurs la vie des âmes dans le sombre et glacial Hadès.

L'âme des morts, qui inspirait tant de frayeurs aux sauvages, devint une divinité tutélaire pour les hommes de la période patriarcale : ils la logaient au centre de la maison, afin qu'elle protégeât la famille, gérât ses biens et donnât des conseils au Père qui lui succédait et qui ne prenait aucune résolution importante sans consulter les ancêtres. Ceux-ci dévouaient toute leur énergie posthume aux seuls intérêts de la collectivité familiale, laquelle lui rendait un culte absolument privé, auquel nul étranger ne pouvait assister; on ne permettait aux femmes mariées et aux esclaves de prendre part à ces cérémonies, qu'après avoir passé par les rites de l'adoption. Le caractère jaloux et égoïste de la propriété privée se révèle tout entier dans le culte des ancêtres, que Fustel de Coulanges dépeint si sentimental.

Les âmes des sauvages continuaient leur existence terrestre dans la demeure d'outre-tombe ; elles pourvoyaient elles-mêmes à leurs besoins ; elles chassaient, pêchaient, cueillaient les fruits et confectionnaient leurs armes et vêtements. Les choses se passent autrement, maintenant que le paradis posthume a été supprimé et que l'âme doit séjourner dans le tombeau familial : les parents doivent se charger de sa nourriture et de son entretien. Les morts ne tracassent plus les vivants ; ils sont au contraire tourmentés par l'idée que les vivants pourraient cesser de leur donner des aliments. L'Hindou croyait qu'ils répétaient sans cesse : « Puisse-t-il naître toujours des fils dans notre lignée, qui nous apportent le riz, le lait et le miel. » Les Grecs et les Romains, que raille le sceptique Lucien, pensaient de même. « Les morts, dit-il, se nourrissent des libations et des offrandes, que nous faisons sur leurs tombeaux, de sorte qu'un mort qui n'a laissé sur terre, ni parents, ni amis, est réduit à ne point manger et est condamné à une faim perpétuelle. » (*De luctu*). L'évêque Manichéen Faustus, reprochait aux chrétiens de se conduire en païens et « d'apaiser les mânes des morts avec du vin et des viandes ». Saint Augustin, qui lui répond, reconnaît qu'en effet les fidèles apportaient des victuailles sur les tombes des martyrs ;

mais, il ajoute, qu'ils les mangeaient sur place ou les distribuaient aux pauvres (1).

On dut modifier l'idéologie léguée par les sauvages et chercher une autre explication des songes. Le sauvage croyait que c'était l'âme d'un vivant ou d'un mort qui paraissait en rêve ; ce ne pouvait plus être le cas, puisque à l'exception du paterfamilias, aucune autre personne vivante ou morte n'avait d'âme. On supposa que les personnages qui visitaient le dormeur, étaient de vaines images envoyées par les dieux. Cette explication se rencontre déjà dans l'Iliade, quoique les hellènes homériques n'étaient entrés dans la période patriarcale que depuis quelques générations ; en effet quand les guerriers s'arrêtent de combattre pour énumérer leurs généalogies, ils arrivent après trois ou quatre ancêtres humains, à un dieu, c'est-à-

1. La croyance que l'on devait nourrir les morts a été générale ; il est étrange, de constater, qu'elle persista en France jusqu'au XVIIᵉ siècle. Ricasoli, l'ambassadeur italien auprès de François Iᵉʳ, écrit : « Bien que le roi soit mort, on lui sert matin et soir son plat ordinaire. Cela durera jusqu'à ce qu'il sera enterré. Autour de la table se tiennent le cardinal Tournon, l'Amiral et les autres personnages qui s'y tenaient de son vivant. On lui fait créance comme s'il existait encore ; c'est-à-dire que les officiers de bouche essayent les mets et les boissons, puis on donne tout, pour Dieu, aux pauvres. » (Lettre du 13 mai 1547. *Fonds Medicis.* Cité par le *Petit Temps*, 15 juillet 1894). Tylor rapporte que Saint-Foix, qui vivait sous Louis XIV raconte dans ses *Essais historiques sur Paris*, que pendant les quarante jours qui suivirent la mort du roi on mettait la table devant son image de cire, que l'évêque bénissait les aliments et disait les grâces avant et après les repas.

dire à un père inconnu, comme c'était le cas lorsque la filiation se faisait par la mère. Un spectre ressemblant à Nestor, sur l'ordre de Zeus apparut à Agamemnon endormi, pour l'engager à livrer bataille (*Il.*, II). Athéna pour rassurer Pénélope sur le sort de Télémaque, lui dépêcha un fantôme, ayant l'apparence de sa sœur ; « son cœur s'épanouit de joie, car le songe était facile à interpréter. » (*Od.*, IV). Le rêve, au lieu d'être un phénomène physiologique, ainsi que le pensait confusément le sauvage, devient une communication de la divinité, dont il fallait deviner la signification : son interprétation acquit une telle importance, que le Prométhée d'Eschyle se glorifie d'avoir enseigné aux mortels à expliquer les songes et qu'elle donna naissance à une innombrable classe d'exploiteurs de la bêtise humaine, faisant métier de déchiffrer les rêves et de prédire la destinée.

Le sauvage avait élaboré son système idéologique en prenant pour point de départ une explication erronée du rêve : l'homme possède un double impondérable, qui agit pendant qu'il dort et qui lui survit ; l'âme, quoique le cadavre soit enterré sous des monticules de terre et de pierres, sort de son tombeau pour tracasser les vivants ; afin d'empêcher qu'elle vienne le tourmenter, le sauvage la relègue dans des lieux peu fréquentés, cavernes, sommets de montagnes, îles aux confins de la terre, etc… et afin qu'elle perde toute envie de retour, il aménage de son mieux cette demeure posthume, pour que le mort continue joyeusement sa vie terrestre ; quand les âmes eurent pris l'habitude de s'y rendre de leur propre mouvement, il utilise cet empressement comme moyen de moralisation ; le courage et l'endurance à la douleur étant des qualités de première nécessité, il sème la route d'obstacles et de dangers, que les guerriers morts sur les champs de bataille ou dans les supplices franchissent aisément grâce à des divinités, tandis que ceux qui meurent de maladie ne peuvent les éviter et les surmonter qu'à l'aide d'amulettes, de mots de passe et de formules d'incantation.

L'idéologie sauvage se transforma au fur et à mesure que son milieu social évoluait : dès que les membres de la gens cessent d'habiter une maison commune et que chacune des familles qui la composent se construit une maison privée, la demeure posthume, commune à toutes les âmes, s'évanouit graduellement de l'imagination des hommes. Mais avant de disparaître elle avait atteint son but, les morts ne tracassaient plus les vivants ; si comme Patrocle, ils apparaissaient à leurs amis et parents, c'était pour demander qu'on hâtât les funérailles afin qu'ils pussent y être admis et pour promettre de ne plus revenir. La peur des morts s'était si bien dissipée que les hommes de la famille patriarcale purent supprimer la demeure d'outre-tombe, avant même d'avoir dépossédé ses membres de leurs âmes. Ils ne permirent au patriarche d'en conserver une, que pour qu'elle rendît des services : au lieu de l'autoriser à aller mener une vie bienheureuse dans l'île Fortunée, les

Champs-Elysées ou tout autre paradis posthume, ils l'emprisonnèrent dans le tombeau familial, où sa seule joie était de s'intéresser à la propriété de la famille et sa constante préoccupation était de souhaiter qu'il y eut toujours des fils dans sa lignée pour lui apporter des aliments.

L'idéologie patriarcale devait à son tour se transformer au fur et à mesure que son milieu social évoluait. Après que les ménages réunis sous l'autorité du paterfamilias se dissocièrent et partagèrent le domaine inaliénable de la famille, l'idée de l'âme renaquit.

IV

RENAISSANCE DE L'IDÉE DE L'AME

Sept à six siècles avant l'ère chrétienne des cultes mystérieux apparaissent dans les villes de l'Ionie et de la Grèce : Mystères des Cabires, des Corybantes, de Cybèle, de la Mère des dieux, d'Astarté, de Demeter, de Despoina, de Dionysos Zagreus, etc., dont les cérémonies aux clameurs sauvages, aux scènes de deuil, aux lamentations sur l'enlèvement d'une jeune déesse ou sur la mort d'une victime expiatoire divine, étaient suivies de bruyantes et délirantes manifestations de joie et parfois de licencieuses orgies : aux Bacchanales, les femmes échevelées, vêtues de peaux de bêtes comme les sauvages, dévoraient les chairs palpitantes de la victime expiatoire, qu'un faon ou un chevreau représentait : l'agneau pascal chez les Israélites tenait lieu de la victime humaine, qu'on ne sacrifiait plus. Ces cultes se produisaient ouvertement dans l'Attique au temps de la guerre du Péloponèse ; poètes, philosophes et historiens en parlent ; ils s'introduisirent à Rome ; le Sénat en l'an 186 avant Jésus-Christ, ordonna leur suppression et exerça des poursuites contre leurs initiés, dont le nombre au dire de Pline dépassait sept mille ; et parmi eux on trouva des matrones appartenant aux plus illustres familles de la République ; ils avaient également pénétré en Judée, Ezéchiel qui prophétisait quelques six siècles avant le Christ. « transporté par la main du Seigneur » vit à l'entrée du temple de Jérusalem « des abominations... des femmes qui pleuraient Thammuz » tandis que les hommes se lacéraient le visage. Saint Jérôme, qui entreprit la revision de la traduction de l'Ancien Testament par les Septante, identifie Thammuz avec Adonis, la victime expiatoire d'un de ces cultes mystérieux. Jérémie rapporte la colère de l'Eternel « contre les femmes qui dans les villes de Judée et dans les rues de Jérusalem... font des encensements et des libations à la Reine des cieux..., qui pétrissent la pâte pour lui faire des gâteaux, tandis que les enfants ramassent le bois et que les pères allument du feu ». (*Jérémie*, VII, 17-18, XLIV, 18).

Ces cultes mystérieux, qui ressuscitaient des religions antérieures au patriarcat, étaient partout une protestation contre les religions officielles : les Grecs les toléraient en faisant des compromis, mais le Sénat romain et le juif Iawhé les persécutaient. Tertulien, pour exposer l'impuissance de Jupiter, rappelle que les consuls Pison et Gabinius avaient interdit « l'entrée du Capitole, ce palais des Dieux à Isis, Sérapis, et Harpocrate... afin d'arrêter les désordres que de vaines et infâmes superstitions autorisaient, que les Romains ont réintégré ; ils ont nationalisé Sérapis et ses autels, Bacchus et ses fureurs ». (*Apol.*, § IV.) Mais Iawhé avait été tout aussi impuissant ; Thammuz, la victime expiatoire du Mystère d'Aphrodite, dont les femmes de Jérusalem pleuraient la mort et célébraient la résurrection, revivait dans Christ, la victime expiatoire de la religion chrétienne, qui se substitua au culte du patriarcal Iawhé.

Ces cultes mystérieux, qui reproduisaient des mœurs préhistoriques et qui réveillaient des idées et des légendes, oubliées depuis des générations, étaient en si ouverte opposition avec les coutumes et les opinions de l'époque où ils renaissaient, que les savants de l'antiquité et des temps modernes les ont déclarés des importations étrangères : pour les uns ils viennent d'Egypte, pour les autres de Thrace ; d'autres cependant admettent qu'ils pourraient être d'anciennes religions pelasgiques, proscrites par les conquérants de l'Hellade, qui avaient continué à subsister dans le mystère, à côté de la religion des vainqueurs ; c'est ainsi que de nos jours les Peaux-Rouges christianisés du Mexique adorent en secret leurs antiques divinités.

Le sexe des divinités de ces cultes mérite d'attirer l'attention : c'est presque toujours une déesse qu'on adore ; si à ses côtés on aperçoit un dieu, il lui est subordonné. Quand un dieu figure auprès de la Déesse de ces cultes mystérieux il est au second plan et pour être toléré il doit prendre les caractères du sexe féminin: les hymnes orphiques donnent à Dionysos et à Adonis les deux sexes ; on possède des médailles d'Asie mineure qui représentent Zeus avec de volumineuses mamelles et des chaînes au poignet. Quelle dégradation du Zeus de l'iliade !

L'origine de ces déesses était inconnue, on les disait « nées d'elles-mêmes » ; tandis que les dieux officiels de l'Olympe étaient nés de père et mère connus, et ils avaient grandi et vécu sur terre comme de simples mortels : les chrétiens des premiers siècles les raillaient de cette origine terrestre, sans songer que Jésus, lui aussi était né et avait vécu sur terre. Demeter, la Terre-mère, la Mère des dieux, la Mère de tout comme l'appelle Eschyle était la déesse d'un de ces cultes mystérieux pratiqué dans les villes d'Ionie, des Cyclades, de la Grande Grèce, (Milet, Ephèse, Abdère, Paros, Amorgos, Delos, Mytilene, etc.), qui atteignit l'apogée de sa célébrité à Eleusis, petite bourgade de l'Attique, située à seize kilomètres d'Athènes. D'après une tradition que rapporte Pausanias (I § 38), les habitants d'Eleusis avaient dû dans les temps préhistoriques défendre par les armes contre Erecthée, le basileus des Athéniens, le culte de Demeter que proscrivaient les héros patriarcaux, adorateurs de Zeus. Les hommes étaient exclus des cérémonies, que dirigeait une prêtresse, qui seule pouvait faire des sacrifices et des initiées ; elle conserva ce pouvoir après qu'on lui eut adjoint un hiérophante. Les femmes seules prenaient part aux Thesmophories ; elles s'y préparaient plusieurs jours à l'avance par des purifications et l'abstention de tout rapprochement sexuel ; pour se purifier des souillures masculines elles s'asseyaient et se couchaient sur certaines plantes, parmi lesquelles, Hesychius mentionne le daphné et l'ail. Le deuxième jour, elles marchaient pieds nus derrière le char qui partait d'Athènes et portait à Eleusis les symboles mystiques. On ajouta plus tard de nouvelles cérémonies, admettant les hommes.

Ces renaissantes religions, qui avaient pour divinité supérieure une Déesse, appartenaient à l'époque pré-patriarcale, alors que la femme et l'homme vivaient sur le pied d'égalité. La séparation des sexes que les sauvages avaient dû introduire dans leurs communautés dans un but de moralité, maintenue et accentuée par la spécialisation des fonctions, avait abouti à un antagonisme des sexes, qui parfois donnait lieu à des luttes à mains armées et qui se manifestait par des langages, des divinités et des religions distinctes. Chaque sexe avait son culte secret ; l'imprudent qui assistait aux cérémonies d'un culte qui n'était pas celui de son sexe, risquait d'être mis à mort, s'il venait à être découvert comme le fut, d'après la légende mythologique, Penthée, qui s'était caché

sur un arbre pour surprendre les cérémonies diony-
siaques des femmes de Thèbes sur le mont Parnasse,
Les religions féminines, proscrites après l'établissement du patriarcat, tombèrent en désuétude ou ne
furent conservées que dans le plus grand mystère,
par des femmes, vivant en dehors des familles patriarcales : aussi l'Iliade qui raconte les prouesses des héros
patriarcaux ne les mentionne pas, il ne place pas Demeter, la grande Déesse féminine parmi les dieux et s'il
y range Héra et Athéna, il a soin de spécifier qu'elles
se sont soumises à l'autorité de Zeus, le patriarche
de l'Olympe. Les religions à divinités féminines, dont
les historiens signalent la renaissance dans les villes
commerciales et industrielles d'Ionie, n'étaient pas les
religions d'une race vaincue, mais celles d'un sexe
asservi : si des mythographes leur ont trouvé des analogies avec celles d'Egypte et de Thrace, c'est que
dans ces deux pays les mœurs de l'époque matriarcale
subsistaient encore au moment de leur réapparition.

Leur renaissance pose un problème historique
d'une importance capitale, dont ne se préoccupent
pas les historiens et les philosophes, qui ne sont intéressés que par les personnages historiques et les événements politiques. Pourquoi ces religions des temps
sauvages réapparaissaient-elles précisément dans
les villes les plus développées d'Ionie, ces premiers
berceaux des sciences, de la philosophie, des arts et de
la poésie lyrique, la poésie individualiste par excellence, qui succéda à la poésie épique tombée en désuétude, dont les poèmes étaient des compendium des

connaissances historiques, religieuses et pratiques, utiles aux hommes de l'époque héroïque? (1).

Les villes, où ces phénomènes idéologiques se produisaient étaient commerciales et industrielles, et c'est parce que le commerce et l'industrie y florissaient que les premières, elles avaient introduit l'usage des monnaies légales, ayant un poids et un titre garantis (2) et que de sanglantes et de continuelles luttes pour la possession du pouvoir et de la propriété les déchiraient. On ne peut comprendre les troubles qu'engendraient la production et l'échange des marchandises, que si l'on se fait une idée de l'organisation de la cité antique.

Lorsque les barbares s'établissaient dans un pays, ils chassaient, massacraient ou asservissaient les indi-

1. M. Victor Bérard a récemment démontré dans *les Phéniciens et l'Odyssée*, 1902, que le poème homérique fourmille de renseignements utiles aux pirates et aux caboteurs méditerranéens ; ils sont si exacts qu'ils figurent presque mot pour mot dans les instructions nautiques des marins modernes.

2. Les plus anciennes monnaies que l'on possède datent du vii⁰ siècle. Les premières monnaies d'or et d'argent ont été frappées par le roi de Lydie et au type de la tortue, dans l'île d'Egine. Les Grecs de Milet, d'Éphèse et de Phocée s'emparèrent de cette innovation et frappèrent des pièces d'or et d'électrum. On se servait auparavant, comme moyen d'échange, de poudres, de morceaux irréguliers en barre, anneau, et plaques de bronze, d'argent, d'or et d'électrum, qui était un alliage d'or et d'argent. On trouve dans les villes d'Egypte et d'Asie antérieure des inscriptions faisant mention de ces lingots, ayant un poids exact et fixe.

gènes et prenaient possession du territoire, qu'ils allotissaient entre les familles, dont les chefs formaient le conseil des anciens, chargé d'administrer la cité. Les étrangers n'avaient pas droit d'y séjourner à moins d'exercer un métier ; ils logeaient aux extrémités de la ville dans des maisons dont ils ne pouvaient devenir les propriétaires, même si depuis des générations ils y travaillaient et trafiquaient. La terre ne pouvait être possédée que par les familles fondatrices de la cité, car sa possession donnait des droits politiques ; les étrangers (artisans, industriels et négociants) n'étant pas propriétaires fonciers restaient toujours des étrangers, sans droits politiques : l'étranger, qui se faisait inscrire sur la liste des citoyens, ayant des droits politiques, s'il venait à être découvert, était vendu comme esclave à Athènes du temps de Périclès : quel que fussent leur nombre et leurs richesses ils étaient privés des droits politiques même dans les villes devenues commerciales et industrielles. Plutarque rapporte qu'à Epidaure, ville des plus prospères, le corps tout entier des citoyens ne se composa pendant longtemps que de 180 individus (*Quest. Grecs*, 1) ; à Héraclée il était encore moins nombreux, dit Aristote.

Les familles qui possédaient le territoire et qui gouvernaient la cité, constituaient une classe aristocratique ; elles produisaient sur leurs terres tout ce dont avaient besoin leurs membres, à l'exception des quelques objets manufacturés par les artisans étrangers ou procurés par le brigandage, la grande occu-

pation des héros patriarcaux : l'expédition des Argonautes et la guerre de Troie furent des entreprises de
pillage. La richesse d'une cité la désignait à la convoitise des héros. Schlieman a trouvé dans les fouilles
pratiquées à Troie, les traces superposées de trois incendies, celle dont parle l'*Odyssée*, serait la deuxième.

Les étrangers étaient exclus des cultes officiels rendus aux divinités protectrices de la cité : l'exclusivisme est une des caractéristiques de l'époque patriarcale ; chaque famille, ainsi que chaque ville, avaient
ses dieux et ses cérémonies religieuses particulières.
Les artisans d'Athènes, au temps de sa plus grande
prospérité, n'avaient qu'un petit temple sur l'Acropole, à l'ouest du Parthénon, dédié à Αθηνα εργάνη,
Athéna l'artisane: si on permit aux étrangers de figurer aux Panathénées, aux processions desquelles prenait part toute la population Athénienne, ils y occupaient un rang inférieur ; leurs filles abritaient avec
des parasols les filles des citoyens, portant des figues
d'or dans des paniers, leurs femmes charriaient des
cruches d'eau, tandis que les hommes tenaient des
petits navires, qui probablement étaient des réductions de ceux qu'ils devaient entretenir et armer de
leurs deniers.

L'étranger étant l'ennemi dans l'antiquité, les artisans, les industriels et les négociants étaient traités
en ennemis; il leur était interdit, ainsi qu'aux esclaves, de porter des armes. Les familles aristocratiques
se réservaient la défense de la cité comme un privilège; mais en manière de compensation dès que les

plébéiens de la boutique et de l'ateliér s'enrichissaient
ils étaient accablés d'impôts pour défrayer les dépenses de la flotte, de l'armée, des fêtes publiques et de
l'entretien dans l'oisiveté des citoyens pauvres.

Tandis que dans les cités, qui devenaient des centres d'activité industrielle et commerciale, les étrangers croissaient en nombre et en richesses et formaient une puissante classe démocratique, capable
d'engager la lutte politique pour le partage du pouvoir, la classe aristocratique au contraire, décimée par
la guerre et déchirée par des querelles intestines, s'af-
faiblissait et s'appauvrissait.

Les ménages, qui avaient vécu sous l'autorité du
paterfamilias, s'étaient dissociés et avaient morcelé le
domaine inaliénable de la famille patriarcale, afin de
donner à chacun d'eux un lot de terre : ce parcelle-
ment, qui abolissait l'inaliénabilité des biens fonds,
eut pour conséquence la concentration des terres
entre les mains de quelques « familles hautaines et
arrogantes », contre lesquelles le lawhé juif fulmine
sa colère démagogique, parce que « elles ont joint
les maisons aux maisons et les champs aux champs,
de sorte que leurs membres restent les seuls habitants du pays. » (*Isaïe*, V. 8.) Les expropriés, bien
qu'appartenant à l'aristocratie, perdaient leurs droits
de citoyens en perdant leurs terres. Ils formaient une
plèbe famélique et turbulente, pour qui le travail
était une dégradation. L'Etat était obligé de les entretenir : il leur donnait des salaires civiques pour
assister aux assemblées où se traitaient les affaires

publiques et où se jugeaient les procès privés ; cette coutume, d'après Aristote, était générale dans tous les états démocratiques. On leur distribuait fréquemment des vivres et de l'argent, on leur abandonnait les chairs des animaux sacrifiés sur les autels des Dieux, on leur organisait des repas publics aux frais des riches. Cette turbulente multitude d'aristocrates pauvres s'alliait aux plébéiens de la boutique et de l'atelier pour renverser le gouvernement aristocratique et le remplacer par la démocratie. Quand le succès couronnait la révolte, les démocrates abolissaient les dettes, dépossédaient les riches, exilaient ceux qu'on n'avait pas tués, se partageaient leurs biens et élisaient un tyran pour défendre et conserver le terrain conquis : celui-ci encourageait l'industrie et le commerce afin de satisfaire les bourgeois et afin de se procurer des ressources pour nourrir les citoyens pauvres ; Périclès était arrivé à leur donner de l'argent pour aller au théâtre. Mais les aristocrates vaincus et chassés, s'alliant avec les ennemis de la cité, revenaient de l'exil et avec leur concours renversaient le tyran, massacraient les chefs démocratiques et restauraient le gouvernement oligarchique. La guerre civile ne tardait pas à recommencer, car il n'était pas possible d'exiler les pauvres, les artisans, les industriels et les négociants (1).

1. La Révolution française, qui fût une lutte de classes, entre démocrates et aristocrates, a répété sur une scène, agrandie aux proportions d'une nation, les péripéties des luttes civiles des cités antiques : les cadets des familles

Néanmoins c'est au milieu de ces événements économiques et des luttes politiques qu'ils engendraient que grandissaient dans les villes industrielles et commerciales la science, la philosophie, la poésie et les arts et que germaient et fermentaient les éléments d'une religion démocratique, qui après des siècles d'élaboration devait remplacer les cultes officiels du paganisme aristocratique. Les historiens qui ignorent ou qui n'attachent que peu d'importance à ces phénomènes économiques et à ces troubles politiques ont été incapables de se rendre compte de la décomposition de la société antique, de la substitution de la sophistique de Socrate et de Platon à la primitive philosophie de la nature, de la fin du paganisme et de l'avènement du christianisme. Ces considérables événements historiques leur sont incompréhensibles ; ils n'essaient pas d'en rechercher les causes et quand ils le font, ils ne butent que sur des causes futiles et des explications qui n'expliquent rien. Ainsi les uns répètent après les premiers chrétiens que la ruine du paganisme et la naissance et le triomphe du christianisme sont l'œuvre de Dieu ; d'autres, qui se piquent de philosophie rationaliste, attribuent l'origine du

nobles firent cause commune avec les bourgeois pour renverser le gouvernement aristocratique, déposséder la noblesse et l'Eglise et se partager leurs biens ; les révolutionnaires se mirent sous la protection d'un tyran, Bonaparte, pour conserver les biens volés et le pouvoir conquis, tandis que les nobles s'alliaient avec l'ennemi étranger pour reconquérir leurs biens et leurs privilèges. La Révolution anglaise avait également passé par les mêmes phases.

christianisme au monothéisme des juifs, qui n'ont jamais été monothéistes quoique n'adorant pas les Dieux de leurs ennemis, ils croyaient aussi fermement à leur existence qu'à celle de leur Iawhé; et puis c'est diminuer considérablement le caractère du christianisme que de n'y voir qu'une religion monothéiste, ce qui d'ailleurs est inexact puisque trois dieux distincts forment sa trinité divine.

Artistes, poètes et philosophes prenaient parti dans les guerres civiles des cités antiques. La poésie gnomique, lyrique et dramatique de la Grèce en est toute imprégnée et la philosophie porte leurs stigmates. Tout naît de la discorde; — la guerre est la mère et la souveraine des choses, disait Heraclite : l'amour et la haine sont les forces motrices qui ont organisé le chaos, déclarait Empédocle. La spirituelle et paradoxale critique des sophistes, qui mettait tout en discussions et qui ruinait les notions les mieux établies, était le reflet dans l'intelligence des troubles que les transformations économiques engendraient dans les positions sociales et les relations des classes et des hommes. C'est dans ce tohu-bohu d'événements économiques et de crises politiques, qui bouleversaient institutions familiales et sociales, mœurs privées et publiques, que l'homme retrouva dans les décombres de la famille patriarcale l'âme dont il avait été dépossédé depuis sa sortie du communisme de la gens. Voici comment il fit la trouvaille :

Quand les ménages réunis sous l'autorité du patriarche se dissocièrent, la famille se trouva réduite à son strict minimum bourgeois, le père, la mère et les enfants : naturellement chaque *paterfamilias* de cette famille au petit pied voulut ressembler en tous points au chef de la famille patriarcale dont il venait de secouer le joug et posséder ainsi que lui une âme qui lui survivrait, et comme chaque garçon était destiné à devenir à son tour un père de famille, il fut pourvu d'une âme dès sa naissance ; de la sorte tous les hommes furent dotés d'âmes immortelles.

Les étrangers (artisans, industriels et négociants) qui peuplaient les villes, où se produisaient ces révolutions, n'avaient pu organiser leur famille sur le plan patriarcal, parce que n'ayant pas le droit de devenir propriétaires fonciers, ils ne purent acquérir le domaine inaliénable, sur lequel reposait la famille patriarcale ; il est plus que probable que parmi eux l'idée animique des sauvages ne s'était jamais éteinte et qu'ils conservaient par tradition orale les légendes et les souvenirs de l'époque primitive. Ce qui donne du poids à cette hypothèse, c'est que l'idée animique renaquit d'abord dans les villes qu'ils peuplaient de leur nombre et troublaient de leurs luttes et que Hésiode rapporte une théogonie différente de celle de l'Iliade. Or Hésiode, lui-même l'apprend, était fils d'un étranger, venu pour raison de négoce de Cumes à Askra, ville de Béotie, où il ne possédait pas les droits de citoyen ; à la mort de son père il partage son bien avec son frère Persée : ce seul fait prouve qu'il ne vivait pas sous le régime de la famille patriarcale, qui n'admettait pas de tels partages, il eut des démêlés avec les aristocrates et dut se retirer, pense-t-on, à Orchonomène, où il mourut. Les Spartiates le tenaient en petite d'estime et l'appelaient le poète des artisans, dont il reproduisait les traditions religieuses et non celles des héros patriarcaux, comme le fait l'Iliade. Il est le premier poète qui parle d'âmes sans domiciles, qui au nombre de trente mille vagabondent sur terre, comme du temps des sauvages. « Elles sont vêtues d'air..., elles sont les gardiennes des mortels, surveillent les procès, et les actions mauvaises..., elles sont les distributrices des richesses ». Ces fonctions les faisaient protectrices des artisans et des négociants.

Plusieurs de ces cultes renaissants (Mystères des Cabires, des Corybantes, des Dactyles idéens, etc.), étaient des religions d'artisans et de matelots ; leurs divinités avaient des relations avec le travail des métaux et la fabrication de certains instruments. Les Cabires qui, d'après Pausanias, étaient appelés les grands dieux, Θεοὶ μεγάλοι, reconnaissaient pour père et maître Hephœstos, le dieu forgeron, serrurier, armurier et ébéniste, que Zeus et les dieux patriarcaux durent admettre dans l'Olympe, comme les patriarches terrestres toléraient les artisans dans leurs bourgades à cause des services qu'ils rendaient. Ils portaient à Lemnos le nom de Tenailles, Καρκίνοι ; ils étaient représentés ainsi que Hephœstos avec le bonnet pointu et la tunique des artisans, courte, sans manches, fendue du côté droit pour laisser l'épaule nue : l'un d'eux se nommait Kadmos et pas.

sait pour l'inventeur des lettres phéniciennes et des anciennes lettres grecques, dites Kadméenes. Ils étaient, d'après Strabon, adorés dans la Troade depuis la plus haute antiquité ; les Phéniciens plaçaient leurs images à la proue des navires. Leur culte se répandit dans le monde antique ; dernièrement on a découvert des amulettes cabiriques en Suisse et en Irlande. Les artisans exclus des religions officielles avaient été obligés de se créer des divinités à leur usage et en rapport avec leurs occupations et leurs mœurs (1). Les Cabires et les Telchines avaient une forte ressemblance avec les esprits des sauvages : ils commandaient aux éléments, faisaient pleuvoir, soufflaient et apaisaient la tempête, protégeaient les moissons et les troupeaux, etc. ; l'initié cabirique portait au cou une amulette qui le protégeait contre les dangers, spécialement contre ceux de la mer : le scapulaire chrétien est une survivance cabirique. Les Mystères des Cabires n'étaient ouverts qu'aux hommes ; ils finirent cependant par admettre parmi leurs initiés des femmes et des enfants.

Ces religions d'artisans et de négociants méprisés, opprimés et sans droits politiques, végétaient dans l'ombre ; elles étaient en outre portées à s'entourer

1. Les artisans du moyen âge, acceptés par la religion chrétienne, l'avaient accommodée aux besoins de leurs organisations de métier. La Faculté de théologie de Paris, en 1609, condamnait comme sacrilège les rites compagnonniques des selliers, cordonniers, tailleurs, chapeliers et coutelliers, parce qu'ils parodiaient les cérémonies sacrées du Catholicisme lors de l'initiation des compagnons.

de rites mystérieux, parce que jusqu'à l'époque de la grande industrie mécanique, les métiers furent des mystères, dont les pratiques étaient des secrets professionnels, jalousement cachés au profane et révélés seulement à l'initié, à qui leur connaissance permettait de réaliser des œuvres qu'il lui aurait été autrement impossible d'exécuter. Les métiers de l'industrie artisane, où l'habileté manuelle et le savoir-faire jouent un rôle prépondérant, ont contribué à renforcer la propension de l'esprit humain au mysticisme religieux (1).

Si les religions secrètes des artisans, marins et négociants et si les Mystères à divinités féminines se différenciaient sur nombre de points importants, ils avaient tous un dogme commun, qui ne se rencontrait pas dans la théologie des religions officielles du paganisme : ils reconnaissaient que tous les hommes avaient une âme qui survivait après la mort de l'individu, et ils promettaient à tous leurs initiés une

1. Les artisans de l'antiquité gardaient si mystérieusement les secrets professionnels, dit Berthelot, que les procédés pour la préparation des métaux donnés par Aristote, Pline, Vitruve et le papyrus de Leyde, lequel date du II⁰ siècle après Jésus-Christ, étaient bien inférieurs aux connaissances techniques que possédaient les artisans depuis des milliers d'années, et que l'on a pu apprécier par l'analyse chimique des statuettes votives de Chaldée, vieilles au moins de six mille ans et du vase d'argent d'Entema, antérieur au XXX⁰ siècle avant l'ère chrétienne. Les outils et les armes de bronze, que les sauvages substituèrent à ceux de pierre polie, étaient généralement durcis par l'arsenic et ce n'est que dans les manuscrits du XVI⁰ siècle qu'il est fait mention de cet alliage.

vie posthume de délices. Posséder une âme et avoir
la certitude d'une heureuse vie future étaient l'ambition et l'espérance des hommes qui étaient sortis de
la famille patriarcale et de ceux qui n'en avaient jamais
pu en faire partie.

Ces cultes, qui par leurs cérémonies et orgies mystérieuses et par leurs traditions, répugnaient à l'esprit de l'antiquité classique, n'ont pu se faire accepter
et se généraliser que par la croyance en l'âme et en
sa survivance posthume : et si les Mystères à divinités féminines eurent plus de vogue auprès des lettrés,
des philosophes et des riches, c'est qu'entre autres
raisons, il leur déplaisait d'entrer en contact avec les
artisans, les matelots, les boutiquiers et les petites
gens des cultes Cabiriques et autres de même espèce.
Les femmes, qui plus tard devaient se dévouer avec
tant d'enthousiasme à la propagation du Christianisme, durent contribuer au triomphe des Mystères
des Déesses primitives, qui rappelaient leur antique
suprématie dans la famille et dont le retour leur permettait d'entrevoir l'affranchissement du terrible joug
paternel et marital qui pesait sur elles depuis des siècles. L'histoire est muette sur l'action de la femme
dans ce mouvement de rénovation sociale et religieuse : mais on peut le supposer par les injustes et
grossières attaques des poètes et des philosophes, par
la défense que leur fait Platon dans ses *Lois* d'avoir
des chapelles domestiques et par l'accusation, que
leur porte Plutarque dans les préceptes conjugaux
d'adorer en secret des déesses et de se livrer aux

rites étrangers. Mais les défenses semblent n'avoir pas eu beaucoup d'effets, car un personnage de Lucien, dit que « les Athéniennes sortent de leurs maisons et vont adorer des divinités dont les hommes n'ont pas le bonheur de connaître les noms : ce sont des Coliades, des Genetyllides, une déesse de Phrygie, une fête où l'on célèbre son amour malheureux pour un berger. Viennent ensuite des initiations secrètes, à des Mystères suspects, d'où sont exclus les hommes. » (*Des Amours*, § 42.) Ces cultes, à mesure qu'ils se popularisaient, modifiaient leurs cérémonies et leurs rites, qui finirent par perdre leur signification primitive, pour ne conserver qu'un caractère dramatique. Les initiés des Mystères d'Eleusis, dit Clément d'Alexandrie, n'y voyaient plus qu'un « drame mystique » (1).

1. Les Mystères d'Eleusis ont fait couler bien de l'encre. Les mythologues prêtent un sens extraordinairement abstrus aux lamentations de Demeter, lorsque Pluton ravit sa fille et à son allégresse, lorsqu'elle lui est rendue pour quelques jours. Ces scènes de douleur et de joie étaient une dramatisation du désespoir des mères, quant au début du patriarcat la fille vendue par son père et ses frères était enlevée par ruse et violence pour aller habiter dans la maison du mari, et de son bonheur, quand pour la consoler on permettait à la jeune mariée de venir passer tous les ans quelques jours dans la demeure maternelle.

Il est probable que les prêtresses d'Eleusis connaissaient la signification de ces cérémonies, ainsi que celle des légendes et des traditions de l'époque prépatriarcale, qu'elles ne communiquaient et n'expliquaient qu'aux initiés d'élite. Elles ont dû fournir à Eschyle les traditions sur l'introduction du patriarcat qu'il reproduit dans son *Prométhée* et à Platon l'extraordinaire forme de famille qu'il

***

La croyance en l'âme, qui chez les sauvages provenait de l'explication erronée d'un phénomène physiologique, est pour les hommes des villes industrielles et commerciales un besoin intellectuel que les phénomènes économiques imposent ; elle leur est d'une telle nécessité qu'ils auraient inventé l'idée de l'âme, s'ils ne l'avaient trouvée, prête pour leur usage, dans les traditions des cultes mystérieux, remis en honneur. Ceci demande une explication qui aura son utilité pour l'intelligence de la morale héroïque et de la morale bourgeoise.

La famille patriarcale qui se démembrait à mesure que grandissait à côté d'elle la nouvelle classe bourgeoise, vivant de commerce et d'industrie, était un reste du communisme de la gens ; elle assurait à tous ses membres, sans distinction de sexe et d'âge, leurs moyens d'existence. Le bien-être de tous dépendait de sa prospérité : ses moissons et ses troupeaux pourvoyaient à la vie matérielle et ses traditions religieuses et historiques entretenaient la vie intellectuelle.

préconise pour les guerriers de sa *République* (Liv. V). Cette organisation familiale, qu'aucun autre écrivain de l'antiquité n'a mentionné, n'est pas une fantaisie du philosophe utopiste, mais l'exacte description d'une des primitives formes de la famille, que L.-H. Morgan a retrouvée, telle qu'il l'a décrite, dans les souvenirs des indigènes d'Hawaï, où elle venait de s'éteindre peu de temps avant sa découverte par les Européens.

L'individualité de chacun se confondait avec celle de la collectivité familiale au point de se perdre dans elle et par extension dans la Cité que gouvernaient les anciens, c'est-à-dire les patriarches ; chacun en labourant les terres savait que son travail lui profiterait et en partant pour la guerre il savait que ses fatigues et sa mort seraient utiles à sa cité et à sa famille. Lorsque les ménages, réunis sous l'autorité du *pater familias*, se dissocièrent, cette providence familiale, commune à tous, s'évanouit: chaque ménage désuni, n'eut à compter que sur les efforts de ses membres, réduits au strict minimum, le père, la mère et les enfants. L'homme, qui sortait de la famille patriarcale amenant avec lui sa femme et ses enfants, tombait dans les conditions matérielles et intellectuelles du bourgeois, qui travaille non plus pour une collectivité mais pour son individu.

Les artisans et les bourgeois (négociants et industriels) au lieu d'espérer leur bien-être d'une collectivité familiale, dont tous les membres étaient unis par les liens du sang ou par l'adoption, ne l'attendaient que de la réussite de leurs entreprises individuelles. Le but de leurs efforts n'est pas la prospérité d'une collectivité mais celle d'un individu. Tout, — bonheur et malheur — est limité par la peau de l'individu : les jouissances qu'il prend, sont le bonheur: les maux qu'il supporte sont le malheur. L'axe social est déplacé, son pivot n'est plus la collectivité familiale et la Cité mais l'individu. Les livres des Psaumes, des Proverbes, de l'Ecclésiaste et de Job de l'Ancien Testament exposent avec un cynisme et une force sans égale l'égoïsme individualiste de la Bourgeoisie, qui dans le monde antique se substituait à l'égoïsme familial du Patriarcat. *L'homme est la mesure de toutes choses*, proclame Protagoras, cette parole du sophiste grec est la plus véridique et la plus profonde de la philosophie bourgeoise. *Connais-toi toi-même*, enseigne Socrate, car tu ne dois compter que sur toi seul pour arriver au bonheur matériel et moral. Le salut individuel et non plus le salut public, est la loi suprême. Le Moi devient le fondement de la Morale. *Fais à autrui ce que tu voudrais qu'il te fût fait*, dit le précepte de la nouvelle morale, que par anachronisme les Athéniens attribuaient à Bouzigès et que commentait ainsi le rhéteur Isocrate : « Ne fais pas aux autres, ce que tu ne voudrais pas souffrir d'eux... Sois à l'égard des autres ce que tu voudrais que je sois à ton égard. » (*Hesychius* Βουζύγης. *Isocrate Orat ad Nicom*). Le Christianisme, qui n'a pas apporté d'idée nouvelle, reprenant le précepte athénien, dit : « Ne fais pas à autrui ce que tu ne voudrais pas qu'on te fît. Aime ton prochain comme toi-même ». Le Moi est la mesure de toutes choses, la règle de tout. « Moi, l'unique » que Stirner s'imagine avoir le premier formulé, est le point de départ et le point d'arrivée de toute activité matérielle et intellectuelle du bourgeois individualiste. Tout doit être sacrifié au Moi ; et pour qu'il se développe librement, il faut le débarrasser des charges qu'imposaient la collectivité familiale et la Cité. Se marier et avoir des enfants

avaient été des devoirs sacrés pour les hommes de
la famille patriarcale ; rester fidèle à une épouse sté-
rile avait été un crime religieux envers les ancêtres :
l'Orphisme, un des Mystères masculins, qui se développa en opposition aux Mystères féminins et qui
enrôla les philosophes et les lettrés, érige en vertu
primordiale la chasteté et conseille le célibat. « Une
femme et des enfants sont des charges encombrantes » dit Démocrite. Le célibat prit de telles proportions que l'Etat dut frapper d'impôts les hommes qui
ne se mariaient pas et même les noter d'infamie. L'a-
mour de la Cité, pour laquelle on donnait son temps,
ses biens et sa vie, s'éteignit : les philosophes et les
sages se désintéressèrent des affaires publiques et de
la défense de la patrie, qui fut confiée à des mercenaires (1). Le patriotisme de l'époque patriarcale, étroit,
mais profond et fervent, fit place au cosmopolitisme
bourgeois, large, mais vague et sans vertu. L'ancien
droit héroïque avait pu déclarer que l'étranger était
l'ennemi, parce que les hommes du patriarcat produisaient sur leurs terres avec des artisans et des
esclaves tout ce dont ils avaient besoin ; mais la production des marchandises qui exige que les industriels et les négociants ne voient dans les hommes de

---

1. Les armées, qui n'étaient composées que de propriétaires, jouissant de leurs droits de citoyens, furent envahies
par les mercenaires. Démosthène dit que dans l'armée
envoyée contre Olynthe, il y avait 4.000 citoyens à
10,000 mercenaires ; et dans celle que bâtit Philippe à
Chéronée, il y avait 2.000 citoyens d'Athènes et de Thèbes, et 15.000 mercenaires.

14.

tous les pays que des acheteurs et des vendeurs, engendre un droit nouveau, lequel place les hommes sur un pied d'égalité et fait germer l'idée de fraternité humaine, que les stoïciens proclament. Mais si la fraternité qui unissait les membres de la famille patriarcale, se limitait à un petit nombre d'hommes, elle était réelle et efficace, tandis que la fraternité de la Bourgeoisie qui embrasse l'humanité trafiquante est banale et purement verbale.

Travaux et loisirs, abondance et disette, heur et malheur, tout enfin était commun dans la famille patriarcale, tout était partagé entre ses membres. Dorénavant, chacun pour soi sera la loi de tous ; chacun gardera pour lui seul ses biens ; il ne partagera avec personne ses gains et personne ne l'aidera dans ses insuccès, au contraire sa ruine économique profitera à ses rivaux : le chacun pour soi aboutit à la guerre de tous contre tous. Mais dans la nouvelle organisation sociale reposant sur la propriété individuelle et la production des marchandises, le succès d'un chacun ne correspond pas à ses efforts : les uns réussissent là où d'autres échouent : les vicissitudes les plus imméritées sont le lot des uns et les réussites les plus insolentes celui des autres. L'égalité des moyens de vie matérielle et intellectuelle du patriarcat est remplacée par les inégalités économiques et sociales les plus choquantes. A peine est-elle née, que la société bourgeoise divise et classe les citoyens en riches et en pauvres.

Ces injustices du sort et ces inégalités de fortune et

de position sociale, ressenties d'autant plus vivement
que l'on avait le souvenir d'une organisation familiale
et sociale où elles n'existaient pas, imposaient aux
pauvres aussi bien qu'aux riches la nécessité de leur
chercher des réparations et des compensations ; et
comme il était impossible de les trouver sur terre, on
les remit à la vie posthume, où de nouveau régnerait
l'égalité des conditions et où les pauvres seraient
riches. On recréa l'*âge d'or* du communisme primitif dans le royaume des morts. Mais si le sauvage
espérait que sa vie d'outre-tombe serait une prolongation embellie de sa vie terrestre, l'homme de la
naissante société bourgeoise réinvente la vie posthume
pour que les injustices et les torts supportés pendant
la vie terrestre soient réparés. Ces espérances si
lointaines et si incertaines eurent cependant le don
de satisfaire les esprits : aussi, tandis que les survi-
vants de l'ordre patriarcal, qui ne croyaient pas à la
vie future, se révoltaient, comme Théognis et Job,
contre les injustices de la destinée et mettaient en,
question la justice de Zeus et de Iawhé, les initiés
aux Mystères ayant la garantie d'une autre vie, où
ils seraient récompensés de leurs peines et souffrances, se résignaient et remerciaient Demeter et les
autres divinités qui la promettaient.

Il faut donc que l'homme possède une âme qui lui
survive pour que le nouvel ordre social devienne intel-
ligible et supportable. L'âme, qui est pour le sauvage
une hypothèse physiologique, est pour le bourgeois
une hypothèse sociale. Les Mystères, parce qu'ils

proclamaient l'existence de l'âme et garantissaient une vie future furent accueillis avec tant d'enthousiasme que des cultes mystérieux surgissaient dans toutes les villes. Leurs divinités reléguaient au second plan les Dieux de l'Olympe. «Demeter, dit Isocrate, a gratifié les hommes des deux plus beaux présents, que les Dieux puissent faire aux hommes : l'agriculture à qui nous sommes redevables d'une vie qui nous élève au dessus de la condition des bêtes et les Mystères qui assurent à ceux qui y sont admis les plus douces espérances non seulement pour la fin de cette vie, mais encore pour toute la durée des temps ». (*Panégyrique*, VI). Le bonheur de la vie future est le prix le plus inestimable : « O trois fois heureux, dit Sophocle, les mortels, qui après avoir contemplé les saintes cérémonies des Mystères d'Eleusis, iront dans l'Hadès, car pour eux seuls la vie est possible dans le monde d'en bas ; pour les autres, il ne peut y avoir que souffrances ». Platon se risque à donner des détails : « Musée et son fils conduiront les justes dans l'Hadès et les feront asseoir aux banquets des saints, où, couronnés de fleurs, ils passeront la vie dans une éternelle ivresse ». (*Rép*.). Il faut être un spiritualiste quintessencié pour faire de l'ivresse le souverain bien. Le démagogue Iawhé, clame par la bouche de son prophète Isaïe : « Peuple de Judée, tes morts vivront, même mon corps vivra, ils se relèveront. Réveillez-vous avec des chants de triomphe, vous qui demeurez sous terre, la rosée qui fait pousser l'herbe fera germer vos os et la terre jettera dehors

ses morts... Moi l'Eternel je vais créer de nouveaux
cieux et une nouvelle terre... Vous jouirez à toujours
de ce que je vais créer, car voici : je vais créer une Jérusalem qui ne sera que joie et son peuple qui ne sera
qu'allégresse. » (Isaïe, XXVI, 19. LXV, 18). L'âme
de l'Egyptien allait se perdre dans le sein d'Isis, elle
devenait Osiris, c'est-à-dire Dieu. La déification de
l'âme reparaît comme à l'époque sauvage. Le poète
gnomique Phocylide assure que « après que nous
aurons quitté notre dépouille d'ici-bas, nous serons
des dieux, car des âmes immortelles et incorruptibles
habitent en nous. » — « Heureux et bienheureux,
de mortel tu es devenu Dieu », dit une inscription
tombale de Petilia en Italie, qui remonte au IVᵉ siècle avant Jésus-Christ. Une autre déclare que la mort
est un bien : « Ah ! c'est un beau Mystère (le Mystère
d'Eleusis) qui nous vient des dieux bienheureux ;
pour les mortels la mort n'est plus un mal, mais un
bien ». L'enthousiasme pour la mort n'était pas seulement une formule sépulcrale, mais une toquade
qui poussait au suicide. La vie, qui pour les héros de
l'Iliade était le plus précieux des biens, n'est plus que
déceptions et misères, que vanité des vanités, affirment
Théognis et l'Ecclésiaste, ces pessimistes bourgeois.
« Le premier des biens, dit Sophocle, est de n'être
pas né, le second de mourir le plus tôt possible. » Le
philosophe Cléombrote d'Ambracie se précipite d'une
tour pour arriver d'un seul bond à la vie future. Hé-
gésias de Cyrène, surnommé πεισιθάνατος, celui qui
persuade de mourir, faisait métier d'enseigner que

la mort était préférable à la vie : ses disciples se suicidaient en si grand nombre que Ptolémée Philadelphe fit fermer ses écoles et lui défendit de professer à Alexandrie.

Les philosophes, acceptant les yeux fermés et sans discussions l'invention des sauvages, que les foules démocratiques réintroduisaient, entreprirent de rechercher la nature de cette âme dont on se dotait avec tant d'entrain. Démocrite la formait d'atomes subtiles, ronds et lisses, pareils à ceux du feu, qui sont les plus mobiles des atomes ; tous les phénomènes de la vie proviennent de leurs mouvements, qui ébranlent tout le corps. Héraclite, pour qui le feu, en qui tout se convertit et en qui tout finit, était l'essence de tous les éléments, le principe nutritif, circulant continuellement dans toutes les parties de l'Univers, ne pouvait s'empêcher de faire de feu la nature de l'âme ; feu que l'ivresse réduit et que l'eau éteint ; de sorte que le noyé périssait deux fois, corporellement et animiquement. Cette idée baroque avait cours parmi les chrétiens lettrés : l'évêque Synésius raconte que surpris en mer par une tempête, elle le tourmenta.

Les philosophes furent si fiers de posséder une âme, qu'ils prirent en mépris le corps, comme plus tard devait le faire les chrétiens ; pour Héraclite il était une masse inerte et inactive, qui dès que l'âme l'abandonnait devenait un objet de dégoût, comme le fumier ; pour Epicharme l'âme accomplissait toutes les fonctions du corps, ainsi c'est elle qui voyait par les fenêtres des yeux. Euripide qui reproduit les idées éthérées de l'Orphisme, ne voit que l'âme dans l'homme, « le corps est un bien qui ne nous appartient pas, vivant nous l'habitons, mort il faut le rendre à la terre qui l'a nourri », alors l'âme « réunie à l'immortel éther conserve un sentiment qui ne meurt point ». Virgile donne des renseignements sur son origine : les âmes des hommes et des animaux proviennent du principe qni pénètre, soutient, vivifie et fait mouvoir le ciel, la terre, la plaine liquide, le globe brillant de la lune, le soleil et les astres, qui roulent autour du soleil, mais au contact de la matière des corps terrestres, elles s'émoussent, sont la proie des passions et des appétits de la chair et doivent après la mort racheter leurs défaillances. (*Enéide*, VI, 724 sqq.).

Démocrite, en composant l'âme d'atomes, et Héraclite en lui donnant la nature du feu, en faisaient quelque chose de sensible et de matériel ; Platon l'épure de toute matière et la fait immortelle et antérieure à toutes choses. Cependant cette âme, sans la moindre particule de matière est néanmoins la cause des appétits sensuels, des passions et de la raison et pour qu'elle remplisse cette triple fonction, il la dépèce en trois tronçons, qu'il loge dans différentes parties du corps. Le tronçon inférieur, qui s'adonne aux plaisirs sensuels, habite dans le ventre « espèce de taverne, de latrines secrètes et d'hôtellerie du désordre et de la luxure » ; le tronçon moyen qui se livre à la colère et aux tumultueuses passions, réside dans le cœur ;

le tronçon le plus noble loge dans la tête, il est l'esprit, lui seul possède la faculté de raisonner et de s'élever par la dialectique jusqu'à l'aperception des plus hautes vérités, lui seul est impérissable : il gouverne les deux autres, qui président aux appétits et aux passions nécessaires à l'harmonie, à la santé et à la force de l'être humain.

Quand, dans le monde antique l'idée de l'âme se réveilla, il y avait longtemps qu'on avait perdu le souvenir du procédé que les sauvages avaient inconsciemment employé pour la créer ; les philosophes crurent qu'il leur incombait le devoir de lui procurer un extrait de naissance. Mais au lieu de recourir pour expliquer son existence à des phénomènes naturels, comme avait fait le sauvage pour l'imaginer, ils demandèrent à la raison pure de remonter par ses propres forces jusqu'à son origine, qu'elle trouva en Dieu, dont l'idée toute faite était à sa portée. L'idée de Dieu dans l'idéologie sauvage était un des points d'arrivée de l'évolution de l'idée de l'âme ; les philosophes renversant la série, prirent l'idée de Dieu pour point de départ de la théorie animique de l'idéologie spiritualiste et de la sophistique platonicienne.

La multitude démocratique ignorait les élucubrations des philosophes et elle n'en aurait eu cure, si elle les avait connues ; elle reprenait, tout bonnement et sans tant de façons, l'idée sauvage ; elle donnait au corps un *double*, qui à volonté le quittait et y réintégrait et qui lui survivait : et comme toujours les philosophes finirent par accepter l'idée de la multitude, qu'ils s'imaginent conduire. « Lorsque les membres cèdent au doux abattement du sommeil, dit Lucrèce, et que le corps étendu repose lourd et insensible, il y a cependant en nous un autre nous-même, *est aliud tamen in nobis*, que mille mouvements agitent » (*De nat. rer.*, VII, 113-117). Le Pythagoricien Hermotimus de Clazomène, qui, à ce que rapporte Aristote, avait affirmé avant Anaxagoras que l'esprit, νους, était la cause de tout, prétendait que son âme le quittait pour aller au loin chercher des nouvelles ; afin de mettre fin à ces vagabondages, ses ennemis brûlèrent son corps pendant une de ces fugues. Un célèbre jurisconsulte du temps d'Auguste, Labéon, raconte que les âmes de deux individus morts le même jour, se rencontrant dans un carrefour, reçurent l'ordre de retourner dans leurs cadavres, qui ressuscitèrent ; ils se jurèrent une parfaite amitié qui dura « jusqu'à ce qu'ils moururent de nouveau ». Saint Augustin, qui en la question avait la même opinion que le sauvage, le vulgaire et les philosophes, rapporte l'histoire de Labéon pour démontrer la résurrection des corps, promise aux Chrétiens (*De civ. Dei*, XXII, § 28).

Loin de désirer l'épuration de l'âme de toute particule de matière, la multitude démocratique voulait au contraire posséder une âme matérielle pour jouir dans la vie future des plaisirs dont elle était sevrée sur terre et que les Mystères promettaient à leurs initiés. La demeure posthume que les sauvages avaient

inventée et embellie de leur mieux était remise à neuf.
Virgile, qui reproduit l'opinion courante, fait visiter
à Énée ce séjour de bonheur, où les âmes des bienheureux entourés de chars et de chevaux s'exerçaient
à des luttes innocentes sur la molle arène et banque-
taient joyeusement (*En.*, VI, 637 sq.).

Les hommes de la période patriarcale, parce qu'ils
n'accordaient qu'au *paterfamilias* le privilège de posséder une âme, n'en avaient qu'un petit nombre à
loger et à nourrir : ils pouvaient sans difficulté les
emménager dans le tombeau familial ou dans le *lara-
rium*, pièce située dans la partie la plus retirée des
demeures patriciennes, où les Romains déposaient
les cendres et les images en cire des ancêtres, *lares
familiaris*, et où tous les jours ils leur apportaient
des aliments. Maintenant que tous les hommes s'oc-
troyaient une âme et que le plus grand nombre ne
possédait ni tombeau familial, ni biens au soleil, on
éprouva quelques difficultés à caser et à alimenter cette
multitude d'âmes, sans cesse croissante : on trancha
la question en les reléguant hors des villes, dans
des lieux de sépultures, comme avaient fait les sauvages, qui les expédiaient sur les sommets des montagnes et dans des endroits écartés, qu'ils évitaient
avec soin. Les Romains, pour les engager à rester
tranquilles, leur apportaient de temps en temps des
offrandes et leur faisaient des sacrifices pendant trois
jours du mois de mai, durant lesquels on fermait les
temples et on adorait les âmes des morts à l'exclu-
sion des Dieux. Mais les âmes, soit qu'elles ne se
plaisaient pas dans les cimetières publics, soit qu'elles

se trouvaient insuffisamment nourries, se mirent à
vagabonder et à tourmenter les vivants, comme
l'avaient fait les esprits des sauvages avant l'invention du paradis d'outre-tombe. La terre se repeupla
d'âmes errantes, dont la quantité et la malignité
augmentaient sans cesse.

Philosophes et ignorants, païens et chrétiens furent
unanimes pour reconnaître que l'air était infesté
d'âmes vagabondes, qui causaient aux hommes des
frayeurs, des maladies, des accidents et des malheurs. « Une foule de personnes n'ont-elles pas ren-
contré des esprits, les unes la nuit, les autres en
plein jour ? demande un philosophe de Lucien.
Pour moi, j'en ai vu, non pas une fois, mais dix,
mille. J'ai commencé par en être épouvanté ; maintenant j'y suis tellement accoutumé que rien ne me
semble plus ordinaire, surtout depuis qu'un arabe
m'a fait présent d'un anneau fabriqué avec du fer
pris aux croix des suppliciés et m'a appris une formule magique, composée de beaucoup de mots. »
(*L'Incrédule*, § 17). Saint Jérôme commentant les
versets de l'épître aux Ephésiens (II, 2 ; VI, 12) dans
lesquels saint Paul parle des « méchants esprits qui
sont dans les airs », dit que les Docteurs de l'Eglise
pensaient que l'air était rempli d'esprits malfaisants,
plenus est contrariis spiritibus : les Evangiles rapportent que Jésus et les Apôtres guérissaient les
malades en expulsant de leurs corps les démons
qui y habitaient (1). Les esprits malfaisants des

1. *Saint Mathieu*, IX, 32 ; XI, 18 ; XII, 22 ; XVII, 15 ;

Docteurs de l'Eglise, de Jésus et de ses apôtres, ne pouvaient être les anges rebelles, puisque Dieu « les avait chargés de chaînes d'obscurité et enfermé dans l'abîme », comme Zeus avait emprisonné les esprits des Titans, qui l'avaient combattu ; ils étaient bel et bien les âmes errantes des morts. La démonologie chrétienne n'est d'ailleurs que la suite de la démonologie païenne, qui était une reproduction de la démonologie sauvage revue et augmentée pour la mettre au niveau des derniers progrès de la civilisation démocratique. Platon s'occupa d'utiliser cette foule encombrante d'esprits ; il assigna à chaque homme un esprit pour l'accompagner durant la vie et pour le conduire dans l'Hadès, après la mort ; comme il y avait abondance d'âmes errantes, d'autres philosophes mirent deux esprits à la disposition d'un chacun, l'un bon, l'autre mauvais ; les chrétiens, selon leur habitude, empruntèrent à la philosophie platonicienne l'idée de ces anges au service des individus. Apulée qui, à l'exemple de son maître Platon, avait sérieusement étudié les mœurs des esprits infestant l'air, apprend « qu'ils sont agités par les mêmes passions que les hommes, qu'ils aiment les honneurs, que les injures les irritent et que les offrandes les apaisent ». Les chrétiens croyaient que la gourmandise était leur péché capital et qu'ils ne pénétraient dans le corps des personnes que pour se

Saint Marc, I, 23 ; IX, 17 ; Saint Luke, IV, 33 ; VII, 33 ; VIII, 27 ; IX, 39 ; XIII, 11 ; Saint Jean, X, 20 ; les Act. des Ap., XVI, 16 ; XIX, 13, etc.

nourrir des aliments qu'elles prenaient et qu'elles n'avaient qu'à jeûner pour les faire déguerpir.

Les philosophes pensèrent, ainsi que devaient le faire Jésus et les apôtres, qu'on pourrait délivrer les vivants de ces âmes sans domiciles, en les logeant dans les animaux. Platon et ses disciples n'avaient tant spiritualisé l'âme que pour la faire transmigrer dans la brute. Mais cet avenir bestial que les philosophes réservaient à l'âme humaine n'était pas de nature à convenir au populaire, qui avait pour elle de plus hautes ambitions : la métempsycose leur resta pour compte. Ils furent même obligés de la critiquer pour le satisfaire. Porphyre, bien que platonicien, trouva incongrue la transmigration dans les animaux, car il pourrait arriver qu'un fils montât à califourchon sur une mule, qui incorporerait l'âme de sa mère : ce serait plus *shocking*, réplique saint Augustin, si elle transmigrait dans le corps d'une autre femme, avec qui son fils pourrait forniquer.

Par bonheur, que les cultes mystérieux qui renaissaient chez les nations du bassin méditerranéen, avaient conservé l'idée de la demeure posthume, que les sauvages avaient inventé pour se débarrasser des esprits, qui tourmentaient les vivants. Cette invention avait si bien réussi, que par exemple, dans l'Iliade, il n'est pas fait mention d'esprits tourmenteurs et les âmes des morts ne visitent les vivants que pour hâter les rites funéraires et annoncer que lorsqu'ils seront célébrés elles ne quitteront plus l'habitation d'outre-tombe. On ne recommence à parler de ces esprits que dans l'Odyssée qui, bien que son principal personnage soit un des guerriers de l'Iliade, appartient à un autre milieu et à une autre époque, ayant d'autres mœurs et d'autres idées (1). Les Mystères réintroduisirent la demeure posthume des sauvages et l'idée qu'ils avaient eu de l'ouvrir à tous les membres de leurs tribus, ils promirent l'entrée de leur paradis à tous les initiés quels que fussent leurs mérites et démérites ; mais ils fermèrent la porte aux non initiés, qui étaient le grand nombre. Cela indignait comme de juste. Plutarque rapporte que Diogène disait : « Comment le brigand Patœcion, parce qu'il est initié aux Mystères d'Eleusis, sera après la mort plus heureux que Epaminondas ! »

La civilisation démocratique du monde gréco-latin avait repris complètement l'idéologie animique des sauvages, qu'elle devait transformer pour l'adapter aux nouvelles conditions de la société basée sur la propriété individuelle et la production des marchandises.

1. L'Odyssée est le poème des pirates et des navigateurs méditerranéens ; tandis que l'Iliade est celui des héros patriarcaux. La langue de l'Odyssée dispose de plus de mots abstraits et d'un plus grand nombre de termes pour exprimer des choses créées par l'esprit, indice indéniable d'un développement intellectuel plus avancé ; on y trouve une autre conception de la divinité. Les dieux de l'Iliade se distinguent à peine des hommes ; ils prennent part à leurs luttes, se battent contre eux et entre eux à leur sujet : ceux de l'Odyssée sont si supérieurs, que les hommes n'osent plus se mesurer avec eux et si éloignés d'eux qu'ils n'épousent plus leurs querelles.

V

INVENTION DE L'ENFER

La démocratie bourgeoise qui naissait dans les villes industrielles et commerciales ne se contenta pas de prendre l'idéologie animique des sauvages, elle la compléta par l'invention de l'Enfer, dont on ne trouve pas de traces chez les nations sauvages et barbares, qui ne sont pas venus en contact avec des peuples civilisés.

On ne voit s'esquisser l'idée d'un lieu de tortures où seraient punis les morts pour les fautes commises pendant la vie que quelques siècles avant l'ère chrétienne. Le Tartare de la Mythologie grecque, situé au-dessous de l'Hadès, aux portes et au seuil d'airain et où la lumière du soleil n'arrive pas, qui a pu être utilisé pour la fabrication de l'enfer de la philosophie platonicienne et de la religion chrétienne, est un cachot souterrain, comme il devait s'en trouver dans les demeures patriarcales, pour emprisonner les insoumis et les rebelles à l'autorité du *paterfamilias;* en effet, c'est dans un tel cachot que Zeus emprisonne Kronos et les Titans, qui refusaient de se soumettre à sa domination. Les châtiments infligés à Sisyphe et à Tantale dans l'Hadès et à Prométhée sur le Caucase ont un caractère de vengeance personnelle : Zeus les torture parce qu'ils l'ont offensé.

La vengeance qui a donné naissance à la loi du talion est un moyen de conservation pour le sauvage. Il en cultive le sentiment et lui donne une vitalité et une férocité qu'elle ne saurait avoir chez le civilisé moderne, pour qui la vengeance individuelle a perdu son importance, comme moyen de conservation. La mort de l'offenseur ne suffit pas, il faut sa *mort exaspérée* par la torture, comme disaient les chrétiens du moyen âge, qui faisaient revivre l'épouvantable vengeance des sauvages et des barbares. Les hommes de la première période du patriarcat, tourmentés par la passion de la vengeance, ne pouvaient concevoir que des dieux horriblement vindicatifs : Zeus châtie ses ennemis vivants et morts et Iawhé exerce sa vengeance jusqu'à la septième génération. Ils infligent des châtiments, non parce que les coupables ont désobéi aux injonctions de « l'impersonnelle justice », mais parce qu'ils ont enfreint les ordres de leur volonté souveraine; ils n'exercent pas la vindicte publique, mais leur vengeance personnelle; ils sont les représentants des patriarches terrestres, qui centralisant en leur personne les intérêts de la collectivité familiale, ressentaient comme une injure personnelle toute offense à l'un quelconque de ses membres : pour une raison analogue, sous l'ancien régime, la justice était rendue au nom du Roi, le maître souverain de la nation comme le patriarche l'était de la famille.

Mais l'idée de châtiment posthume devait fatalement s'évanouir en même temps que la suppression de l'âme, pour ne renaître que lorsque la démocratie bourgeoise la réintroduirait : en effet la mythologie grecque ne mentionne plus de suppliciés dans l'Hadès, après les Ixion et les Tantale de la première période du patriarcat. Mais en réapparaissant, les châtiments des trépassés perdent leur caractère de vengeance personnelle, pour revêtir celui de vengeance collective, de vengeance de classe, dite vindicte publique : ce n'est plus un individu qui se venge, mais une collectivité d'individus, ayant des intérêts communs. Cette transformation de la vengeance personnelle en vindicte collective se réalise au moment même que l'individualisme s'affirmait dans les relations sociales, parce que les luttes de classes, déchaînées dans les cités antiques, solidarisaient les individus en deux camps ennemis. Les artisans, les boutiquiers et les citoyens pauvres, luttant contre la classe aristocratique pour la déposséder de ses biens et de son pouvoir politique, mettaient en commun leurs convoitises, leurs haines et leurs colères : quand ils étaient victorieux, ils ne distinguaient pas entre leurs ennemis, ils se vengeaient collectivement sur tous ceux qu'ils pouvaient saisir, dans leurs richesses et leurs personnes. Cette lutte de classes devait nécessairement se manifester dans la conception de la vie future que réintroduisaient les Mystères : tous promettaient le bonheur à leurs initiés, tandis que les non-initiés, qui étaient leurs adversaires, parce que attachés aux cultes officiels, étaient plongés dans des marais de boue et dans des étangs de soufre en flammes. Les Mystères, parce qu'ils entraient en antagonisme avec les religions officielles et qu'ils remettaient en honneur des divinités et des espérances qu'elles avaient supprimé, devaient, aux premiers temps de leur renaissance, ne recruter leurs initiés que parmi les personnes qui souffrant de l'ordre social, désiraient son bouleversement, tandis que leurs adversaires, les non-initiés, étaient précisément les individus qui, bénéficiant de l'ordre social, voulaient son maintien. L'histoire du Christianisme autorise cette manière de voir : il recruta ses premiers fidèles parmi les artisans, les petites gens, les pauvres et les femmes, en révolte contre les conditions de leur milieu social.

L'idée que, pour être assuré du bonheur éternel, il suffisait d'être initié à un Mystère, si elle pouvait naître et se perpétuer dans des congrégations peu nombreuses, qui par esprit de corps, fermaient les yeux sur les fautes et les vices de leurs membres, ne pouvait se généraliser dans les masses populaires. Or l'idée de l'âme n'était pas le monopole des Mystères ; c'est parce que cette idée, imposée par les nouvelles conditions économiques de la grandissante société bourgeoise prenait possession de l'esprit des foules démocratiques, que les Mystères purent revivre et se multiplier au point que chaque ville avait son culte mystérieux particulier et qu'ils purent se dresser en opposition aux religions officielles, et les déconsidérer dans l'opinion publique. Aussi tandis que les Mystères, pour recruter des initiés, continuaient à leur promettre le bonheur futur, ainsi que devait le faire le christianisme primitif, il se formait dans la multitude démocratique une autre idée de la vie future : on s'occupa de l'utiliser au profit de la naissante société bourgeoise, comme des nations sauvages s'en étaient servi pour développer le courage. Il s'élabora une doctrine de rémunération, qui proportionnait les félicités et les châtiments d'outre-tombe aux mérites et démérites du mort, lequel passait devant un tribunal. Les Esséniens de Judée, rapporte Joseph, qui n'admettaient pas la métempsychose, pensaient que les âmes des justes, délivrés des liens du corps, où elles étaient emprisonnées, se rendaient dans des lieux de rafraîchissement et de paix, tandis que celles des méchants souffraient des supplices éternels. (*Antiq. Jud.*, XII). La punition des injustes tout autant que la récompense des justes, était la préoccupation générale. Platon, un des principaux sophistes qui contribuèrent à l'élaboration de la morale bourgeoise et chrétienne, se risque à décrire les châtiments des coupables : il rapporte dans le X⁰ livre de la *République* l'histoire de l'Arménien Herr, qui, laissé pour mort sur le champ de bataille ressuscita, ainsi que Jésus, pour raconter les peines de l'autre vie ; « les âmes, disait-il, étaient punies dix fois pour chacune des injustices commises pendant la vie... de sorte que le châtiment est toujours décuple pour chaque crime... Des hommes hideux, qui paraissaient de feu, entraînaient les criminels, liaient leurs pieds et leurs mains et après les avoir jetés à terre et les avoir écorchés, les traînaient hors de la route sur des épines et les précipitaient dans le Tartare. » Les Pères de l'Eglise n'eurent qu'à varier et perfectionner les supplices du sophiste païen pour créer l'enfer chrétien. L'idée des peines et des rémunérations de la vie future acquit une telle popularité, que les poëtes et les charlatans s'en emparèrent : Pindare avertit les hommes que « tout crime, qui souille le domaine de Zeus, subira aux sombres demeures et par ordre du destin, l'irrévocable arrêt que prononce un juge inflexible. » (*Olymp.*, II.) Virgile, après avoir montré à Enée le bonheur des bienheureux, lui fait contempler les tortures de ceux qui ont détesté leurs frères, frappé leur père, trahi leurs clients, conservé leurs richesses sans en donner à leurs proches parents, violé la foi jurée, suivi les drapeaux ennemis, etc. (VI, 608 sq.) Les prêtres d'Orphée, d'après Platon et Théophraste, des siècles avant les prêtres de Christ, assiégeaient les portes des riches, leur persuadant qu'ils avaient obtenu des dieux, par des prières et par certains rites et enchantements, le pouvoir de racheter les péchés des vivants et des morts et de garantir le bonheur dans la vie future.

La démocratie bourgeoise du monde antique n'avait pas attendu le Christianisme pour établir solidement l'idée des peines et des récompenses de l'autre vie ; aussi les païens reprochaient aux chrétiens de n'apporter rien de nouveau. Tertullien ne peut s'empêcher de reconnaître qu'ils ont raison : « Prêchons-nous le jugement futur de Dieu, dit-il, on se

moque de nous, parce que les poètes et les philosophes mettent eux aussi un tribunal aux enfers. Me-
naçons-nous des flammes souterraines pour la punition des coupables, on rit encore plus fort, parce que
la fable fait couler un fleuve de feu dans le royaume
de Pluton. Parlons-nous du Paradis, ce lieu de délices
préparé par Dieu, pour les âmes des saints et séparé
de ce monde habitable par une zone de feu, nous
trouvons les Champs-Elysées en possession de la
croyance générale. » (*Apoleg.*, XLVII). Les païens
avaient en effet ouvré toutes les pièces nécessaires à la
fabrication d'une religion nouvelle. C'était beaucoup
d'avoir ressuscité l'âme et le paradis de l'idéologie
sauvage, d'avoir inventé l'enfer et la doctrine des
rémunérations posthumes et d'avoir élucubré le spiritualisme et la morale de la démocratie bourgeoise ;
mais c'était insuffisant, il restait à assembler et à
combiner ces éléments religieux et ces principes philosophiques en une religion démocratique et cosmopolite : ce fut l'œuvre des chrétiens.

Les Mystères, bien que plusieurs d'entre eux eussent une idée de la divinité cosmopolite que réclamait
la démocratie bourgeoise (1), ne pouvaient accomplir
cette tâche, ils en étaient empêchés par le sexe et la
nature de leurs personnages divins et par l'impossibilité de se transformer en une religion universelle et
ouverte à tous.

1. Hécate « polymorphe et aux noms multiples » dont
les Orphiques répandaient le culte en Grèce, était, ainsi
qu'Isis, adorée un peu partout.

Les Mystères de Samothrace pouvaient convenir aux caboteurs méditerranéens, aux petites gens, aux boutiquiers et aux artisans, mais leurs dieux subalternes, les Cabires, n'étaient pas assez relevés pour la démocratie bourgeoise, qui, aspirant à la domination sociale, ambitionnait pour les Dieux de sa religion la suprématie du ciel : tout au plus les Cabires pouvaient-ils devenir les patrons des corporations de métiers, ainsi que devaient le faire les saints du Christianisme. Les Mystères de Demeter, de Cybèle, de la déesse Syrienne, d'Aphrodite, d'Isis et des autres déesses ne répondaient pas non plus à ces besoins, à cause du sexe de leur divinité et du rôle subordonné que les dieux mâles y jouaient. La production marchande qui démolissait la famille patriarcale et ébranlait l'ordre social et politique des cités antiques et qui organisait les producteurs et les trafiquants en une classe révolutionnaire et préparait son triomphe, ne visait pas à émanciper la femme du joug marital et encore moins à lui redonner la direction de la famille ; or, ces Mystères rappelaient qu'elle l'avait possédée. La production marchande veut la mise en tutelle de la femme, il lui faut par conséquent des Dieux masculins. Le Mithraïsme, si répandu dans les milieux militaires, et à qui les Chrétiens ont fait de si nombreux emprunts qu'ils ont voulu cacher en détruisant religieusement les livres et les documents qui en font mention, ne pouvait pas davantage convenir, bien que son Dieu fût un mâle, à cause de son exclusivisme masculin, et il fallait que la religion nouvelle fît une place à la femme, qui dans la famille bourgeoise occupe une position moins subalterne que dans la famille patriarcale.

On aurait surmonté ces difficultés en initiant les femmes au culte de Mithra, ainsi qu'on avait admis les hommes aux Mystères d'Eleusis ; en ennoblissant les dieux des Mystères cabiriques et des autres cultes des artisans et petites gens et en masculinisant les déesses des Mystères féminins ; ce qui n'était pas impossible, puisque dans le panthéon Egyptien on rencontre des déesses pourvues des organes sexuels de l'homme et qu'Aphrodite elle-même avait en certaines localités barbe au menton. Mais il existait d'autres obstacles insurmontables.

Les Mystères étaient des cultes locaux, on ne pouvait se faire initier qu'à leurs lieux d'origine ; il était donc difficile sinon impossible de leur donner une diffusion cosmopolite et la religion nouvelle devait être cosmopolite, comme le commerce. Les Mystères de Demeter, les plus célèbres et les plus populaires dans le monde gréco-latin, n'initiaient d'abord que les habitants d'Eleusis et d'Athènes et n'étaient primitivement connus que dans l'Attique : Hérodote rapporte que Demarate, le roi de Sparte, qui s'empara d'Eleusis au ive siècle, ignorait l'existence du personnage divin Iolchos, qui figurait à côté de la déesse. Mais après les guerres médiques, Athènes, qui n'avait pas réussi à devenir, avant Carthage, la première puissance maritime de la Méditerranée, était cependant un important centre commercial, où les étrangers affluaient : il fallut finir par leur accorder des droits politiques et religieux et leur permettre de se faire initier aux Mystères d'Eleusis, en mettant pour condition qu'ils devaient résider dans l'Attique et parler la langue grecque, pour être compris par la déesse qui n'entendait pas les langues barbares et pour comprendre ses enseignements ; dans la suite la résidence dans l'Attique ne fut plus exigée, mais on était tenu de se rendre à Eleusis pour être admis dans la congrégation. L'Etat qui avait fait des Mystères de Demeter un culte officiel, avait un intérêt commercial à prolonger l'initiation pendant plusieurs années, afin d'attirer une affluence de visiteurs à Athènes, où se célébraient les petits Mystères. Les initiés étrangers devaient y retourner tous les ans, afin de conserver par une intercession nouvelle les privilèges sacrés qu'on avait obtenus : ces conditions limitaient forcément leur nombre et encourageaient la création de Mystères dans les autres villes. Ces différents cultes mystérieux, bien que tous enseignassent la doctrine de l'immortalité de l'âme et de la vie future, restaient isolés sans être reliés par aucune organisation théocratique. Les prêtres Egyptiens essayèrent de délocaliser le culte d'Isis : ils parcouraient le monde antique pour recruter des fidèles ; mais à ce qu'apprend Apulée, il y avait trois degrés d'initiation assez onéreux ; chaque fois il fallait faire des dons en nature et en argent, ce qui réduisait le nombre des initiés et interdisait l'accès du culte aux pauvres et aux gens peu fortunés ; et la religion nouvelle devait être dé-

mocratique et largement ouverte aux masses populaires.

La démocratie bourgeoise, pour fabriquer sa religion, pouvait utiliser les traditions primitives que
ressuscitaient les Mystères, mais elle ne pouvait accepter leur localisme, leur tri des néophytes et leurs
autres particularités limitatives ; elle était de plus
forcée de rejeter une partie de leurs doctrines, afin de
donner satisfaction aux exigences de la production
marchande. On fit plusieurs tentatives pour organiser cette nouvelle religion : l'Orphisme est une des
premières et des plus célèbres. Ses fondateurs inconnus, qui devaient appartenir aux couches intellectuelles, se servirent des traditions et des légendes de la
Thrace barbare, en mettant de côté les divinités féminines, ainsi que devaient le faire les chrétiens : le Dieu,
Dionysos Zagreus, fils de Zeus, comme Jésus est fils
de Iawhé, est comme lui une victime expiratoire, tuée
et mangée par les Titans et ressuscitée par son père ;
son prophète, Orphée, descend aux enfers pour sauver l'âme de son épouse. Le Jésus des chrétiens, que
mangent quotidiennement les fidèles, combine les
aventures des deux personnages. L'Orphisme, sans
culte local, était errant de ville en ville ; aucun mystère n'en interdisait l'entrée aux profanes ; au lieu
de cacher sa doctrine, les initiés la propageaient ouvertement dans leurs discours et leurs écrits. Mais
au lieu de promettre le bonheur immédiatement après
le trépas, il faisait subir à l'âme six et même neuf
transmigrations sur terre et sous terre, pour ne lui

assurer qu'une vie future des plus problématiques : ce n'était pas cette vie posthume tourmentée et incertaine que désiraient les masses démocratiques. Il resta confiné dans un cercle étroit de lettrés et de philosophes, qui le raffinèrent en un idéalisme quintessencié méprisant le corps « cette prison de l'âme » et en un ascétisme rigide et méticuleux ; tandis que d'impudents et de grossiers charlatans le déshonoraient dans l'opinion publique. Le christianisme devait reprendre son œuvre et bénéficier de ses doctrines et de ses enseignements.

VI

L'IDÉE DE L'AME ET DE LA VIE POSTHUME CHEZ LES CHRÉTIENS DES PREMIERS SIÈCLES

L'idée de l'âme et de ses corollaires, la doctrine de la rémunération posthume et les idées du paradis et de l'enfer, circulaient depuis des siècles dans toutes les couches du monde antique, lorsque les chrétiens s'en emparèrent pour les utiliser à la fabrication d'une religion nouvelle, à laquelle ils surent donner un caractère démocratique et cosmopolite.

Les apôtres, sur l'intelligente initiative de saint Paul, lequel fit supprimer la désagréable formalité de la circoncision, qui aurait réduit considérablement

le nombre des néophytes, appelèrent à la foi nouvelle les hommes et les femmes indistinctement, à
quelque nation et classe sociale qu'ils appartins-
sent, et les admirent pêle-mêle sans aucune cérémonie d'initiation et sans aucun péage à l'entrée ; les
Actes des Apôtres, rapportent qu'en un seul jour ils
convertirent et enrôlèrent trois mille individus ; partout où ils réussissaient à grouper quelques fidèles,
ils les organisaient en communautés, en *églises*,
comme ils disaient, qui devenaient des centres de
recrutement. La déesse d'Eleusis, qui ne comprenait
pas les besoins de son époque, exigeait des initiés la
connaissance de la langue grecque, pour elle toutes
les autres étant barbares ; le dieu de Jérusalem, plus
au courant des nécessités de la production marchande qui exigent que les négociants se servent de
tous les idiomes pour commercer avec les peuples
civilisés et barbares, n'éleva pas de difficulté à propos
de la langue. Il fit à ses apôtres le don des langues :
don que possédaient déjà les nombreux Juifs qui trafiquaient et exerçaient les bas métiers dans les villes
du monde antique. Les apôtres s'adressèrent tout
d'abord aux petites gens, aux artisans et aux misérables qui, plus que les riches, avaient besoin d'une
espérance d'outre-tombe pour les réconforter et
les consoler des injustices et des souffrances qu'ils
enduraient et qui n'entrevoyaient pas la possibilité
d'y mettre fin par la révolte.

Les chrétiens, lorsqu'ils commencèrent à faire des
prosélytes dans les classes riches et cultivées, durent,

pour compléter leur doctrine religieuse, emprunter la morale et la philosophie spiritualiste de la sophistique platonicienne ; mais les apôtres trouvèrent dans le milieu juif, où ils se mouvaient, les idées de l'âme, du paradis et de l'enfer sous la forme simpliste et brutale, nécessaire pour donner à la propagande une force irrésistible de pénétration dans les masses superstitieuses, ignorantes et malheureuses, qu'il fallait gagner à la foi nouvelle.

Les villes de Judée avaient été, elles aussi, le théâtre des événements économiques et des luttes politiques qui bouleversèrent les cités industrielles et commerciales d'Asie-Mineure, de Grèce et d'Italie. La famille patriarcale s'était démembrée et ses ménages s'étaient dissociés pour former la famille bourgeoise. Les hommes qui, après avoir recouvré leur âme immatérielle, avaient perdu leurs biens matériels, se liguèrent avec les artisans, les boutiquiers et les industriels pour déposséder les riches de leur fortune et de leur pouvoir politique. Iawhé, le dieu patriarcal d'Abraham, avait tourné casaque et était devenu le dieu démagogue des pauvres et des bourgeois, ce que ne sut et ne put faire Zeus et les autres dieux patriarcaux du paganisme gréco-latin. Sept siècles avant l'ère chrétienne, il tonitruait en Judée par la voix puissante de ses prophètes contre les riches, et jurait solennellement que justice serait rendue aux pauvres qui se partageraient les biens de leurs oppresseurs.

« L'Eternel entrera à Jérusalem, prophétise Isaïe...

La justice sera la ceinture de ses reins. » Malheur aux riches qui accaparent les terres, « qui joignent maison à maison et qui rapprochent un champ de l'autre, jusqu'à ce qu'il n'y ait pas de limite entre eux et qui se rendent les seuls habitants du pays... Je punirai, dit l'Eternel, les méchants à cause de leurs iniquités ; j'abaisserai la hauteur de ceux qui se font redouter... leurs petits enfants seront écrasés devant leurs yeux, leurs maisons pillées, leurs femmes violées. » (*Isaïe*, III, 14 ; XI, 5 ; V. 8 ; XIII, 11 et 17.) Les démocrates révoltés faisaient porter à Iawhé la responsabilité des pillages et des massacres qu'ils commettaient. Cette complicité divine distingue la démocratie juive. Les Grecs et les Romains ne faisaient pas intervenir les dieux et les déesses dans leurs guerres civiles : Iawhé est le seul dieu démagogique du Panthéon des nations méditerranéennes ; et c'est parce que les Juifs avaient transformé le Dieu des patriarches en un furibond démagogue qu'il eut l'honneur d'être choisi pour suprême divinité de la démocratie bourgeoise.

Les pauvres diables se convertissaient parce que les apôtres leur disaient qu'Isaïe avait prophétisé que « les plus misérables seront repus et que les pauvres se reposeront en assurance ;... que l'Eternel fera qu'un homme sera plus précieux que l'or fin... ; que dans la Jérusalem qu'il créera... ils ne bâtiront pas des maisons afin qu'un autre les habite ; ils ne planteront pas des vignes, afin qu'un autre en mange les fruits... car son peuple ne travaillera plus en vain ;... que toute la terre sera mise en repos et tranquillité et qu'on éclatera en chants de triomphe à gorge déployée». Devançant les plus extravagantes fantaisies de Fourier, l'Eternel promettait la paix aux animaux aussi bien qu'aux hommes : « le loup demeurera avec l'agneau, le léopard gitera avec la brebis, le veau, et le lionceau et le bétail qu'on engraisse vivront ensemble et un petit enfant les conduira. La jeune vache paîtra avec l'ourse : le lion mangera du fourrage avec le bœuf. » (*Isaïe*, XIV, 30 ; XIII, 12 ; XIV, 7 ; LXV, 19-22 ; XI, 6-7.)

Mais il ne suffisait pas à cet Eternel démagogue de promettre le bonheur terrestre : il annonce qu'il bâtit une Jérusalem enchanteresse que ses « élus après le trépas habiteront en chair et en os... Peuple de Judée, clame Isaïe, tes morts vivront, même mon corps vivra, ils se relèveront. Réveillez-vous avec des chants de triomphe, vous qui demeurez sous terre, la rosée qui fait pousser l'herbe fera germer vos os et la terre rejettera dehors ses morts... Vous jouirez à toujours en ce que je vais créer, car voici je vais créer une Jérusalem qui ne sera que joie et un peuple qui ne sera qu'allégresse. » Et pour comble de jouissance, ces élus verront les riches, leurs ennemis « brûler en un feu qui ne s'éteindra jamais ». (*Isaïe*, XXVI, 19 ; LXVI, 24). Les apôtres enthousiasmaient les misérables avec ces démagogiques prédictions ; ils leur répetaient sans cesse que la fin du monde était proche et qu'ils allaient entrer dans la Jérusalem promise, où ils vivraient en bombance, tandis que leurs oppresseurs brûleraient au feu éternel.

Il fallait enivrer de ces grossières espérances les
premiers chrétiens qui, bouillonnant de haine et de
colère et torturés d'appétits jamais assouvis, se sen-
taient trop impuissants pour imiter les foules démocratiques de Grèce et de Judée, pour s'insurger, pour
déposséder les puissants de leur pouvoir et pour se
partager leurs biens : l'âge héroïque de la démocratie
était passé. Jésus et les apôtres condamnèrent l'usage
de l'épée ; ils prêchèrent la résignation, comme les
stoïciens et les juifs qui peuplaient de leurs colonies
les principales villes de l'empire romain (1). Les premiers chrétiens étaient si incapables de toute révolte
et si éloignés de toute idée d'émancipation terrestre
que les apôtres qui appellent les pauvres et les esclaves à la foi nouvelle, ne songent pas à les affranchir :

1. Le décourageant sentiment d'impuissance était général dans le monde antique au moment où apparaissait le
Christianisme ; il existait depuis des siècles et avait donné
naissance au pessimisme de Théognis et des poètes grecs
et des auteurs de l'*Ecclésiaste*, des livres des *Psaumes*, des
Proverbes et de *Job*.

L'individu, après la désorganisation de la famille patriarcale, ayant perdu l'aide et la protection qu'il y rencontrait contre les vicissitudes de la vie, se trouvait isolé et
n'avait à compter que sur ses forces et sa chance, en face
d'une société dont les membres sont en guerre les uns
contre les autres et où l'homme est un loup pour l'homme.
Ceux qui ne possédaient pas des richesses, ces armes de
la guerre sociale, étaient condamnés d'avance à la misère ;
et comme ils ne voyaient pas d'issue à leur situation, ils
s'abandonnaient à la désespérance. Le stoïcisme traduisit
ce sentiment ; il était la déprimante philosophie des vaincus de la société ; sous son masque viril il prêchait, avant
le christianisme, la lâche résignation des esclaves.

au contraire ils recommandent à « chacun de rester dans la situation où il se trouvait quand il a été appelé ». (I *Epit. aux Corinth.*) Saint Pierre et saint Paul enjoignent aux esclaves de ne pas fuir la servitude, de redoubler de servilité envers le maître terrestre, afin de mériter la grâce du maître céleste. Les Apôtres et les Pères de l'Église, nonobstant leurs démagogiques déclamations, ne menaçaient pas les droits acquis des riches ; et comme ceux-ci désiraient tout autant que les pauvres, le bonheur dans la vie future, dès qu'ils n'eurent pas peur de perdre les biens de la vie présente, ils s'enrôlèrent dans la religion nouvelle qui la leur promettait. Ce double caractère, démagogique d'un côté et oligarchique de l'autre, assura le succès du Christianisme auprès des pauvres et auprès des riches.

Les premiers chrétiens, qui n'étaient pas des révoltés comme les démocrates des cités antiques, se contentaient, ainsi que les Orphiques, d'organiser de petites communautés sans *tien*, ni *mien*, qu'ils dénommaient *églises*. Les *Actes des Apôtres* donnent de précieux détails sur ces sociétés, dont les membres ayant participé au corps de Jésus devenaient des *Saints* : elles réalisaient piètrement le bonheur que le démagogique Iawhé promettait à ses partisans ; elles donnaient aux Saints une bien maigre pitance, comparée aux ripailles que se payaient les démocrates de Grèce et de Judée quand ils battaient et massacraient les riches et s'emparaient de leurs biens. Les Saints et les fidèles, ces derniers étaient les chrétiens, vivant en dehors des communautés, ne pouvant sur terre assouvir leurs haines et leurs colères et rassasier leurs appétits, se résignaient à remettre à la vie future la complète satisfaction de leurs passions. Les églises n'étaient qu'un pis aller, qu'une espèce d'apéritif aux jouissances qu'ils se promettaient de savourer au ciel. Dès que le christianisme eut triomphé, les communautés primitives se transformèrent en couvents de moines grossiers et brutaux, au service des évêques et des papes pour les actes de violence.

La vie future promise à tous ceux qui acceptaient la foi était l'irrésistible appât de la nouvelle religion. On y entrait comme dans un moulin : les apôtres distribuaient à tout venant la doctrine et le bonheur d'outre-tombe, sans aucune des formalités d'initiation qui défendaient aux profanes l'accès des Mystères ; ils convertissaient par grandes masses, comme les légats des papes du moyen âge confessaient et absolvaient avant la bataille les troupes qui allaient massacrer les hérétiques. Les Actes des Apôtres (II, 41-42) racontent qu'en un seul jour 3.000 gueux se convertirent et « persévérèrent en la doctrine et en la distribution du pain ». Les apôtres, saint Pierre surtout, en hommes pratiques, préparaient l'esprit à la foi en remplissant le ventre.

L'idée que les chrétiens des premiers siècles se faisaient de l'âme ressemblait à l'idée des sauvages. L'âme était une sorte de *double*, que le sommeil et la mort libéraient de l'enveloppe corporelle. « Les morts sont ceux qui dorment » disait saint Paul (I, *Ep.*

Corinth., XV, 20) ; pour les réveiller, il ne fallait que faire réintégrer le double dans les cadavres. Les riches chrétiens, rapporte Tertullien (*Apol.*, § 42) faisaient embaumer les morts, ainsi que les Egyptiens, afin de conserver à l'âme son domicile et c'est pour cette raison que le christianisme défendit l'incinération des cadavres et préconisa leur enterrement. La résurrection par réintégration de l'âme dans le corps du mort était encore la croyance des chrétiens du temps de saint Augustin, qui pour en démontrer la vérité emprunte ses preuves aux auteurs païens et cite l'histoire de Labéon, rapportée plus haut.

Les apôtres, si ce n'est peut-être saint Paul, igno-raient les élucubrations spiritualistes des sophistes grecs, et s'il les avaient connues, ils n'en auraient tenu aucun compte. L'âme immatérielle des philosophes ne leur aurait dit rien qui vaille ; ainsi que leurs néo-phytes, ils ne se préoccupaient que du corps, dont ils voulaient la résurrection. Isaïe et son Éternel démago-gue faisaient mieux leur affaire. « Comment se réveil-leront les morts, demandaient les Saints à saint Paul, en quels corps se logeront leurs âmes ? » La question l'embarrassait, il s'en tirait en se perdant en subtilités sophistiques « sur le corps animal et le corps spirituel », et en affirmait carrément que le corps corruptible « renaîtra incorruptible. » (I, *Ep. Cor.*, XV, 35 44). Saint Augustin ne doutant pas de la parole de l'apôtre, promet lui aussi l'incorruptibilité du corps, dont le christianisme ne professait pas encore le dédain comme l'Orphisme. Saint Paul,

quoiqu'il se vantât d'être un lettré, était surtout un
agitateur démagogique : il savait que pour convaincre la masse, un fait vrai ou faux, répété constamment et affirmé avec conviction était de beaucoup
préférable aux plus subtils raisonnements de la
sophistique; et sans hésitation il déclarait que Jésus
était ressuscité en chair et en os, qu'il avait été vu
par Céphas, par les douze apôtres, par cinq cents
frères, par Jacques et enfin par lui, Paul. Si Jésus est
ressuscité, concluait-il, les morts ressuscitent, car
« s'il n'y a point de résurrection des morts, c'est que
le Christ n'est point ressuscité. » (I, *Ep. Cor.*, XV,
5, 8, et 13.) Qui ne serait pas convaincu par un raisonnement aussi irréfutable ? Saint Augustin en fournit un autre du même acabit : « La résurrection de
Jésus-Christ et son ascension au ciel en la chair, dans
laquelle il est ressuscité, sont prêchés dans tout l'univers : si elles ne sont pas croyables, d'où vient que
l'univers les croit ? » (*De Civ. Dei*, XXII, § 5). On
prouvait encore par Isaïe, qui l'avait prédite et par
saint Luc, qui l'avait rapportée. Ces indiscutables arguments avaient engendré chez les chrétiens une conviction tellement solide qu'ils discutaient si Jésus était
ressuscité avec ou sans prépuce. Les Apôtres et les
Docteurs du christianisme, qui ne dépassaient pas de
beaucoup le niveau intellectuel des masses superstitieuses qu'ils endoctrinaient, étaient les premiers à se
laisser prendre par leurs propres arguments ; c'est
pourquoi leur propagande portait avec tant de force.

Les chrétiens des premiers siècles, moins idéalistes que les sauvages, ne pouvaient concevoir l'existence de l'âme indépendante de celle du corps. Origène soutenait que Dieu seul était incorporel et saint Bazile donnait aux anges un corps visible. Tertullien rapporte les raisons décisives de l'immortalité du corps : « L'homme, dit-il, doit redevenir nécessairement ce qu'il était pour recevoir de Dieu la récompense ou la punition qu'il a méritée...parce que l'âme ne peut sentir qu'autant qu'elle est unie à une matière qui la fixe et cette matière est la chair; et parce que l'âme a mérité dans le corps et avec le corps le traitement qu'elle éprouvera en vertu du jugement de Dieu. » (*Apol.*, § 48.) Les apôtres, les Pères de l'Eglise et les fidèles ne pouvaient rien comprendre aux peines et aux jouissances de la vie future, si le corps n'était pas de la partie.

Mais la résurrection du corps fit surgir des difficultés, que les sauvages avaient esquivées avec l'incorporalité de l'âme et qui tourmentèrent l'esprit des Docteurs pour leur trouver des solutions. Saint Augustin a conservé pour l'édification des fidèles quelques résultats de leurs profondes méditations. On se demandait : comment ressusciteront les corps; seront-ils jeunes ou vieux, beaux ou laids ? Comme l'égalité doit régner au ciel, on décida que les corps renaîtraient tous égaux en stature, beauté et âge : les difformes seraient réformés; et comme l'âge du Christ quand il mourut était l'âge parfait, il serait celui des bienheureux ; les vieillards rajeuniraient pour ne pas le dépasser et les jeunes gens vieilliraient pour l'atteindre. — Les femmes seraient-elles admises au paradis? Cette question donna lieu à d'innombrables discussions et à de sérieux cassements de tête. On ne pouvait impoliment leur fermer la porte au nez, ainsi qu'on l'aurait désiré; elles étaient trop nombreuses dans les églises et y occupaient trop de place; les riches donnaient sans compter et toutes étaient de courageuses et d'enthousiastes propagandistes. On dut se résigner à les admettre au ciel, puisque sur terre on avait besoin de leurs biens et de leur dévouement; mais elles ne devaient y pénétrer qu'après avoir déposé leur sexe à l'entrée; on décida qu'elles renaîtraient hommes, sans doute de peur que les élus ne paillardassent au paradis avec le même entrain que les saints paillardaient dans les églises, ainsi que s'en plaignent saint Pierre et saint Paul. Les sauvages, qui ne voyaient rien d'immoral et de honteux dans les relations sexuelles, avaient résolu la question en déclarant qu'elles continueraient dans l'autre monde, où elles n'auraient pas l'inconvénient d'engendrer des bébés, puisque les femmes, étant des ombres, ne pourraient enfanter. D'autres docteurs soutenaient que les femmes ressusciteraient avec leur sexe, mais qu'il ne serait d'aucune utilité au ciel, puisque l'unique occupation et la seule jouissance des élus sont la contemplation de Dieu. Ce grave et important problème n'était pas résolu du temps de saint Augustin, l'est-il aujourd'hui? Le saint évêque d'Hippone adoptait la deuxième opinion: d'autres questions tout aussi importantes inquiétaient son étourdissant « génie ». Les élus, puisqu'ils doivent toujours contempler Dieu ne pourront donc fermer les yeux ? « Ce serait bien désagréable de ne jamais clore les paupières, remarquait-il fort judicieusement, mais ce serait encore plus désagréable de perdre la vue du Seigneur, même pendant un seul instant », et ce flamboyant flambeau de l'Eglise se tire d'embarras en assurant que les élus continueront à voir le facies de Dieu, alors même que leurs paupières seraient closes. La *Cité de Dieu*, « cet incomparable chef-d'œuvre d'érudition, cette noble peinture de la religion chrétienne » qui n'est qu'une verbeuse et souvent qu'une confuse et insipide amplification de la nerveuse et virulente *Apologétique* de Tertullien, consacre son vingt-deuxième et dernier livre à la discussion des épineux problèmes que pose le dogme de la résurrection.

Le Christianisme, qui prenait la suite des Mystères, promit l'immortalité de l'âme et le bonheur dans la vie posthume. « Je suis le pain de vie, qui est descendu du ciel, avait dit Jésus, si quelqu'un mange de ce pain il vivra éternellement et le pain que je donnerai est ma chair. Celui qui mange de ma chair et boit de mon sang demeure en moi et moi en lui. » Les nouveaux cultes, qui renaissaient dans le monde antique, reproduisaient dans leurs cérémonies les mœurs des temps primitifs ; les initiés des Mystères de Dyonysos et de l'Orphisme faisaient un repas de viande crue, afin de rappeler l'époque où l'homme ne connaissait pas l'usage du feu pour la cuisson des aliments ; les chrétiens avec leur communion de théo-anthropophagie mystique commémoraient les repas cannibalesques des sauvages. Les fidèles qui ont pris part à ce banquet dont Jésus, au lieu de l'agneau, est la victime et le plat de résistance, sont sauvés quoi qu'ils fassent, parce que le Christ demeure en eux, malgré eux, et parce qu'il serait de la dernière inconvenance que Dieu le père condamnât aux flammes éternelles Jésus, son fils. Les mangeurs de Jésus pouvaient donc comme « l'or traîner dans la boue sans être souillés ».

Le Christianisme débuta, ainsi que les Mystères, par garantir la plus absolue impunité à ses fidèles : cette croyance persistait encore du temps de saint Augustin, qui la trouve un peu raide. Néanmoins le doux docteur qui condamne à la grillade éternelle les non-initiés à la foi nouvelle, affirme que « les fidèles, qui tombent dans l'hérésie et qui retournent à l'idolâtrie », les crimes les plus épouvantables que peut commettre un chrétien, « ne mourront point éternellement, parce qu'ils ont mangé du corps du Sauveur. La grandeur de leur impiété rendra sans doute leur peine plus longue, mais elle ne sera pas éternelle. » (*De civ. Dei*, XXI). L'enfer et ses tortures sans fin n'avaient été inventés que pour les infidèles : l'Eglise catholique professe encore le même dogme. Hors de l'Eglise point de salut, dit-elle.

Les Apôtres appelaient à la foi nouvelle tous les hommes sans s'inquiéter de leur nationalité, position sociale et moralité : ils les groupaient et les organisalent contre la société des gentils, l'ennemie qu'ils fallait haïr, puisqu'on n'avait pas le courage de la combattre. Mais si le Dieu cosmopolite et démagogique des chrétiens ne connaissait ni juifs, ni Romains, ni Grecs, ni barbares, s'il ne distinguait pas les esclaves des hommes libres, les pauvres des riches, les criminels et les vicieux des innocents et des vertueux, il divisait néanmoins les hommes en deux camps ennemis, les fidèles et les infidèles. Ceux qui acceptaient la foi, recevaient le baptême et participaient à la chair de Jésus, étaient « sanctifiés », ils devenaient des « membres de Christ », alors même qu'ils étaient perdus de vices et qu'ils continuaient à les satisfaire dans les Eglises, comme le leur reprochent saint Paul et saint Pierre : ils étaient assurés du bonheur éternel. Mais les infidèles, alors même qu'ils étaient des modèles de vertus, étaient condamnés à brûler éternellement « dans des marais de souffre en flammes ». « Leur corps ne mourra pas et le feu qui les brûlera ne s'éteindra pas. »

Mais la grillade éternelle soulevait des objections. Il n'est pas de la nature du corps humain de brûler sans périr, disait-on. « Les saintes écritures, répond imperturbablement saint Augustin, qui a réponse à tout, nous enseignent que la nature du corps de l'homme, avant le péché, était de ne pas mourir et qu'à la résurrection des morts, il sera rétabli dans son premier état », donc il brûlera sans périr. « Les flammes de l'enfer rendront le corps incorruptible, déclare Tertullien, car il y a deux sortes de feu. l'un qui détruit et l'autre qui conserve, ainsi les montagnes volcaniques brûlent toujours et subsistent toujours.» (*Apol.*, § 48). Saint Augustin qui reprend les arguments de Tertullien ajoute : « Voyez la salamandre, elle vit dans le feu. » Mais le feu est un élément conforme à sa nature et ne la fait pas souffrir, observait l'incrédule. — Dieu changera cela, il s'arrangera pour que le feu ne soit pas conforme à la nature du corps des damnés, répliquait le savant docteur. — Mais on s'accoutumera à une souffrance qui dure toujours et il arrivera un moment où on ne la sentira plus. — N'ayez crainte à ce sujet, Dieu renouvellera constamment la douleur des damnés, répondait triomphalement le doux saint.

Le Dieu des chrétiens, que les philosophes et les moralistes de la bourgeoisie libérale représentent douceâtre et philanthrope, était dans les premiers siècles de notre ère un féroce bourreau aussi inlassable qu'ingénieux. « Le Seigneur Jésus, dit saint Paul, se révélera au ciel avec les anges de sa puissance, avec un feu flamboyant contre ceux qui ne connaissent pas Dieu et qui n'obéissent pas à l'Evangile de notre Seigneur Jésus-Christ, ils seront punis d'une peine éternelle devant la face du Seigneur et devant la gloire de sa puissance. » (II, *Thes.* I, 7-9). Zeus faisait torturer ses ennemis loin de ses yeux, Prométhée sur le Caucase et Tantale dans le Tartare : le Dieu chrétien qui juge que ses fidèles ont ainsi que lui une impitoyable âme de bourreau, leur promet, comme un des bonheurs du ciel, le réjouissant spectacle de l'éternelle torture des damnés. (*Isaïe*, LXVI, 24).

Le christianisme n'apportait pas « l'amour du prochain » ; il ressuscitait l'antique vengeance avec sa furie et son cérémonial. Le sauvage et le barbare ne s'apaisent que lorsqu'ils se vengent de leurs propres mains ; quand l'autorité civile enleva au particulier le droit de se venger, le fils de la victime ou à son défaut son plus proche parent assistait à la punition du coupable pour qu'il satisfit sa vengeance, qu'il ne lui était plus permis de prendre de ses propres mains : ceci se pratiquait encore dans l'Athènes de Périclès et des philosophes. Jésus, dit saint Paul, se vengera lui-même sur les infidèles ; Dieu son père et les élus se repaîtront eternellement de leurs souffrances : le supplice des infidèles était la preuve éclatante de la gloire et de la puissance du Seigneur.

Mais lorsque le Christianisme commença à pénétrer dans des couches plus civilisées de la société païenne, Dieu et son fils Jésus durent se civiliser pour se mettre à leur niveau ; ils perdirent la sauvage habitude de se venger eux-mêmes et d'assister aux tortures de la victime ; ils se déchargèrent sur des subalternes, sur des démons, du châtiment des infidèles, qu'ils firent tourmenter loin de leur présence, dans les enfers. Les sauvages s'étaient débarrassés des esprits, qui les tourmentaient, en les envoyant continuer leur existence posthume dans un séjour de délices ; les chrétiens crurent qu'ils pourraient délivrer les villes et les campagnes des démons, qui les infestaient, en les emprisonnant dans les enfers et en leur donnant l'agréable occupation de torturer les morts au lieu des vivants. Les païens, avant eux, avaient songé à leur donner cette distraction ; Platon leur abandonnait les coupables à torturer. Hésiode n'avait su que les transformer en policiers et en gendarmes de Zeus et de dame Justice.

Le Christianisme n'a apporté rien de nouveau ; il n'a pas même inventé ses absurdités et ses grossières superstitions ; mais il eut l'art incomparable qu'ignorèrent les Mystères et l'Orphisme, de satisfaire les besoins intellectuels et sentimentaux, les appétits et les passions des masses démocratiques : il sut épouser les haines des pauvres contre les riches et rassurer les riches en renvoyant dans un autre monde la réparation des injustices du sort, la rémunération des vertus et l'égalisation des conditions et du bien-être. Il fut malgré ses allures démagogiques du début, une soupape de sûreté pour les classes possédantes ; il réussit à se donner le caractère cosmopolite et démocratique que réclamaient la production et l'échange des marchandises, en supprimant les cérémonies d'initiation dont s'entouraient les Mystères, en n'immobilisant pas son culte dans une ville et dans une nation, en le transportant au contraire en tous lieux, en admettant dans son giron tous les hommes sans distinction de race et de condition et en reliant toutes les Eglises par une organisation cléricale, qui finit par devenir hiérarchique. Il commença par gagner la plèbe misérable, superstitieuse et grossière en reprenant et en matérialisant les traditions et les idées animiques des sauvages, que les Mystères avaient remis en vogue : quand il se fut assuré de ce point d'appui et qu'il eut acquis des forces défensives et offensives, il entreprit la conquête des classes intellectuelles et instruites en se frottant des élucubrations spiritualistes de la sophistique grecque et en recouvrant sa férocité primitive du masque doucereux et cafard que doit porter la religion de la Bourgeoisie exploitrice et philanthropique.

La Croyance en Dieu

I

RELIGIOSITÉ DE LA BOURGEOISIE ET IRRELIGIOSITÉ
DU PROLÉTARIAT

La libre-pensée bourgeoise, sous les auspices de deux illustres savants, Berthelot et Hœckel, a été dresser à Rome sa tribune en face du Vatican, pour tonner ses foudres oratoires contre le catholicisme qui, par son clergé hiérarchisé et ses dogmes, prétendus immuables, représente pour elle la religion.

Les libres-penseurs, parce qu'ils font le procès du Catholicisme, pensent-ils être affranchis de la croyance en Dieu, la base fondamentale de toute religion ? — Croient-ils que la Bourgeoisie, la classe à laquelle ils appartiennent, peut se passer du Christianisme, dont le Catholicisme est une manifestation ?

Le Christianisme, bien qu'il ait pu s'adapter à d'autres formes sociales, est, par excellence, la religion des sociétés qui reposent sur la propriété individuelle et l'exploitation du travail salarié ; c'est pourquoi il a été, est et sera, quoi qu'on dise et qu'on fasse, la religion de la Bourgeoisie. Depuis plus de dix siècles, tous ses mouvements, soit pour s'organiser, s'émanciper ou pousser au pouvoir une de ses nouvelles couches, s'accompagnent et se compliquent de crises religieuses ; elle a toujours mis les intérêts, matériels dont elle cherchait le triomphe sous le couvert du Christianisme qu'elle déclarait vouloir réformer et ramener à la pure doctrine du divin Maître.

Les bourgeois révolutionnaires de 1789, s'imaginant qu'on pouvait déchristianiser la France, persécutèrent le clergé avec une vigueur sans égale : les plus logiques, pensant que rien ne serait fait tant que subsisterait la croyance en Dieu, abolirent Dieu par décret, comme un ci-devant fonctionnaire, et le remplacèrent par la déesse Raison. Mais dès que la Révolution eut jeté sa gourme, Robespierre rétablit par décret l'Etre suprême, le nom de Dieu étant encore mal porté ; et quelques mois après, les curés sortaient de leurs cachettes et ouvraient les églises où les fidèles s'entassaient, et Bonaparte, pour satisfaire la plèbe bourgeoise, signait le Concordat : alors naquit un christianisme romantique, sentimental, pittoresque et macaronique, accommodé par Chateaubriand aux goûts de la Bourgeoisie triomphante.

Les fortes têtes de la libre-pensée ont affirmé et affirment encore, malgré l'évidence, que la science désencombrerait le cerveau humain de l'idée de Dieu, en la rendant inutile pour comprendre la mécanique de l'univers. Cependant, les hommes de science, à quelques exceptions près, sont encore sous le charme de cette croyance : si dans sa propre science, un savant, selon le mot de Laplace, n'a pas besoin de l'hypothèse de Dieu pour expliquer les phénomènes qu'il étudie, il ne s'aventure pas à déclarer qu'elle est inutile pour se rendre compte de ceux qui ne rentrent pas dans le cadre de ses recherches ; et tous les savants reconnaissent que Dieu est plus ou moins nécessaire pour le bon fonctionnement des rouages sociaux et pour la moralisation des masses populaires (1). Non seulement l'idée de Dieu n'est pas com-

1. *La Revue scientifique*, du 19 novembre 1904, apporte une confirmation à ses assertions. M. H. Piéron, rendant compte d'un ouvrage sur le *Matérialisme scientifique*, reconnaît que « Dieu est la cause résiduelle commode de tout ce qu'on ne peut expliquer... que la croyance a toujours été faite pour suppléer à la science... et que la science n'a rien à voir avec les croyances et la foi... mais que la religion n'est pas absolument incompatible avec la science, à condition cependant de la renfermer dans un compartiment parfaitement étanche. » Il proteste aussi bien contre « la série des savants de l'heure actuelle, qui ne cherchent dans la science que des preuves de l'existence de Dieu ou de la véracité de la religion... que contre le sophisme de celui qui chercherait dans la science des preuves de la non-existence de Dieu ».

Jusqu'à l'époque moderne, on considérait que c'était nier l'existence de Dieu que de ne pas reconnaître son incessante action pour le maintien de l'ordre dans l'univers. Socrate reprochait à Anaxagoras d'avoir voulu expliquer les mouvements des corps célestes sans l'intervention des Dieux ; et Platon rapporte que les Athéniens tenaient pour athées les philosophes qui admettaient que

plèlement dissipée dans la tête des hommes .de science, mais la plus grossière superstition fleurit, non dans les campagnes enténébrées et chez les ignorants, mais dans les capitales de la civilisation et chez les bourgeois instruits : les uns entrent en pourparlers avec les esprits pour avoir des nouvelles d'outre-tombe, les autres s'agenouillent devant saint Antoine-de-Padoue pour retrouver un objet perdu, deviner le numéro gagnant de la loterie, passer un examen à l'Ecole Polytechnique, etc., consultent des chiromanciennes, des somnambules, des tireuses de cartes pour connaître l'avenir, interpréter les songes, etc. Les connaissances scientifiques qu'ils possèdent, ne les protègent pas contre la plus ignare crédulité.

Mais, tandis que dans toutes les couches de la Bourgeoisie le sentiment religieux reste vivace et se manifeste de mille façons, une indifférence religieuse irraisonnée, mais inébranlable, caractérise le Prolétariat industriel.

M. Booth, après une vaste enquête sur l'état religieux de Londres, « visité district par district, rue par rue et souvent maison par maison », constate que « la masse du peuple ne professe aucune sorte

les révolutions des astres et les phenomènes de la nature étaient régis par des lois (*Lois*, VII, § 21) ; dans un autre passage, il démontre l'existence de Dieu par la création, l'ordre qui y règne et le consentement de tous les peuples, grecs et barbares (*Id.*, X, § 1). Dieu est « celui qui équilibre le monde », disaient les prêtres égyptiens.

de religion et ne prend aucun intérêt aux cérémonies du culte... La grande fraction de la population qui porte le nom de classe ouvrière, et qui se meut entre la petite bourgeoisie et la classe des misérables, prise dans son ensemble, reste en dehors de l'action de toutes les sectes religieuses... Elle est arrivée à ne considérer les églises que comme les lieux de réunion de ceux qui ont de la fortune et de ceux qui sont disposés à accepter le patronage des gens placés dans une meilleure position qu'eux... La généralité des ouvriers de notre époque pensent plus à leurs droits et aux injustices qu'ils supportent qu'à leurs devoirs qu'ils ne remplissent pas toujours. L'humilité et la conscience d'être en état de péché ne sont peut-être pas naturelles à l'ouvrier (1). » Ces incontestables constatations de l'irréligion instinctive des ouvriers de Londres, que d'habitude on suppose si religieux, l'observateur le plus superficiel peut les faire dans les villes industrialisées de France : si l'on y rencontre des travailleurs qui simulent des sentiments religieux, ou qui les ont réellement, — ceux-ci sont rares — c'est que la religion se présente à leurs yeux sous la forme de secours charitables ; si d'autres sont de fanatiques libres-penseurs, c'est qu'ils ont eu à souffrir de l'ingérence du prêtre dans leurs familles ou dans leurs relations avec le patron.

L'indifférence en matière religieuse, le plus grave

---

1. *Religious influences*. Troisième partie de l'enquête entreprise par Ch. Booth sur *Life and Labour of the people of London*.

symptôme de l'irréligion, selon Lamennais, est innée dans la classe ouvrière moderne. Si les mouvements politiques de la Bourgeoisie ont revêtu une forme religieuse ou antireligieuse, on ne peut observer dans le Prolétariat de la grande industrie d'Europe et d'Amérique, aucune velléité d'élaboration d'une religion nouvelle pour remplacer le Christianisme, ni aucun désir de le réformer. Les organisations économiques et politiques de la classe ouvrière des deux mondes se désintéressent de toute discussion doctrinale sur les dogmes religieux et les idées spiritualistes, ce qui ne les empêche pas de faire la guerre aux prêtres de tous les cultes, parce qu'ils sont les domestiques de la classe capitaliste.

Comment se fait-il que les bourgeois, qui reçoivent une éducation scientifique, plus ou moins étendue, soient encore prisonniers des idées religieuses, dont se sont libérés les ouvriers qui en sont privés ?

II

ORIGINES NATURELLES DE L'IDÉE DE DIEU CHEZ LE SAUVAGE

Pérorer contre le catholicisme, comme les libres-penseurs, ou ignorer Dieu comme les positivistes, ne rend pas compte ni de la persistance de la croyance en Dieu, malgré le progrès et la vulgarisation des connaissances scientifiques, ni de la durée du christianisme, malgré les railleries de Voltaire, les persécutions des révolutionnaires et la critique des exégètes. Il est commode de pérorer et d'ignorer, et mal commode d'expliquer, car pour cela, on doit commencer par s'enquérir comment et pourquoi la croyance en Dieu et les idées spiritualistes se sont glissées dans la tête humaine, y ont pris racines et s'y sont développées ; et l'on ne peut trouver réponses à ces questions qu'en remontant à l'idéologie des sauvages, où sont nettement ébauchées les idées spiritualistes qui encombrent la cervelle des civilisés.

L'idée de l'âme et de sa survivance est une invention des sauvages, qui se sont octroyé un esprit immatériel et immortel pour expliquer les phénomènes du rêve. Le sauvage, qui ne doute pas de la réalité de ses rêves, s'imagine que, si pendant le sommeil il chasse, se bat ou se venge et que si au réveil il se retrouve à la place où il s'est couché, c'est qu'un autre lui-même, un *double* comme il dit, impalpable, invisible et léger comme l'air, a quitté son corps endormi pour aller au loin chasser, ou se battre ; et comme il lui arrive de voir en rêve ses ancêtres et ses compagnons défunts, il conclut qu'il a été visité par leurs esprits, qui survivent à la destruction de leurs cadavres.

Le sauvage, « cet enfant du genre humain » comme l'appelle Vico, a, ainsi que l'enfant, des notions puériles sur la nature ; il croit qu'il peut commander aux éléments comme à ses membres, qu'il peut, avec des paroles et des pratiques magiques, ordonner à la pluie de tomber, au vent de souffler, etc. ; si par exemple, il craint que la nuit le surprenne en route, il noue de certaine façon certaines herbes pour arrêter le soleil, comme le fit le Josué de la Bible avec une prière. Les esprits des morts ayant cette puissance sur les éléments à un plus haut degré que les vivants, il les invoque pour qu'ils produisent le phénomène quand il échoue à le déterminer. Un vaillant guerrier et un sorcier habile possédant plus d'action sur la nature que les simples mortels, leurs esprits, quand ils sont morts, doivent, par conséquent, avoir sur elle un plus grand pouvoir que les âmes des hommes ordinaires, le sauvage les choisit dans la foule des esprits pour les honorer avec des offrandes et des sacrifices et pour les supplier de faire pleuvoir, quand la sécheresse compromet les récoltes, de lui donner la victoire quand il entre en campagne, de le guérir quand il est malade. Les hommes primitifs, en partant d'une explication erronée du rêve, ont élaboré les éléments qui, plus tard, servirent à la création d'un Dieu unique, lequel n'est, en définitive, qu'un esprit plus puissant que les autres esprits.

L'idée de Dieu n'est ni une idée innée, ni une idée *a priori*, mais une idée *a posteriori*, comme le sont toutes les idées, puisque l'homme ne peut penser qu'après être venu en contact avec les phénomènes du monde réel, qu'il explique comme il peut.

III

ORIGINES ÉCONOMIQUES DE LA CROYANCE EN DIEU CHEZ LE BOURGEOIS

On était en droit d'espérer que l'extraordinaire développement et vulgarisation des connaissances scientifiques et que la démonstration de l'enchaînement nécessaire des phénomènes naturels auraient établi l'idée, que l'univers, régi par la loi de nécessité, était soustrait aux caprices d'une volonté humaine ou surhumaine et que, par conséquent, Dieu devenait inutile puisqu'il était dépouillé des multiples fonctions que l'ignorance des sauvages l'avait chargé de remplir ; cependant on est obligé de reconnaître que la croyance en un Dieu, pouvant à sa guise bouleverser l'ordre nécessaire des choses, subsiste encore chez les hommes de science et qu'il se rencontre des bourgeois instruits qui lui demandent, comme les sauvages, des pluies, des victoires, des guérisons. etc.

Même si les savants étaient parvenus à créer dans les milieux bourgeois la conviction que les phénomènes du monde naturel obéissent à la loi de nécessité, de sorte que déterminés par ceux qui les précèdent, ils déterminent ceux qui les suivent. il resterait encore à démontrer que les phénomènes du monde social sont, eux aussi, soumis à la loi de nécessité. Mais les économistes, les philosophes, les moralistes, les historiens, les sociologues et les politiciens, qui étudient les sociétés humaines et qui, même, ont la prétention de les diriger, ne sont pas parvenus et ne pouvaient pas parvenir à faire naître la conviction que les phénomènes sociaux relèvent de la loi de nécessité, comme les phénomènes naturels ; et c'est parce qu'ils n'ont pu établir cette conviction que la croyance en Dieu est une nécessité pour les cerveaux bourgeois, même les plus cultivés.

Le déterminisme philosophique ne règne dans les sciences de la nature que parce que la bourgeoisie a permis à ses savants d'étudier librement le jeu des forces naturelles, qu'elle a tout intérêt à connaître, puisqu'elle les utilise à la production de ses richesses ; mais à cause de la situation qu'elle occupe dans la société, elle ne pouvait accorder la même liberté à ses économistes, philosophes, moralistes, historiens, sociologues et politiciens, et c'est pour cela qu'ils n'ont pu transporter le déterminisme philosophique dans les sciences du monde social. L'église catholique, pour une pareille raison, avait autrefois interdit la libre étude de la nature ; et il a fallu renverser sa domination sociale pour créer les sciences naturelles.

Le problème de la croyance en Dieu de la Bourgeoisie ne peut être abordé que si l'on a une notion exacte de son rôle dans la société.

Le rôle social de la Bourgeoisie moderne n'est pas

de produire les richesses, mais de les faire produire par les travailleurs salariés, de les accaparer et de les distribuer entre ses membres, après avoir abandonné à leurs producteurs manuels et intellectuels, juste de quoi se nourrir et se reproduire.

Les richesses enlevées aux travailleurs forment le butin de la classe bourgeoise. Les guerriers barbares après la prise et le sac d'une ville, mettaient en commun les produits du pillage, les divisaient en parts aussi égales que possible et les distribuaient par voie du sort entre ceux qui avaient risqué leur vie pour les conquérir.

L'organisation de la société permet à la Bourgeoisie de s'emparer des richesses, sans qu'aucun de ses membres soit forcé de risquer sa vie : la prise de possession de ce colossal butin, sans encourir de dangers, est un des plus grands progrès de la civilisation. Les richesses dérobées aux producteurs ne sont pas divisées en parts égales, pour être distribuées par voie du sort ; elles sont réparties sous forme de loyers, rentes, dividendes, intérêts et profits industriels et commerciaux proportionnellement à la valeur de la propriété mobilière ou immobilière, c'est-à-dire à la grandeur du capital que chaque bourgeois possède.

La possession d'une propriété, d'un capital et non celle de qualités physiques, intellectuelles ou morales est la condition *sine qua non* pour recevoir une part dans la distribution des richesses. Un enfant au maillot, tout aussi bien qu'un adulte, peut avoir droit au partage des richesses ; un mort le possède tant qu'un vivant n'est pas devenu titulaire de son bien. La distribution ne se fait pas entre des hommes, mais entre des propriétaires. L'homme est un zéro ; la propriété seule compte.

On a assimilé à tort la lutte darwinienne que les animaux se livrent entre eux pour se procurer des moyens de subsistance et de reproduction, à celle qui est déchaînée entre les bourgeois pour le partage des richesses. Les qualités de force, courage, agilité, patience, ingéniosité, etc., qui assurent la victoire à l'animal font parties intégrantes de son organisme, tandis que la propriété qui donne au bourgeois une part des richesses qu'il n'a pas produit, n'est pas incorporée à son individu. Cette propriété peut croître ou décroître et lui procurer par conséquent une part plus ou moins grosse, sans que sa croissance ou décroissance soient occasionnées par l'exercice de ses qualités physiques ou intellectuelles. Tout au plus, pourrait-on dire que la fourberie, l'intrigue, le charlatanisme, en un mot, les qualités mentales les plus inférieures, permettent aux bourgeois de pren-dre une part plus forte que celle que la valeur de son capital lui autorise de prélever ; dans ce cas, il filoute ses confrères bourgeois. Si donc la lutte pour la vie peut, en nombre de circonstances, être une cause de progrès pour les animaux, la lutte pour les richesses est une cause de dégénérescence pour les bourgeois.

La mission sociale de s'emparer des richesses pro-duites par les salariés fait de la bourgeoisie une classe parasitaire : ses membres ne concourent pas à la création des richesses, à l'exception de quelques-uns dont le nombre diminue sans cesse, et le travail qu'ils fournissent ne correspond pas à la part de richesse qui leur échoit.

Si le christianisme, après avoir été dans les premiers siècles, la religion des foules mendiantes, que l'Etat et les riches entretenaient par des distributions quotidiennes de vivres, est devenue celle de la Bourgeoisie, la classe parasitaire par excellence, c'est que le parasitisme est l'essence du christianisme. Jésus, dans le Sermon sur la Montagne, a magistralement exposé son caractère ; c'est là qu'il formule le « Notre Père », la prière que chaque fidèle doit adresser à Dieu pour lui demander son « pain quotidien », au lieu de le demander au travail, et afin qu'aucun chrétien, digne de ce nom, ne soit tenté de recourir au travail pour obtenir les choses nécessaires à la vie, le Christ ajoute : « Regardez les oiseaux du ciel, ils ne sèment ni ne moissonnent et votre Père céleste les nourrit... Ne vous inquiétez donc point et ne dites point que mangerons-nous demain, que boirons-nous, de quoi serons-nous vêtus ?... Votre Père céleste connaît que vous avez besoin de toutes ces choses. » Le Père céleste de la Bourgeoisie est la classe des salariés manuels et intellectuels ; elle est le Dieu qui pourvoit à tous ses besoins.

Mais la Bourgeoisie ne peut admettre son caractère parasitaire, sans signer en même temps son arrêt de mort: aussi tandis qu'elle laisse la bride sur le cou à ses hommes de science, pour que, sans être gênés par aucun dogme, ni arrêtés par aucune considération, ils se livrent à l'étude la plus libre et la plus approfondie des forces de la nature, qu'elle applique à la production des richesses, elle interdit à ses économistes, philosophes, moralistes, historiens, sociologues et politiciens, l'étude impartiale du monde social et les condamne à la recherche des raisons qui pourraient servir d'excuses à sa phénoménale fortune (1). Préoccupés par le seul souci des rémunérations reçues ou à recevoir, ils se sont mis avec entrain à chercher si par un heureux hasard, les richesses sociales n'auraient pas d'autres sources que le travail salarié et ils ont découvert que le travail, l'économie, l'ordre, l'honnêteté, le savoir, l'intelligence et bien d'autres vertus encore, des bourgeois industriels, commerçants, propriétaires fonciers, financiers, ac-

1. L'histoire de l'Économie politique est instructive. Alors que la production capitaliste, au début de son évolution, n'avait pas encore transformé la masse des bourgeois en parasites, les Physiocrates, Adam Smith, Ricardo, etc., pouvaient étudier sans parti pris les phénomènes économiques et chercher les lois générales de la production, mais depuis que la machine-outil et la vapeur ne font concourir que des salariés à la création des richesses, les économistes se bornent à collectionner des faits et des chiffres statistiques, utiles pour les spéculations du commerce et de la Bourse, sans essayer de les grouper et de les classer, afin d'en tirer des conclusions théoriques, qui ne pourraient qu'être dangereuses à la domination de la classe possédante : au lieu de faire de la science, ils font le coup de poing contre le socialisme ; ils ont même essayé de réfuter la théorie ricardienne de la valeur parce que la critique socialiste s'en était emparée.

tionnaires et rentiers, concourraient à leur production d'une manière autrement efficace que le travail des salariés manuels et intellectuels, et que pour cela ils ont le droit de prendre la part du lion et de ne leur laisser que la part de la bête de somme.

Le bourgeois les écoute en souriant parce qu'ils font son éloge, il répète même ces impudentes assertions et les déclare vérités éternelles; mais quelque mince que soit son intelligence, il ne peut les admettre dans son for intérieur, car il n'a qu'à regarder autour de lui pour s'apercevoir que ceux qui travaillent leur vie durant, s'ils ne possèdent pas de capital, sont plus pauvres que Job et que ceux qui ne possèdent que le savoir, l'intelligence, l'économie, l'honnêteté, et qui exercent ces qualités, doivent borner leur ambition à la pitance quotidienne et rarement à quelque chose au delà. Il se dit alors : « Si les économistes, les philosophes et les politiciens qui ont beaucoup d'esprit et de littérature, n'ont pu, malgré leurs consciencieuses recherches, trouver des raisons plus valables pour expliquer les richesses de la Bourgeoisie, c'est qu'il y a de la gabegie dans l'affaire, des causes inconnues dont on ne peut sonder les mystères. » Un *Incon naissable* d'ordre social se dresse devant le bourgeois.

Le bourgeois, pour la tranquillité de son ordre social, a intérêt à ce que les salariés croient que ses richesses sont le fruit de ses innombrables vertus, mais en réalité, il se moque autant de savoir qu'elles sont les récompenses de ses qualités, que d'apprendre que les truffes qu'il mange aussi voracement que le cochon, sont des champignons cultivables; une seule chose lui importe, c'est de les posséder, et ce qui l'inquiète c'est de penser qu'il peut les perdre sans qu'il y ait de sa faute. Il ne peut s'empêcher d'avoir cette désagréable perspective, puisque même dans le cercle étroit de ses connaissances, il a vu des individus perdre leurs biens, tandis que d'autres devenaient riches, après avoir été dans la gêne. Les causes de ces revers et de ces fortunes lui échappent, aussi bien qu'à ceux qui les ont éprouvés. En un mot il constate un continuel va et vient des richesses dont les causes sont pour lui du domaine de l'*Inconnaissable* et il est réduit à attribuer ces changements de fortune à la chance, au hasard (1).

1. L'esprit bourgeois a de tout temps été tourmenté par la constante incertitude de la fortune, que la mythologie grecque représentait par une femme debout sur une roue ailée et les yeux bandés. Théognis, le poète mégarien du v⁰ siècle avant l'ère chrétienne, dont les poésies, d'après Isocrate, étaient un livre des écoles grecques, disait : « Personne n'est la cause de ses gains et de ses pertes, les dieux sont les distributeurs de richesses… Nous, hommes, nous nourrissons de vaines pensées, mais nous ne connaissons rien. Les Dieux font arriver toutes les choses selon leur propre volonté… Jupiter penche la balance tantôt d'un côté, tantôt de l'autre, selon sa volonté, afin que l'un soit riche, puis ne possède rien à un autre moment… Aucun homme n'est riche ou pauvre, noble ou roturier sans l'intervention des Dieux. » Les auteurs de *l'Ecclésiaste*, des livres de *Psaumes*, des *Proverbes* et de *Job* font jouer à Jehovah le même rôle. Le poète grec et les écrivains juifs formulent la pensée bourgeoise.

Mégare, ainsi que Corinthe, sa rivale, fut une des premières villes maritimes où se développèrent le commerce

Il n'est pas possible d'espérer que le bourgeois parvienne jamais à une notion positive des phénomènes de la distribution des richesses, parce que à mesure que la production mécanique se développe, la propriété se *dépersonnalise* et revêt la forme collective et impersonnelle des Sociétés par actions et obligations, dont les titres finissent par être entraînés dans le tourbillon de la Bourse. Là, ils passent de mains en mains, sans que les acheteurs et vendeurs aient vu la propriété qu'ils représentent et sachent exactement le lieu géographique où elle est située. Ils sont échangés, perdus par les uns et gagnés par les autres, d'une manière qui se rapproche tellement du jeu, que les

et l'industrie. Une nombreuse classe d'artisans et de bourgeois s'y était formée et fomentait des guerres civiles pour s'emparer du pouvoir. Environ soixante ans avant la naissance de Théognis, les démocrates, après une révolte victorieuse, abolirent les dettes dues aux aristocrates et exigèrent la restitution des intérêts perçus. Théognis, bien que membre de la classe aristocratique, et bien que nourrissant une haine féroce contre les démocrates, dont il voudrait « boire le sang noir » parce qu'ils l'avaient dépouillé et exilé, n'a pu échapper à l'action du milieu social bourgeois. Il est imprégné de ses idées et sentiments et même de son langage; ainsi à plusieurs reprises il tire des comparaisons de l'essayage de l'or, auquel les négociants étaient constamment obligés de recourir pour connaître le titre des monnaies et des lingots donnés en échange. C'est précisément parce que le poème gnomique de Théognis, ainsi que les livres de l'Ancien Testament, rapportait les maximes de la sagesse bourgeoise, qu'il était un livre d'école dans la démocratique Athènes. « Il était, dit Xénophon, un traité sur l'homme, c'est ainsi qu'un habile cavalier écrirait sur l'art de monter à cheval. »

opérations de la Bourse portent le nom de jeu. Tout le développement économique moderne tend de plus en plus à transformer la société capitaliste en une vaste maison de jeu internationale où les bourgeois gagnent et perdent des capitaux, grâce à des événements qu'ils ignorent et qui échappent à toute prévision, à tout calcul et qui leur semblent tenir de la chance, du hasard. L'*Inconnaissable* trône dans la société bourgeoise, comme dans une maison de jeu.

Le jeu, qui à la Bourse se montre sans déguisements, a toujours été une des conditions du commerce et de l'industrie : leurs aléas sont si nombreux et si imprévus, que souvent les opérations les mieux conçues, calculées et conduites échouent, tandis que d'autres, entreprises à la légère et à la va comme je te pousse, réussissent. Ces succès et insuccès, dus à des causes inattendues, généralement inconnues et paraissant ne relever que du hasard, prédisposent le bourgeois à la mentalité du joueur ; le jeu de la Bourse fortifie et avive cette prédisposition. Le capitaliste dont la fortune est placée en valeurs de Bourse, qui ignore le pourquoi des variations de leurs prix et dividendes, est un joueur professionnel. Or le joueur, qui ne peut attribuer ses gains ou ses pertes qu'à la veine ou à la déveine, est un individu éminemment superstitieux : les habitués des maisons de jeu ont tous des charmes magiques pour conjurer le sort ; l'un marmotte une prière à saint Antoine de Padoue ou à n'importe quel esprit du ciel, un autre ne ponte

que lorsque telle couleur a gagné, un autre tient de
la main gauche une patte de lapin, etc.

L'Inconnaissable d'ordre social enveloppe le
bourgeois, comme l'Inconnaissable d'ordre naturel environnait le sauvage ; tous les actes de la
vie civilisée ou presque tous tendent à développer
chez lui l'habitude superstitieuse et mystique de
tout rapporter au hasard, qui existe chez le joueur
de profession. Par exemple le Crédit, sans lequel
aucun commerce et aucune industrie ne sont
possibles, est un acte de foi au hasard, à l'inconnu,
que fait celui qui le donne, puisqu'il n'a nulle
garantie positive qu'à l'échéance celui qui le reçoit
pourra tenir ses engagements ; sa solvabilité dépen-
dant de mille et un accidents aussi imprévus
qu'inconnus.

D'autres phénomènes économiques quotidiens
insinuent dans l'esprit bourgeois la croyance en une
force mystique sans support matériel, détachée de
toute substance. Le billet de banque, pour ne citer
qu'un exemple, incorpore une force sociale si peu en
rapport avec son peu de substance, qu'il prépare l'intelligence bourgeoise à l'idée d'une force qui exis-
terait indépendamment de la matière. Ce misérable
chiffon de papier qu'on ne daignerait ramasser, n'était
sa puissance magique, donne à qui le possède ce
qu'il y a de plus matériel et désirable dans le monde
civilisé : pain, viandes, vin, maisons, terres, chevaux,
femmes, santé, considération et honneurs, etc., les
plaisirs des sens et les jouissances de l'esprit ; Dieu

ne saurait faire davantage. La vie bourgeoise est tissée de mysticisme (1).

Les crises du commerce et de l'industrie dressent devant le bourgeois terrifié, des forces incontrôlées d'une si irrésistible puissance qu'elles sèment d'aussi épouvantables désastres que la colère du Dieu chrétien. Quand elles se déchaînent dans le monde civilisé, elles ruinent les bourgeois par milliers et détruisent les produits et les moyens de production par centaines de millions. Les économistes enregistrent depuis un siècle leur retour périodique, sans pouvoir émettre une hypothèse plausible sur leur provenance. L'impossibilité de trouver sur terre leurs causes, a suggéré à des économistes anglais l'idée de les chercher dans le soleil : ses taches, disent-ils, en détruisant par la sécheresse les récoltes de l'Inde, diminueraient sa puissance d'achat des marchandises européennes et détermineraient les crises. Ces graves savants nous ramènent scientifiquement à l'astrologie judiciaire du moyen âge, qui subordonnait à la conjonction des astres les événements des sociétés humaines et à la croyance des sauvages en

---

1. Renan, dont l'esprit sceptique et cultivé était embrumé de mysticisme, avait une sympathie décidée pour la forme impersonnelle de la propriété. Il raconte dans ses *Souvenirs d'enfance* (VI) qu'au lieu de consacrer ses gains à l'acquisition d'une propriété immobilière, terre ou maison, il préféra acheter « des valeurs de Bourse, qui sont choses plus légères, plus fragiles, plus éthérées ». Le billet de banque est une valeur toute aussi éthérée que les actions des Compagnies et les titres de rente.

l'action des étoiles filantes, des comètes et des éclipses de lune sur leurs destinées.

Le monde économique fourmille pour le bourgeois d'insondables mystères, que les économistes se résignent à ne pas approfondir. Le capitaliste, qui grâce à ses savants, est parvenu à domestiquer les forces naturelles, est tellement ahuri par les incompréhensibles effets des forces économiques, qu'il les déclare incontrôlables, comme l'est Dieu, et il pense que le plus sage est de supporter avec résignation les malheurs qu'elles infligent et d'accepter avec reconnaissance les bonheurs qu'elles accordent. Il dit avec Job : « l'Eternel me l'avait donné, l'Eternel me l'a ôté, que le nom de l'Eternel soit béni. » Les forces économiques lui apparaissent fantasmagoriquement comme des êtres bienfaisants et malfaisants (1).

Les terribles inconnus d'ordre social qui environnent le bourgeois et qui, sans qu'il sache pourquoi et comment, le frappent, dans son industrie, son commerce, sa fortune, son bien-être, sa vie, sont pour lui aussi troublants que l'étaient pour le sauvage les inconnus d'ordre naturel, qui ébranlaient et surchauffaient son exubérante imagination. Les anthropolo-

1. Les crises impressionnent si vivement les bourgeois, qu'ils en parlent comme si elles étaient des êtres corporels. Le célèbre humoriste américain Artemus Ward raconte qu'entendant des financiers et des industriels de New-York affirmer si positivement que « la crise était arrivée, qu'elle était ici », crut qu'elle se trouvait dans le salon, et pour voir la tête qu'elle avait, il se mit à la chercher sous les tables et les fauteuils.

gistes attribuent la sorcellerie, la croyance à l'âme, aux esprits, et en Dieu de l'homme primitif, à son ignorance du monde naturel : la même explication est valable pour le civilisé, ses idées spiritualistes et sa croyance en Dieu, doivent être attribuées à son ignorance du monde social. L'incertaine continuité de sa prospérité et les inconnaissables causes de ses fortunes et infortunes, prédisposent les bourgeois à admettre, ainsi que le sauvage, l'existence d'êtres supérieurs, qui selon leurs fantaisies agissent sur les phénomènes sociaux, pour qu'ils soient favorables ou défavorables, comme le disent Théognis et les livres de l'Ancien Testament ; et c'est pour les propitier qu'il se livre aux pratiques de la plus grossière superstition, qu'il communique avec les esprits de l'autre monde, qu'il brûle des cierges devant les saintes images et qu'il prie le Dieu trinitaire des chrétiens ou le Dieu unique des philosophes.

Le sauvage, vivant dans la nature, est surtout impressionné par les inconnus d'ordre naturel, qui au contraire inquiètent médiocrement le bourgeois : celui-ci ne connaît qu'une nature d'agrément, décorative, taillée, sablée, ratissée, domestiquée. Les nombreux services que la science lui a rendus pour son enrichissement, et ceux qu'il attend encore d'elle ont fait naître dans son esprit une foi aveugle dans sa puissance, il ne doute pas qu'elle finira un jour par résoudre les inconnus de la nature et même par prolonger indéfiniment sa vie, comme le promet M. Metchnikoff, le microbomaniaque : mais il n'en est pas de même pour les inconnus du monde social, les seuls qui le troublent ; il n'admet pas qu'il soit possible de les comprendre. Ce sont les inconnaissables du monde social et non ceux du monde naturel, qui insinuent dans sa tête, peu imaginative, l'idée de Dieu, qu'il n'a pas eu la peine d'inventer et qu'il a trouvée toute prête à être appropriée. Les incompréhensibles et insolubles problèmes sociaux rendent Dieu si nécessaire qu'il l'aurait inventé, s'il avait été besoin.

Le bourgeois, troublé par le va-et-vient déconcertant des fortunes et des infortunes et par le jeu inintelligible des forces économiques, est par surcroît confusionné par la brutale contradiction de sa conduite et de celle de ses confrères avec les notions de justice, de morale, de probité qui courent les rues ; il les répète sentencieusement, mais se garde de régler sur elles ses actions, bien qu'il réclame aux personnes qui entrent en rapport avec lui de s'y conformer strictement. Par exemple, si le négociant livre au client une marchandise avariée ou falsifiée, il veut être payé en bonne et saine monnaie ; si l'industriel filoute l'ouvrier sur le métrage de son travail ; il exige qu'il ne perde pas une minute de la journée pour laquelle il le salarie ; si le bourgeois patriote, tous les bourgeois sont patriotes, s'empare de la patrie d'un peuple plus faible, il a pour dogme commercial l'intégrité de sa patrie, qui selon le mot de Cecil Rhodes est *une raison sociale*. La justice, la morale et les autres principes plus ou moins éternels ne sont

valables pour le bourgeois que s'ils servent ses intérêts ; ils sont à double face, l'une indulgente et sou-
riante qui le regarde et l'autre renfrognée et impéra-
tive, qui est tournée vers autrui.

La perpétuelle et générale contradiction entre les
actes et les notions de justice et de morale, que l'on
croirait de nature à ébranler chez les bourgeois l'idée
d'un Dieu justicier, la consolide au contraire et prépare le terrain pour celle de l'immortalité de l'âme,
qui s'était évanouie chez les peuples arrivés à la
période patriarcale ; cette idée est entretenue, fortifiée
et constamment avivée chez le bourgeois par son
habitude d'attendre une rémunération pour tout ce
qu'il fait et ne fait pas (1). Il n'emploie des ouvriers,

1. Théognis, ainsi que Job et les auteurs des livres de
l'Ancien Testament, sont embarrassés par la difficulté
de concilier les injustices du sort avec la justice de Dieu.
« O fils de Saturne, dit le poète grec, comment peux-tu
accorder le même sort au juste et à l'injuste... O roi des
immortels, est-il juste que celui qui n'a pas été déshonnête, qui n'a pas transgressé la loi, qui n'a pas juré des
faux serments, mais qui est toujours resté honnête, souffre ?... L'homme injuste, plein de lui-même, qui ne craint
ni la colère des hommes, ni celle des Dieux, qui commet
des injustices, est gorgé de richesses, tandis que le juste
sera dépouillé et usé par la dure pauvreté... Quel est le
mortel qui voyant ces choses craindra les Dieux ? » Le
psalmiste dit : « Voilà, ceux-ci sont méchants, et étant à
leur aise, ils acquièrent de plus en plus des richesses...
J'ai tâché de connaître cela, mais cela m'a paru fort difficile... J'ai porté envie aux insensés (ceux qui ne craignent
pas l'Éternel) en voyant la prospérité des méchants. »
(*Psaumes*, LXXIII-3-10).
Théognis et les juifs de l'Ancien Testament, ne croyant

il ne fabrique des marchandises, il ne vend, achète, prête de l'argent, rend un service quelconque, que dans l'espoir d'être rétribué, de tirer un bénéfice. La constante attente d'un profit fait qu'il n'accomplit aucune action pour le plaisir de l'accomplir, mais pour encaisser une récompense : s'il est généreux, charitable, honnête, ou même s'il se borne à n'être pas déshonnête, la satisfaction de sa conscience ne lui suffit pas; il lui faut une rétribution pour être satisfait et pour ne pas se croire la dupe de ses bons et naïfs sentiments ; s'il ne reçoit pas sur terre sa récompense, ce qui est généralement le cas, il compte l'obtenir au ciel. Non seulement il attend une rémunération pour ses bonnes actions, et pour son abstention des mauvaises, mais il espère une compensation pour ses infortunes, ses insuccès, ses déboires et même ses chagrins. Son Moi est tellement envahissant que pour le contenter il annexe le ciel à la terre. Les injustices dans la civilisation sont si nombreuses et si criantes, et celles dont il est la victime prennent à ses yeux des proportions si démesurées que sa jugeote ne peut admettre qu'elles ne seront pas un jour réparées et ce jour ne peut luire que

pas à l'existence de l'âme après la mort, pensent que c'est sur terre que l'injuste est puni, « car la sagesse des Dieux est supérieure, dit le moraliste grec. Mais cela trouble l'esprit des hommes, puisque ce n'est pas au moment que l'acte est commis que les immortels tirent vengeance de la faute. L'un paie personnellement sa dette, un autre condamne ses enfants à l'infortune. » Les hommes sont châtiés pour la faute d'Adam, d'après le christianisme.

dans l'autre monde : ce n'est qu'au ciel qu'il a l'assurance de recevoir la rémunération de ses infortunes. La vie après la mort devient pour lui une certitude, car son Dieu bon, juste et agrémenté de toutes les vertus bourgeoises ne peut faire autrement que de lui accorder des récompenses pour ce qu'il a fait et n'a pas fait, et des réparations pour ce qu'il a souffert : au tribunal de commerce du ciel, les comptes qui n'ont pu être réglés sur terre seront apurés.

Le bourgeois n'appelle pas injustice l'accaparement des richesses créées par les salariés ; ce vol est pour lui la justice même ; et il ne peut concevoir que Dieu ou n'importe qui ait sur ce sujet une autre opinion. Néanmoins, il ne croit pas qu'on viole la justice éternelle, quand on permet aux ouvriers d'avoir le désir d'améliorer leurs conditions de vie et de travail ; mais comme il sait pertinemment que ces améliorations devront être réalisées à ses dépens, il pense qu'il est d'une sage politique de leur promettre une vie future, où ils vivront en bombance, comme des bourgeois. La promesse du bonheur posthume est pour lui la plus économique manière de donner satisfaction aux réclamations ouvrières. La vie par delà la mort, qu'il se plaît d'espérer pour contenter son Moi, se change en instrument d'exploitation.

Du moment que c'est dans le ciel que les comptes de la terre seront définitivement réglés, Dieu devient nécessairement un juge ayant à sa disposition un Eldorado pour les uns et un bagne pour les autres, comme l'assure le Christianisme après Platon (1). Le juge céleste rend ses arrêts d'après le Code judiciaire de la civilisation, additionné de quelques lois morales qu'on n'a pu y faire figurer, à cause de l'impossibilité d'établir l'offense et d'en faire la preuve.

Le bourgeois moderne n'est surtout préoccupé que des rémunérations et compensations d'outre-tombe; il porte un médiocre intérêt au châtiment des méchants, c'est-à-dire des gens qui lui ont fait des torts personnels. L'enfer chrétien l'inquiète peu, d'abord parce qu'il est convaincu qu'il n'a rien fait, ni peut rien faire pour le mériter et ensuite parce qu'il a un ressentiment de courte haleine contre les confrères qui ont fauté contre lui. Il est toujours disposé à renouer avec eux des relations d'affaires ou de plaisir s'il y voit son profit; il a même une certaine estime pour ceux qui l'ont dupé, parce que, après tout, ils ne lui ont fait que ce qu'il leur a fait ou aurait voulu leur faire. Tous les jours, dans la société bourgeoise, on

1. Socrate, dans le dixième et dernier livre de *la République*, rapporte, comme digne de créance, l'histoire d'un Arménien qui, laissé pour mort pendant dix jours sur le champ de bataille, ressuscita, ainsi que Jésus, et raconta qu'il avait vu dans l'autre monde « les âmes punies dix fois pour chacune des injustices commises pendant la vie ». Elles étaient torturées par « des hommes hideux, qui paraissaient tout en feu... Ils écorchaient les criminels, les traînaient hors de la route sur des épines, etc. ». Les chrétiens, qui tirèrent de la sophistique platonicienne une partie de leurs idées morales, n'eurent qu'à compléter et à perfectionner l'histoire de Socrate pour constituer leur enfer, embelli de si épouvantables horreurs.

voit des individus, dont les filouteries avaient fait scandale et qu'on aurait cru perdus à jamais, revenir à la surface et acquérir une position honorable ; on ne leur demande que d'avoir de l'argent pour recommencer les affaires et les honnêtes profits (1).

L'enfer ne pouvait être inventé que par des hommes et pour des hommes torturés par la haine et la passion de la vengeance. Le Dieu des premiers chrétiens est un impitoyable bourreau, qui prend un savoureux plaisir à se repaître de la vue des supplices infligés pendant l'éternité aux infidèles, ses ennemis. « Le seigneur Jésus, dit saint Paul, se révélera au ciel avec les anges de sa puissance, avec des flammes de feu flamboyantes, exerçant la vengeance contre ceux qui ne connaissent pas Dieu et qui n'obéissent pas à l'évangile : ils seront punis d'une peine éternelle devant la face de Dieu et devant la gloire de sa puissance. » (II. *Thess.*, I. 6-9.) Le chrétien d'alors espérait d'une foi aussi fervente la récompense de sa piété que la punition de ses ennemis, qui devenaient les ennemis de Dieu. Le bourgeois ne nourrissant plus ces féroces haines, la haine ne rapporte pas de profits, n'a plus besoin d'un enfer pour assouvir sa

1. Émile Pereire, le lendemain du krach scandaleux du Crédit Mobilier, dont il était le fondateur et le directeur, rencontrant sur les boulevards un ami qui faisait mine de ne pas le reconnaître, alla droit à lui et l'apostropha à haute voix : « Vous pouvez me saluer, il me reste encore des millions. » L'interpellation qui traduisait si bien le sentiment bourgeois fut commentée et appréciée. Pereire est mort cent fois millionnaire, honoré et regretté.

vengeance, ni d'un Dieu bourreau pour châtier les confrères qui l'ont roulé.

La croyance de la Bourgeoisie en Dieu et en l'immortalité de l'âme est un des phénomènes idéologiques de son milieu social ; on ne l'en débarrassera qu'après l'avoir dépossédé de ses richesses volées aux salariés, et qu'après l'avoir transformée de classe parasitaire en classe productive.

La Bourgeoisie du xviiie siècle, qui luttait en France pour s'emparer de la dictature sociale, attaqua avec fureur le clergé catholique et le christianisme, parce qu'ils étaient les soutiens de l'aristocratie ; si dans l'ardeur de la bataille, quelques-uns de ses chefs : Diderot, La Mettrie, Helvétius, d'Holbach, poussèrent l'irréligion jusqu'à l'athéisme, d'autres, tout aussi représentatifs de son esprit, si ce n'est plus, Voltaire, Rousseau, Turgot, n'arrivèrent jamais jusqu'à la négation de Dieu. Les philosophes matérialistes et sensualistes, Cabanis, Maine de Biran, de Gérando, qui survécurent à la Révolution, rétractèrent publiquement leurs mécréantes doctrines. On ne doit pas perdre son temps à accuser ces hommes remarquables d'avoir trahi les opinions philosophiques qui, au début de leur carrière, leur avaient assuré la notoriété et des moyens d'existence ; la Bourgeoisie seule est coupable ; victorieuse, elle perdit son irréligieuse combativité, et ainsi que les chiens de la Bible, elle retourna à son vomi, le christianisme, qui comme la syphilis, est une maladie constitutionnelle qu'elle a dans le sang. Ces philosophes subirent l'influence de l'ambiance sociale : ils étaient bourgeois, ils évoluèrent avec leur classe.

Cette ambiance sociale, à l'action de laquelle ne peuvent se soustraire les bourgeois les plus instruits et les plus émancipés intellectuellement, est responsable du déisme d'hommes de génie, comme Cuvier, Geoffroy Saint-Hilaire, Faraday, Darwin, et de l'agnosticisme et du positivisme de savants contemporains, qui n'osant pas nier Dieu s'abstiennent de s'en occuper. Mais cette abstention est une implicite reconnaissance de l'existence de Dieu, dont ils ont besoin pour comprendre le monde social qui leur semble le jouet du hasard au lieu d'être régenté par la loi de nécessité, comme le monde naturel.

M. Brunetière, croyant lancer une épigramme contre la libre-pensée de sa classe, répète le mot du jésuite allemand Gruber, que « l'Inconnaissable est une idée de Dieu, appropriée à la Franc-Maçonnerie». L'Inconnaissable ne peut être l'idée de Dieu pour personne ; mais il est sa cause génératrice aussi bien chez les sauvages et les barbares que chez les bourgeois chrétiens et franc-maçons. Si les inconnus du milieu naturel ont rendu nécessaire pour le sauvage et le barbare l'idée d'un Dieu, créateur et régulateur du monde, les inconnus du milieu social rendent nécessaire pour le bourgeois l'idée d'un Dieu, distributeur des richesses volées aux salariés manuels et intellectuels, dispensateur des biens et des maux, rémunérateur des actions, redresseur des injustices et réparateur des torts. Le sauvage et le bourgeois sont entraînés à la croyance en Dieu, sans qu'ils s'en doutent, comme ils sont emportés par la rotation de la terre.

IV

ÉVOLUTION DE L'IDÉE DE DIEU

L'idée de Dieu, que les inconnus du milieu naturel et du milieu social ont déposée et fait germer dans le cerveau humain, n'est pas invariable ; elle varie au contraire d'après le temps et les lieux ; elle évolue à mesure que le mode de production se développe et transforme le milieu social.

Dieu, pour les Grecs, les Romains et les peuples de l'antiquité, était à demeure dans un lieu donné et n'existait que pour être utile à ses adorateurs et nuisible à leurs ennemis ; chaque famille avait ses Dieux particuliers, qui étaient les esprits des ancêtres divinisés, et chaque cité avait sa divinité municipale ou *poliade*, comme disaient les Grecs. Le Dieu ou la Déesse municipale résidait dans le temple qui lui était consacré et était incorporé dans son effigie, qui souvent était un bloc de bois ou une pierre ; il ou elle ne s'intéressait qu'au sort des habitants de la cité. Les Dieux ancestraux ne s'occupaient que des affaires de la famille. Le Jehovah de la Bible était un Dieu de cette sorte ; il logeait dans un coffre de bois, dit Arche Sainte, que l'on transportait quand les tribus se déplaçaient ; on la mettait à la tête des armées, afin que Jehovah se battît pour son peuple : s'il le châtiait cruellement pour les manquements à sa loi, il lui rendait aussi de nombreux services, que rapporte l'Ancien Testament. Quand le Dieu municipal n'était pas à la hauteur des circonstances, on lui adjoignait une autre divinité ; les Romains, pendant la deuxième guerre punique, firent venir de Pessinonte la statue de Cybèle, afin que la déesse d'Asie-Mineure les aidât à se défendre contre Annibal. Les Chrétiens n'avaient pas une autre idée de la divinité, quand ils démolissaient les temples et brisaient les statues des Dieux pour les déloger et les empêcher de protéger les paiens. — Les sauvages pensaient que l'âme était le duplicata du corps, aussi leurs esprits divinisés, bien qu'ils s'incorporassent dans des pierres, des morceaux de bois et des bêtes, conservaient la forme humaine. Pareillement pour saint Paul et les Apôtres, Dieu était anthropomorphe ; aussi en firent-ils un Homme-Dieu, semblable à eux quant au corps et à l'esprit ; tandis que le capitaliste moderne le conçoit sans tête ni bras, et présent en tous les coins et recoins de la terre, au lieu d'être cantonné dans une localité quelconque du globe.

Les Grecs et les Romains, ainsi que les Juifs et les premiers Chrétiens, ne pensaient pas que leur Dieu fût l'unique Dieu de la création ; les Juifs croyaient à Moloch, à Baal et aux autres Dieux des peuples avec qui ils guerroyaient aussi fermement qu'à Jehovah, et les chrétiens des premiers siècles et du moyen âge; s'ils appelaient Jupiter et Allah des faux Dieux, ils les prenaient cependant pour des Dieux, pouvant accomplir des prodiges miraculeux tout aussi bien que Jésus et son père éternel (1). C'est parce qu'on croyait à la multiplicité des Dieux, qu'il était possible que chaque ville eût un Dieu attaché à son service, renfermé dans un temple et incorporé dans une statue ou un objet quelconque ; Jehovah l'était dans une pierre. Le capitaliste moderne, qui pense que son Dieu est présent dans tous les lieux de la terre, ne peut faire autrement que d'arriver à la notion d'un Dieu unique ; et l'ubiquité qu'il attribue à son Dieu empêche qu'il se le représente avec une face et des fesses, avec des bras et des jambes, comme le Jupiter d'Homère et le Jésus de saint Paul.

Les divinités poliades, qui convenaient aux cités guerrières de l'antiquité, toujours en lutte avec les peuples environnants, ne pouvaient répondre aux besoins religieux que la production marchande créait dans les démocraties bourgeoises des villes commerciales et industrielles, obligées au contraire d'entretenir des relations pacifiques avec les nations circonvoisines. Les nécessités du commerce et de l'industrie forcèrent la bourgeoisie naissante à démunicipa-

---

1. Tertullien dans son *Apologétique* et saint Augustin dans *la Cité de Dieu* rapportent comme faits indéniables qu'Esculape avait ressuscité plusieurs morts, dont ils donnent les noms, qu'une Vestale avait porté de l'eau du Tibre dans un crible, qu'une autre Vestale avait remorqué un navire avec sa ceinture, etc...

liser les divinités poliades et à créer des Dieux cosmopolites. Sept ou six siècles avant l'ère chrétienne, on observe dans les villes maritimes de l'Ionie, de la Grande Grèce et de la Grèce des tentatives pour organiser des religions, dont les Dieux ne seraient pas exclusivement monopolisés par une cité, mais qui seraient reconnus et adorés par des peuples divers, même ennemis. Ces nouvelles divinités, Isis, Déméter, Dionysos, Mithra, Jésus, etc..., dont plusieurs appartenaient à l'époque matriarcale, revêtaient encore la forme humaine, bien qu'on commençât à sentir le besoin d'un Etre suprême, qui ne serait pas anthropomorphe ; mais ce n'est qu'à l'époque capitaliste que l'idée d'un Dieu amorphe s'est imposée, comme conséquence de la forme impersonnelle revêtue par la propriété des sociétés par actions.

La propriété impersonnelle des sociétés par actions, qui introduit un mode de possession absolument nouveau et diamétralement opposé à celui qui avait existé jusqu'alors, devait nécessairement modifier les habitudes et les mœurs du bourgeois et transformer par conséquent sa mentalité. Jusqu'à son apparition, on ne pouvait être possesseur que d'un vignoble dans le Bordelais, d'un tissage à Rouen, d'une forge à Marseille ou d'une épicerie à Paris. Chacune de ces propriétés, distinctes par le genre de l'industrie et la situation géographique, était possédée par un seul individu, ou par deux ou trois au plus ; il était rare qu'un même individu en possédât plusieurs. Il en va autrement avec la propriété impersonnelle ;

un chemin de fer, une mine, une banque etc., sont possédés par des centaines et des milliers de capitalistes, et un même capitaliste peut avoir côte à côte, dans son portefeuille, des titres de rente des dettes publiques de France, de Prusse, de Turquie, du Japon et des actions des mines d'or du Transvaal, des tramways électriques de Chine, d'une ligne de paquebots transatlantiques, d'une plantation de café du Brésil, d'un charbonnage de France, etc. Le capitaliste ne peut avoir pour la propriété impersonnelle dont il possède les titres l'amour que le bourgeois a pour la propriété qu'il administre ou fait diriger sous son contrôle : il ne lui porte d'intérêt qu'à proportion du prix payé pour l'action et du taux du dividende qu'elle rapporte. Il lui est absolument indifférent que le dividende soit servi par une entreprise de vidange, une raffinerie de sucre ou une filature de coton et qu'il soit produit à Paris ou à Pékin. Dès l'instant que le dividende seul importe, les caractères différentiels des propriétés qui le procurent disparaissent ; et ces propriétés d'industries et de situations géographiques différentes s'identifient pour le capitaliste à une propriété unique, porteuse de dividendes, dont les titres, circulant à la Bourse, continuent à conserver divers noms d'industrie et de pays.

La propriété impersonnelle, qui embrasse tous les métiers et s'étend sur tout le globe, déroule ses tentacules armées de suçoirs à dividendes aussi bien dans une nation chrétienne que dans un pays mahométan, bouddhiste ou fétichiste. L'accumulation des richesses étant la passion absorbante et maîtresse du bourgeois, cette identification de propriétés de nature et de nationalités différentes, à une propriété unique et cosmopolite, devait se refléter dans son intelligence et influencer sa conception de Dieu (1). La propriété impersonnelle l'amène sans qu'il s'en doute à identifier les Dieux de la terre à un Dieu unique et cosmopolite, qui, d'après les pays, porte le nom de Jésus, d'Allah ou de Bouddha, et est adoré selon des rites différents.

Il est de fait historique que l'idée d'un Dieu unique et universel, qu'Anaxagoras fut un des premiers à concevoir, et qui pendant des siècles n'a vécu que dans le cerveau de quelques penseurs, n'est devenu une idée courante que dans la civilisation capitaliste. Mais comme à côté de cette propriété impersonnelle, unique et cosmopolite, il subsiste encore d'innombrables propriétés personnelles et locales, des Dieux locaux et anthropomorphes coudoient dans la cervelle du capitaliste le Dieu unique et cosmopolite. — La division des peuples en nations, rivales commercialement et industriellement, oblige la Bourgeoisie à morceler son Dieu unique en autant de Dieux que de nations : aussi chaque peuple de la chrétienté croit que le Dieu chrétien, qui est cependant le Dieu de

---

1. « La richesse n'engendre pas la satiété, dit Théognis, l'homme qui a le plus de bien s'efforce d'en avoir le double. »

tous les chrétiens, est son Dieu national, comme l'étaient le Jehovah des Juifs et la Pallas-Athéna des Athéniens. Quand deux nations chrétiennes se déclarent la guerre, chacune prie son Dieu national et chrétien pour qu'il combatte pour elle et si elle remporte la victoire, elle chante des *Te Deum* pour le remercier d'avoir battu la nation rivale et son Dieu national et chrétien. Les païens faisaient battre entre eux des Dieux différents, les chrétiens font leur Dieu unique se battre avec lui-même. Le Dieu unique et cosmopolite ne pourrait détrôner complètement les Dieux nationaux dans la cervelle bourgeoise, que si toutes les nations bourgeoises étaient centralisées en une seule nation.

La propriété impersonnelle possède d'autres qualités, qu'elle a transmises au Dieu unique et cosmopolite.

Le propriétaire d'un champ de blé, d'un atelier de charpente ou d'une boutique de mercerie peut voir, toucher, mesurer, évaluer sa propriété, dont la forme nette et précise impressionne ses sens. Mais le propriétaire de titres de rente d'une dette publique et des actions d'un chemin de fer, d'une mine de charbon, d'une compagnie d'assurances ou d'une banque ne peut voir, toucher, mesurer, évaluer la parcelle de propriété que représentent ses titres et ses actions de papier; dans quelle forêt ou édifice de l'Etat, dans quel wagon, tonne de houille, police d'assurance ou coffre-fort de banque pourrait-il supposer qu'elle se trouve. Son fragment de propriété est perdu, fondu

dans un vaste tout qu'il ne peut même pas se figurer ;
car s'il a vu des locomotives et des gares, ainsi que
des galeries souterraines, il n'a jamais pu voir dans
son ensemble un chemin de fer et une mine ; et la dette
publique d'un Etat, une banque ou une compagnie
d'assurances ne sont pas susceptibles d'être représen-
tées par une image quelconque. La propriété impersonnelle, ne peut prendre dans son imagination
qu'une forme vague, imprécise, indéterminée ; elle
est pour lui plutôt un être de raison, qui révèle son
existence par des dividendes, qu'une réalité sensible.
Cependant cette propriété impersonnelle, indéfinie
comme un concept métaphysique, pourvoit à tous ses
besoins, ainsi que le Père céleste des chrétiens, sans
exiger de lui d'autre travail et cassement de tête que
d'encaisser des dividendes : il les reçoit dans une
béate paresse de corps et d'esprit comme une Grâce
du Capital, dont la Grâce de Dieu, « le plus vrai des
dogmes chrétiens » d'après Renan, est la réflexion
religieuse. Il ne se tracasse la cervelle pas plus pour
connaître la nature de la propriété impersonnelle qui
lui donne des rentes et des dividendes que pour savoir
si son Dieu unique et cosmopolite est homme, femme
ou bête, intelligent ou idiot, et s'il possède les qualités de force, férocité, justice, bonté, etc... dont avaient
été gratifiés les Dieux anthropomorphes ; il ne perd
pas son temps à lui adresser des prières, parce qu'il
est certain qu'aucune supplication ne modifiera le
taux de la rente et du dividende de la propriété impersonnelle dont son Dieu unique et cosmopolite est la
réflexion intellectuelle.

En même temps que la propriété impersonnelle
métamorphosait le Dieu anthropomorphe des chrétiens en un Dieu amorphe et en un être de raison,
en un concept métaphysique, elle dépouillait le
sentiment religieux de la Bourgeoisie de la viru-
lence qui avait engendré la fièvre fanatique des martyrs, des croisés et des inquisiteurs ; elle transformait la religion en une affaire de goût personnel,
comme la cuisine, que chacun accommode à sa façon, au beurre ou à l'huile, avec ou sans ail. Mais si
la Bourgeoisie capitaliste a besoin d'une religion et si
elle trouve le christianisme libéral à sa convenance,
elle ne peut accepter sans de sérieux amendements
l'Eglise catholique, dont le despotisme inquisitorial
descend jusqu'aux détails de la vie privée et dont
l'organisation d'évêques, de curés, de moines et de
jésuites, disciplinés et obéissant au doigt et à l'œil,
menace son ordre public. L'Eglise catholique pouvait
être supportée par la société féodale, dont tous les
membres, du serf au roi, étaient hiérarchisés et reliés
les uns aux autres par des droits et des devoirs
réciproques : mais elle ne peut être tolérée par la démocratie bourgeoise dont les membres égaux devant
la fortune et la loi, mais divisés par des intérêts, sont
entre eux en perpétuelle guerre industrielle et commerciale et veulent toujours avoir le droit de critiquer les autorités constituées et de les rendre responsables de leurs malechances économiques.

Le bourgeois qui, pour s'enrichir, ne veut être gêné
par aucune entrave, ne pouvait également tolérer

l'organisation corporative des maîtres de métiers, qui surveillaient la manière de produire et la qualité des produits. Il la brisa. Débarrassé de tout contrôle, il n'a plus que son seul intérêt à consulter pour faire fortune, chacun selon les moyens dont il dispose : il ne relève que de son élastique conscience pour la qualité des marchandises qu'il fabrique et vend ; au client de ne pas se laisser tromper sur la qualité, le poids et le prix de ce qu'il achète. Chacun pour soi et Dieu, c'est-à-dire l'argent, pour tous. La liberté de l'industrie et du commerce devait forcément se refléter dans sa manière de concevoir la religion, que chacun entend à sa manière. Chacun s'arrange avec Dieu, comme avec sa conscience en matière commerciale ; chacun selon ses intérêts et ses lumières interprète les enseignements de l'Eglise et les paroles de la Bible, mise entre les mains des protestants, comme le Code l'est entre les mains de tous les bourgeois.

Le bourgeois capitaliste qui ne peut être ni martyr, ni inquisiteur, parce qu'il a perdu la fureur de prosélytisme qui enflammait les premiers chrétiens — ils avaient un intérêt vital à augmenter le nombre des croyants, afin de grossir l'armée des mécontents, livrant bataille à la société païenne — a cependant une espèce de prosélytisme religieux, sans souffle et sans conviction, qui est conditionné par son exploitation de la femme et du salarié.

La femme doit être souple à ses volontés. Il la veut fidèle et infidèle selon ses désirs ; si elle est l'épouse

d'un confrère, et s'il la courtise, il lui réclame l'in-
fidélité par devoir envers son Moi et il déballe sa
rhétorique pour la débarrasser de ses scrupules religieux ; si elle est sa femme légitime, elle devient sa
propriété et doit être intangible ; il exige d'elle une
fidélité à toute épreuve, et se sert de la religion pour
lui enfoncer dans la tête le devoir conjugal.

Le salarié doit être résigné à son sort. La fonction
sociale d'exploiteur du travail exige que le bourgeois
propage la religion chrétienne, prêchant l'humilité et
la soumission à Dieu qui élit les maîtres et désigne
les serviteurs, et qu'il complète les enseignements du
christianisme par les principes éternels de la démocratie. Il a tout intérêt à ce que les salariés épuisent
leur énergie cérébrale en controverses sur les vérités
de la religion et en discussions sur la Justice, la Liberté, la Morale, la Patrie, et autres semblables attra-
pe-nigauds, afin qu'il ne leur reste une minute, pour
réfléchir sur leur misérable condition et sur les
moyens de l'améliorer. Le fameux radical et libre-
échangiste, Jacob Bright, appréciait si fort cette méthode stultifiante qu'il consacrait ses dimanches à
lire et à commenter la Bible à ses ouvriers. Mais le
métier d'abêtisseur biblique, que des bourgeois anglais des deux sexes peuvent entreprendre par désœu-
vrement et par boutade, est forcément irrégulier,
comme tout travail d'amateur. La Bourgeoisie industrielle a besoin d'avoir à sa disposition des professionnels de l'abêtissement pour remplir cette tâche.
Les clergés de tous les cultes les fournissent. Mais

toute médaille a son revers : la lecture de la Bible pour les salariés présente des dangers que Rockefeller a su apprécier. Le grand trustificateur, afin d'y remédier, a organisé un trust pour la publication de bibles populaires expurgées des plaintes contre les iniquités des riches et des cris de colère envieuse contre le scandale de leur fortune. L'Eglise catholique, qui avait prévu ces dangers, y avait paré, en interdisant aux fidèles la lecture de la Bible, et en brûlant vif Wicklef, son premier traducteur en langue vulgaire. Le clergé catholique, avec ses neuvaines, ses pèlerinages, et ses autres mômeries, est de tous les clergés celui qui pratique le plus savamment l'art d'abêtir ; il est aussi le mieux agencé pour la fourniture des frères et des sœurs ignorantins à l'usage des écoles primaires, et des religieuses surveillantes à l'usage des ateliers de femmes. La haute bourgeoisie industrielle, à cause des multiples services qu'il lui rend, le soutient politiquement et pécuniairement, malgré l'antipathie qu'elle ressent pour sa hiérarchie, sa rapacité et son ingérence dans les affaires familiales.

V

CAUSES DE L'IRRÉLIGION DU PROLÉTARIAT

Les nombreuses tentatives faites en Europe et en Amérique pour christianiser le Prolétariat industriel ont complètement échoué; elles n'ont pas réussi à le tirer de son indifférence religieuse qui se généralise à mesure que la production mécanique enrégimente de nouvelles recrues de paysans, d'artisans et de petits bourgeois dans l'armée des salariés.

Le mode mécanique de production, qui engendre la religiosité chez le bourgeois, crée au contraire l'irréligiosité chez le prolétaire.

S'il est logique que le capitaliste croie à une providence attentive à ses besoins, et à un Dieu qui l'élit entre des milliers de milliers pour combler de richesses sa paresse et son inutilité sociale, il est encore plus logique que le prolétaire ignoré l'existence d'une providence divine, puisqu'il sait qu'aucun Père céleste ne lui donnerait le pain quotidien s'il le priait du matin au soir, et que le salaire qui lui procure les premières nécessités de la vie, il l'a gagné par son travail; et il ne sait que trop que s'il ne travaillait pas il crèverait de faim malgré tous les Bons-Dieux du ciel et tous les philanthropes de la terre. Le salarié est à lui-même sa providence. Ses conditions de vie rendent impossible la conception d'une autre providence: il n'a pas dans sa vie, comme le bourgeois dans la sienne, de ces coups de fortune, qui pourraient par magie le tirer de sa triste situation. Salarié il est né, salarié il vit, salarié il meurt. Son ambition ne peut aller au delà d'une augmentation de salaire et d'une continuité de salaires pendant tous les jours de l'année et pendant toutes les années de sa vie. Les hasards et les chances imprévus de fortune qui prédisposent les bourgeois aux idées superstitieuses n'existent pas pour le prolétaire ; et l'idée de Dieu ne peut apparaître dans le cerveau humain, que si sa venue est préparée par des idées superstitieuses de n'importe quelle origine.

Si l'ouvrier se laissait entraîner à la croyance en ce Dieu, dont il entend parler autour de lui sans y attacher aucune attention, il commencerait par questionner sa justice, qui ne l'allotit que de travail et de misère ; il le prendrait en horreur et en haine et se le représenterait sous la forme et l'espèce d'un bourgeois exploiteur, comme les esclaves noirs des colonies, qui disaient que Dieu était blanc, ainsi que leurs maîtres.

Assurément le salarié, pas plus que le capitaliste et ses économistes, ne se rend compte de la marche des phénomènes économiques et ne s'explique pas pourquoi, aussi régulièrement que la nuit succède au jour, les périodes de prospérité industrielle et de travail à haute pression sont suivies par des crises et des chômages. Cette incompréhension, qui prédispose l'esprit du bourgeois à la croyance en Dieu, n'a pas le même effet sur celui du salarié, parce qu'ils occupent des situations différentes dans la production moderne. La possession des moyens de production donne au bourgeois la direction sans contrôle de la production et de l'écoulement des produits et l'oblige, par conséquent, à se préoccuper des causes qui les influencent : le salarié, au contraire, n'a pas le droit de s'en inquiéter. Il ne participe ni à la direc-

tion de la production, ni au choix et à l'approvision-
nement de ses matières premières, ni à la manière
de produire, ni à la vente des produits ; il n'a qu'à
fournir du travail comme une bête de somme.
L'obéissance passive des Jésuites qui soulève la verbeuse indignation des libres-penseurs est la loi dans
l'armée et l'atelier. Le capitaliste plante le salarié
devant la machine en mouvement et chargée de matières premières et lui ordonne de travailler ; il devient
un rouage de la machine. Il n'a dans la production
qu'un but, le salaire, le seul intérêt que la Bourgeoisie a été forcée de lui laisser ; quand il l'a touché, il
n'a plus rien à réclamer. Le salaire étant le seul intérêt qu'elle lui a permis de conserver dans la production, il n'a donc à se préoccuper que d'avoir du travail pour recevoir un salaire : et comme le patron ou
ses représentants sont les donneurs de travail, c'est
à eux, à des hommes de chair et d'os comme lui,
qu'il s'en prend, s'il a ou n'a pas du travail, et non à
des phénomènes économiques, que peut-être il
ignore ; c'est contre eux qu'il s'irrite pour les réductions de salaire et le ralentissement du travail et non
contre les perturbations générales de la production.
Il les rend responsables de tout ce qui lui arrive de
bien et de mal. Le salarié personnalise les accidents de
la production qui l'atteignent, tandis que la possession des moyens de production se dépersonnalise
à mesure qu'ils se mécanisent.

La vie que mène l'ouvrier de la grande industrie le
soustrait encore plus que le bourgeois aux influen-

ces du milieu naturel, qui entretiennent chez le paysan la croyance aux revenants, aux sorciers, aux maléfices et autres idées superstitieuses. Il lui arrive de n'apercevoir le soleil qu'à travers les fenêtres de l'atelier et de ne connaître de la nature que la campagne environnante de la ville où il travaille et de ne la voir qu'à de rares occasions : il ne saurait distinguer un champ de blé d'un champ d'avoine et un pied de pommes de terre d'un pied de chanvre ; il ne connaît les productions de la terre que sous la forme qu'il les consomme. Il est dans une complète ignorance des travaux des champs et des causes qui influent sur le rendement des moissons : la sécheresse, les pluies torrentielles, la grêle, les ouragans, etc., ne lui font jamais songer à leur action sur la nature et ses récoltes. Sa vie urbaine le met à l'abri des inquiétudes et des troublantes préoccupations qui assaillent l'esprit du cultivateur. La nature n'a pas de prise sur son imagination.

Le travail de l'atelier mécanique met le salarié en rapport avec de terribles forces naturelles que le paysan ignore : mais au lieu d'être dominé par elles, il les contrôle. Le gigantesque outillage de fer et d'acier qui emplit l'usine, qui le fait mouvoir, comme un automate, qui parfois l'agrippe, le mutile, le broie, au lieu d'engendrer chez lui une terreur superstitieuse, comme le tonnerre chez le paysan, le laisse impassible et impavide, car il sait que les membres du monstre métallique ont été fabriqués et montés par des camarades et qu'il n'a qu'à déplacer une courrole pour le mettre en marche ou l'arrêter. La machine, malgré sa puissance et sa production miraculeuses, n'a pour lui aucun mystère. L'ouvrier des usines productrices d'électricité, qui n'a qu'à tourner une manivelle sur un cadran pour envoyer à des kilomètres la force motrice à des tramways, ou la lumière aux lampes d'une ville, n'a qu'à dire comme le Dieu de la *Genèse* : « Que la lumière soit », pour que la lumière soit... Jamais sorcellerie plus fantastique n'a été imaginée ; cependant pour lui cette sorcellerie est chose simple et naturelle. On l'étonnerait fort si on venait lui dire qu'un Dieu quelconque pourrait, s'il le voulait, arrêter les machines et éteindre les lampes quand il leur a communiqué l'électricité ; il répondrait que ce Dieu anarchiste serait tout bonnement un engrenage dérangé ou un fil conducteur rompu et qu'il lui serait facile de chercher et de mettre à la raison ce Dieu perturbateur. La pratique de l'atelier moderne enseigne au salarié le déterminisme scientifique, sans qu'il ait besoin de passer par l'étude théorique des sciences.

Parce que le bourgeois et le prolétaire ne vivent plus dans les champs, les phénomènes naturels n'ont plus le pouvoir d'enfanter chez eux les idées superstitieuses, qui ont été utilisées par le sauvage pour élaborer l'idée de Dieu ; mais si l'un, parce qu'il appartient à la classe dominante et parasitaire, subit l'action génératrice d'idées superstitieuses des phénomènes sociaux, l'autre parce qu'il appartient à la classe exploitée et productive est soustrait à leur action

superstitiante. La bourgeoisie ne pourra être déchris-
tianisée et délivrée de la croyance en Dieu tant qu'elle
ne sera pas expropriée de sa dictature de classe et des
richesses qu'elle dérobe quotidiennement aux travailleurs salariés.

La libre et impartiale étude de la nature a fait naître et a fermement établi dans certains milieux scientifiques la conviction que tous ses phénomènes sont
soumis à la loi de nécessité et que l'on doit rechercher
leurs causes déterminantes dans là nature et non pas
en dehors d'elle. Cette étude a de plus permis la domestication des forces naturelles à l'usage de l'homme.

Mais l'emploi industriel des forces naturelles a
transformé les moyens de production en organismes
économiques si gigantesques qu'ils échappent au
contrôle des capitalistes qui les monopolisent, ce que
démontrent les crises périodiques de l'industrie et du
commerce. Ces organismes de production, quoique
de création humaine, bouleversent le milieu social,
lorsque les crises éclatent, aussi aveuglément que
les forces naturelles troublent la nature lorsqu'elles
se déchaînent. Les moyens de production modernes
ne peuvent plus être contrôlés que par la société ; et
pour que ce contrôle puisse s'établir, ils doivent au
préalable devenir propriété sociale : alors seulement
ils cesseront d'engendrer les inégalités sociales, de
donner les richesses aux parasites et d'infliger les
misères aux producteurs salariés et de créer les perturbations mondiales que le capitaliste et ses économistes ne savent attribuer qu'au hasard et à des cau-

ses inconnues. Lorsqu'ils seront possédés et contrôlés par la société, il n'y aura plus d'Inconnaissable d'ordre social ; alors, et alors seulement, sera définitivement éliminée de la tête humaine la croyance en Dieu.

L'indifférence en matière religieuse des ouvriers modernes, dont j'ai recherché les causes déterminantes, est un phénomène nouveau, qui se produit pour la première fois dans l'histoire ; les masses populaires ont, jusqu'ici, toujours élaboré les idées spiritualistes que les philosophes n'ont qu'à quintessencier et embrouiller, ainsi que les légendes et les idées religieuses, que les prêtres et les classes régnantes n'ont fait qu'organiser en religions officielles et en instruments d'oppression intellectuelle.

APPENDICE

Le Mythe de Prométhée (1)

> Les mythes sont des récits mensongers,
> qui rapportent la vérité.
>
> ARISTOTE

I

L'INTERPRÉTATION DU MYTHE

Prométhée, l'indomptable Titan, qui, enchaîné et les flancs déchirés par le vautour, menace encore Zeus, est devenu pour les mythologues anciens et modernes la poétique et héroïque personnification de l'invention du feu, qu'il dérobe au ciel et communique aux hommes, à qui il enseigne l'usage pour le travail des métaux.

Un orientaliste, M. F. Baudry, attribue une origine aryenne au mythe et au nom de Prométhée : *pra-*

1. Le Mythe de Prométhée est ajouté aux essais sur l'origine des idées, parce qu'il contient une étude de récits mythologiques, qui renseignent sur l'évolution de l'idée de l'âme chez les Hellènes préhistoriques.

mantha désigne en sanscrit le bâton qui tourne dans un trou pratiqué au centre d'un disque de bois, et *pramathyus*, celui qui obtient du feu par ce procédé. Les Grecs dérivaient son nom de Ιρο-μαθεῖν, connaître en avance, prévoir : Prométhée est le *prévoyant* et son frère Épiméthée, l'*imprévoyant*. Eschyle l'appelle le « prévoyant » (*Prométhée*, v. 85), « le fils ingénieux de Thémis aux sages conseils » (*ib.*, v. 18), « le rusé, l'artificieux » (*ib.*, v. 62). Il est, pour Hésiode, ainsi que pour Eschyle, l'être subtil, astucieux, intelligent. Son nom n'avait pour les Grecs aucune liaison étymologique avec le feu.

L'interprétation du mythe, acceptée sans conteste, n'aurait quelque chance d'être incontestable que si Zeus, le bourreau du Titan, était un dieu primitif, dont l'origine, comme celle de Gaïa, se perdrait dans la nuit des temps ; il est au contraire contemporain de Prométhée, qui le traite de « chef nouveau des bienheureux » (*ib.*, v. 96), d'usurpateur du trône de Kronos, dont il est le premier né d'après l'*Iliade* et le troisième d'après Hésiode. Il appartenait à la troisième génération des divinités masculines du Panthéon hellène, qui avaient été précédées par Gaïa, « la Mère de tout » — Παμμήτηρ (*ib.*, v. 90). Il faudrait donc admettre que les Grecs préhistoriques seraient les hommes les plus inférieurs dont on aurait connaissance ; puisque on n'a pas encore trouvé de horde sauvage, qui ne connût le feu, qui ne l'employât pour se chauffer, cuire les aliments et éloigner les bêtes féroces et qui ne le produisît par le frottement de deux morceaux de bois. Il est plus que probable que les Aryens, avant d'émigrer de l'Inde, possédaient le feu : en tous cas, les Hellènes l'utilisaient pour le travail des métaux avant la naissance de Zeus et de Prométhée, puisque les Cyclopes, qui fabriquèrent les foudres que le fils de Kronos lança contre les Titans, étaient, d'après Hésiode, fils d'Ouranos, c'est-à-dire de la première génération des divinités masculines. D'ailleurs, Prométhée, lui-même, reconnaît que les hommes connaissaient le feu et qu'il n'eut à leur enseigner qu'à tirer les présages de la flamme (*ib.*, v. 499) et qu'un « peuple sauvage, les Chalybes, savaient forger le fer » (*ib.*, v. 709-710).

Prométhée n'avait donc pas à communiquer le feu aux Hellènes préhistoriques, ni à leur enseigner l'usage : il faut chercher une autre interprétation au mythe.

II

LE CULTE DU FEU

Le feu, générateur de force motrice et agent principal de la production capitaliste, est une des premières inventions de la sauvagerie : son usage, bien mieux que l'emploi du caillou et de la branche d'arbre, comme armes et outils, distingue l'homme du singe anthropoïde. Son utilité impressionne si vivement l'imagination de l'homme primitif que, dès qu'il s'organise en tribus, clans et familles matriarcales et patriarcales, il lui rend un culte, qui, en Grèce et en Italie, persiste jusqu'au christianisme et qui survit dans le catholicisme : les cierges qu'on allume sur les autels et les lumières qu'on entretient jour et nuit devant des images saintes sont les restes de ce culte sauvage.

La conservation du feu, long et pénible à obtenir par frottement, incombe aux femmes des peuplades sauvages ; lorsque la horde change de campement, elles transportent dans des écorces les tisons, enfouis sous la cendre : de nos jours les bergers de Sicile, pour avoir toujours du feu, ont un morceau allumé de férule, plante de la famille des ombellifères, dont la moelle prend feu aisément, et le conserve sous la cendre ; c'est précisément dans une tige de férule, *narthex*, que Prométhée, d'après Hésiode et Eschyle, cacha le tison dérobé à l'Olympe. Le vestibule des basiliques de l'Eglise primitive portait le nom de nar-thex, probablement en souvenir du rôle joué par la plante pour la conservation du feu dans les temps préhistoriques de l'Hellade.

Une déesse, Hestia, dont le nom signifie foyer et par extension, maison, demeure, et qui correspond à la Vesta des Romains, avait chez les Grecs la garde du feu sacré de chaque famille et de chaque cité : elle recevait les prémices de tous les sacrifices et dans les festins la première libation était faite en son honneur. Son autel à Delphes était l'objet d'une singulière vénération : il était le « foyer commun » de la Grèce, on y venait chercher un tison pour rallumer le feu des temples quand il venait à s'éteindre. Dans les sanctuaires qu'elle partageait avec Zeus et d'autres dieux, c'était toujours à elle qu'on faisait d'abord hommage des offrandes et des holocaustes, comme à la divinité la plus antique et la plus vénérée ; et à Olympie, lors des jeux, le premier sacrifice qu'offrait la Grèce assemblée était pour Hestia, le second, pour Zeus (*Pausanias*, V. 14). Elle était l'aînée des enfants de Rhea et de Kronos (*Théogonie*, v. 453). Poséidon voulant suivre l'exemple de Zeus, qui avait épousé sa sœur Hera, proposa de la prendre pour femme : le mariage de Zeus et de Hera, que les Crétois appelaient le *mariage sacré*, indique que les unions sexuelles avaient lieu dans le sein de la horde, entre femmes et hommes de la même génération, qui se considèrent comme frères et sœurs : Mac Lennan, qui a retrouvé ces mœurs dans les hordes australiennes, les nomme *endogamiques*. Hestia resta vierge ; il est vrai, avec la permission de Zeus, devenu le chef de la famille Olympienne. Callimaque, dans l'*Hymne à Artemis*, dit que cette déesse obtint semblable autorisation, ainsi que les nymphes qui l'accompagnaient. *Rester vierge*, dans les temps préhistoriques, ne signifie pas faire vœu de virginité et de chasteté, mais refuser de se soumettre au joug du mariage patriarcal, que Zeus avait intronisé dans l'Olympe. Les femmes qui, sur terre, n'acceptaient pas la coutume patriarcale conservaient le nom de vierges, quoique mères de nombreux enfants. Eschyle appelle les Amazones des vierges (*rom.*, v. 418) ; la langue grecque reproduit cette idée prépatriarcale, quand elle dit que l'enfant d'une jeune fille non mariée est *fils de vierge*, Παρθενίας.

Les sauvages errants se groupent autour du feu pour manger et dormir ; quand ils cessent d'être nomades et qu'ils construisent des demeures, celles-ci sont communes et logent tout le clan : le foyer, situé au milieu de la maison, devient le centre du clan, qui n'a qu'une demeure et qu'un foyer, tant que durent les mœurs communistes (1).

Les Grecs plaçaient le foyer commun de la cité, c'est-à-dire l'autel de Hestia dans le Prytanée, qui en souvenir des demeures primitives, était circulaire, ainsi que le temple de Vesta à Rome. Le Prytanée devint par la suite le siège des pouvoirs publics et des tribunaux, le lieu de réception des hôtes et des ambassadeurs. Il était situé à Athènes près de l'Agora, au pied de l'Acropole ; primitivement, il était à son sommet, sur lequel campait la tribu sauvage. Un feu perpétuel était entretenu sur son autel ; il était le foyer de la cité, ἑστία πόλεως, disaient les Grecs, *focus* ou *penetrale urbis*, disaient les Latins : d'après Tite-Live ils croyaient que le destin de Rome était attaché à ce foyer. Le soir on couvrait de cendres le feu, que l'on ravivait le matin avec des branchages d'espèces spéciales, car il ne devait pas être alimenté avec tou-

---

1. Hestia, ἑστία, le nom de la déesse du foyer, a pour racine στα, qui donne naissance à des mots comportant l'idée de s'arrêter, de s'établir, d'où le latin *stare* et le français *station*.

tes sortes de bois : s'il venait à s'éteindre, il ne pouvait être rallumé que par le procédé sauvage, par le frottement de deux morceaux de bois. Nul, s'il n'était citoyen, ne pouvait assister aux sacrifices faits sur l'autel du foyer de la cité ; le seul regard de l'étranger souillait l'acte religieux : si l'ennemi s'était emparé d'une ville et que les citoyens vinssent à la reprendre, il fallait avant toute chose purifier les temples : tous les foyers des familles et de la cité étaient éteints et rallumés ; le contact de l'étranger les avait profanés (1).

Quand le clan cesse de vivre en communauté et qu'il se segmente en familles privées, chaque famille se construit une maison et allume un foyer avec un tison pris au foyer de la maison commune ; ce feu était religieusement entretenu ; lorsqu'il cessait de brûler, c'est que la famille avait péri tout entière : *foyer teint* et *famille teinte* étaient synonymes chez les Grecs.

Dans les temps historiques, les émigrants, qui s'en allaient fonder une colonie, emportaient un tison du prytanée de la cité qu'ils abandonnaient afin d'allumer le foyer de la ville qu'ils devaient créer ; si le feu de ce nouveau prytanée s'éteignait, il n'était pas per-

---

1. Les Juifs avaient également le culte du feu. Josèphe raconte qu'ils y étaient si attachés que, de son temps, une émeute éclata à Jérusalem, parce que le gouverneur romain, Florus, avait interdit « la fête que l'on nomme *Xylophorie*, durant laquelle on porte au temple une très grande quantité de bois, afin d'y entretenir un feu qui ne doit jamais s'éteindre. » *Histoire de la guerre des Juifs*, liv. II, ch. XXXI.

mis de le rallumer ; il fallait retourner chercher un tison au foyer de la métropole, qui était *la source du feu sacré* des familles et des colonies. Une armée entrant en campagne prenait un tison du feu sacré que le *pyrophore* portait à sa tête : sa fonction lui donnait un caractère sacré ; le vainqueur l'épargnait.

Le feu sacré du prytanée était la source de l'autorité ; *prytane* est synonyme de chef, magistrat, roi : à Milet, à Corinthe et dans tous les Etats grecs, les prytanes étaient les premiers magistrats de la cité ; à Athènes, ils étaient les cinquante sénateurs, élus par les dix tribus, qui, à tour de rôle présidaient le sénat et les assemblées populaires et veillaient à l'exécution des décrets.

La famille olympienne, ainsi que les cités et les familles humaines, avait son foyer, qui était « la source du feu ». Pindare appelle Zeus « le prytane du tonnerre et des éclairs » et Eschyle « le prytane des bienheureux » (*Prom.*, v. 173). Le feu que Prométhée ravit à « la source du feu » (*ib.*, v. 109-110) n'est pas le feu ordinaire que connaissaient les mortels, mais un tison de ce feu sacré que Zeus refusait de communiquer aux « hommes mortels » (*Theog.*, v. 564), sans lequel on n'avait pas le droit d'allumer un foyer familial.

Prométhée ne personnifie pas l'invention du feu ; mais les épisodes de son mythe, rapportés par Hésiode et Eschyle, sont des souvenirs des luttes qui déchirèrent les tribus de l'Hellade préhistorique, lorsqu'elles substituèrent la famille patriarcale à la famille

matriarcale, ainsi que des événements qui désagré-
gèrent la famille patriarcale et préparèrent l'éclosion
de la famille bourgeoise, composée par un seul ménage, laquelle subsiste encore.

III

LE MATRIARCAT ET LE PATRIARCAT

Il a été admis qu'il n'a jamais existé de société
humaine, qui, à l'origine, n'ait été basée sur la famille
patriarcale : il est en effet probable, ainsi que le suppose Darwin, que l'*homo alalus* avait des mœurs analogues à celles des gorilles, qui vivent en petites hordes patriarcales, formées par plusieurs femelles et un
seul mâle. Lorsque les jeunes mâles arrivent à l'âge
adulte, ils se battent entre eux et avec leur père,
pour savoir qui restera le maître de la bande; le plus
fort tue ou expulse les plus faibles et devient le
patriarche de la famille : il a des relations sexuelles
avec les femelles qui sont ses filles, ses sœurs et sa
mère. L'homme a pu débuter par une semblable
famille patriarcale ; mais il est certain qu'il a dû avoir
les mœurs promisques des gorilles, car, ainsi qu'eux,
il ignorait les liens de parenté qui l'unissaient aux
femmes de sa horde : de nos jours deux anthropologistes anglais, Spencer et Gillen, affirment qu'il existe,
dans l'Australie centrale, une peuplade sauvage, les

Aruntas, qui ignorent que les enfants proviennent des unions sexuelles ; ce n'est que depuis quelques siècles que les Européens savent positivement qu'un enfant ne peut être procréé sans rapports charnels de la femme et de l'homme ; pendant le moyen âge ils pensaient que la femme pouvait être fécondée par des esprits.

Mais cette première et hypothétique forme de la famille, qui n'a pu se produire que lorsque l'homme se distinguait à peine du singe anthropoïde, n'a pas laissé de traces ; au contraire, les observations faites sur les nations sauvages et les traditions recueillies sur les origines de l'espèce humaine né nous montrent que des sociétés de femmes et d'hommes, vivant en plus ou moins bonne intelligence. Il était naturel que, dans ces groupes, où règne la polygamie des deux sexes, les enfants, connaissant avec certitude leur mère, se groupassent autour d'elle et que la filiation s'établît par la mère et non par le père, qui est inconnu ou tout au moins incertain et que lorsque la famille s'individualise, ce soit la mère qui, d'abord, en devienne le centre et le chef. Dès le milieu du siècle dernier, Morgan aux Etats-Unis et Bachofen en Suisse signalèrent l'existence de la famille matriarcale, qui, dans l'ancien et le nouveau monde, aurait précédé la famille patriarcale. Les anthropologistes sont aujourd'hui unanimes pour admettre cette forme de la famille ; ils ne sont divisés que sur le degré d'autorité que la mère y aurait exercé. La forme patriarcale qui la supplante, lorsque les biens mobiliers augmentent en nombre et en importance, place la femme dans une position subalterne : elle perd son indépendance ; au lieu de rester dans son clan et de recevoir son mari dans la maison maternelle, elle est achetée et entre en esclave dans la demeure de son époux. La langue grecque enregistre cette transformation : Πόσις, qui primitivement signifie le *maître*, prend la signification d'*époux* ; δάμαρ, la domptée, la vaincue, devient le nom de l'*épouse*, au lieu de δέσποινα, la maîtresse de maison, la souveraine, dont continuaient à se servir les Spartiates chez qui survivaient des mœurs matriarcales ; la *jeune fille* est la non encore domptée, άδμης ; l'*Odyssée* (VI, v. 109) appelle Nausicaa, « la vierge non domptée, » Παρθένος άδμής, parce qu'elle n'est pas mariée.

La famille patriarcale se compose d'un nombre plus ou moins grand de ménages, formés par le mari, sa femme légitime, ses concubines et leurs enfants ; tous sont soumis à l'autorité despotique du patriarche, considéré comme le Père de tous les membres de la famille. Il a le droit de vie et de mort non seulement sur sa femme, ses concubines et ses enfants, mais encore sur ses oncles et sur ses frères et sur leurs femmes et enfants : ils sont, selon la dure formule romaine, dans *sa main, in manu*. Il est le propriétaire titulaire du domaine foncier, qui sert de base à la famille patriarcale, et qui est inaliénable ; il l'administre dans l'intérêt de tous ses membres.

IV

LE PATRIARCAT DANS L'OLYMPE

La transformation de la situation familiale de la femme, qui s'est effectuée chez certains peuples graduellement et sans des heurts tragiques, semble s'être accomplie dans l'Hellade violemment après des luttes sanglantes, si l'on s'en rapporte aux légendes mythologiques, les seuls souvenirs de cette époque que l'on possède. La brutale prise de possession de l'Olympe par Zeus, qui devient le « Père des Dieux et des hommes », dit Hésiode, ou simplement le « Père », comme disent l'Iliade et Eschyle, est une reproduction au ciel de ce qui s'était passé sur terre, quand le Père se substitua à la Mère dans la maîtrise de la famille,

Le ciel reflète les événements de la terre, comme la lune réfléchit la lumière du soleil ; car l'homme ne fabrique et ne peut fabriquer ses religions qu'en dotant les divinités de son imagination, de ses mœurs, de ses passions et de ses pensées ; il transporte dans le royaume des Dieux les événements caractéristiques de sa vie ; il rejoue au ciel les drames et les comédies de la terre. Les mythes, qui sont élaborés alors que la tradition orale est le seul moyen de perpétuer la mémoire des événements, sont, pour ainsi dire, des reliquaires qui conservent les souvenirs d'un passé

Lafargue 20

qui autrement serait complètement perdu. Le mythe de Prométhée est riche en documents sur l'organisation et la désorganisation du patriarcat chez les Hellènes.

Hésiode désigne les deux générations divines qui précédèrent Zeus sous les noms d'Ouranos et de Kronos ; on pourrait supposer qu'il croyait que de tout temps la filiation s'était faite par le père et que la famille patriarcale était instituée. Eschyle au contraire accuse Zeus d'avoir révolutionné l'Olympe et d'y avoir introduit un ordre nouveau. Il ne nomme jamais le père de Prométhée, qui pour lui devait être inconnu ou incertain, bien qu'Hésiode le prétende fils de Japet. Son Prométhée ne connaît que sa mère, Thémis, « l'antique déesse » ; quand il interpelle les Océanides, il les appelle filles de Thétis et mentionne ensuite leur père Okeanos (*Prom.*, v. 138-141) ; c'est ainsi que les Egyptiens, chez qui subsistaient des mœurs matriarcales, inscrivaient sur les tombeaux le nom de la mère, puis celui du père. Lorsqu'il est enchaîné, ce n'est pas Ouranos et Kronos qu'il implore, mais Gaia, « la Mère de tout ». Ouranos et Kronos appartiennent au cycle matriarcal : la Mère gouverne la famille et ses membres n'obéissent qu'à elle ; c'est Rhea, qui ordonne à ses trois fils, Zeus, Poseidon et Hadès, d'enchaîner leur père Kronos ; c'est Gaia qui commande à son fils Kronos d'émasculer Ouranos, pour échapper à ses embrassements amoureux (1).

1. Andrew Lang rapproche de la mutilation d'Ouranos plusieurs mythes analogues, recueillis chez les Boshimans

Prométhée, fils d'une matriarche, « l'antique Mère,
la Titanide Thémis » (*ib.*, v. 866) dont le nom est un
synonyme de Gaia (*ib.*,   213-214), la Mère par excellence, et frère des Titans, les défenseurs de l'ordre
matriarcal, devait prendre parti contre Zeus. En effet,
il commença par combattre avec les Titans, mais ses
conseils n'ayant pas été écoutés et prévoyant leur
défaite, il les abandonna et passa dans le camp de
Zeus, emmenant avec lui sa mère : elle épousa sa
cause, ainsi que l'avait fait Athena, qui est une
déesse antérieure à Zeus, dont cependant elle devait
devenir la fille adoptive, pour se conformer à l'ordre
nouveau. La lutte pour l'introduction du patriarcat
sur la terre dut être longue, puisque la guerre des
Titans, dit Hésiode, dura dix ans, c'est-à-dire un
temps indéterminé, comme les sièges de Troie et de
Véies ; elle dut être extrêmement confuse puisqu'on
voit des divinités changer de parti et guerroyer dans
un camp où on aurait cru ne pas devoir les rencontrer.

et les Polynésiens, et, selon son habitude, il ne cherche
pas à les interpréter ; ils ont cependant une valeur préhistorique, ils conservent probablement le souvenir des premières tentatives faites dans les hordes sauvages pour faire
cesser la promiscuité sexuelle. L'initiative, d'après le
mythe grec, fut prise par la femme, qui dut recourir jusqu'à l'éviration pour restreindre le cercle des rapports
charnels. J.-J. Atkinson, qui vécut au milieu des tribus
polynésiennes, attribue à la femme la cessation des unions
incestueuses, entre mère et fils et père et filles, dont les
légendes religieuses de tous les peuples rapportent de nombreux exemples. *Primal law*, 1903.

Zeus, plus avisé que les Titans, écouta Prométhée ; sur ses conseils, il emprisonna Kronos et ses alliés dans le Tartare (*ib.*, v. 223-224). Ses services furent si importants qu'il se vante « d'avoir distribué les honneurs aux nouveaux dieux » (*ib.*, 440-441). « Il se dévore le cœur » en songeant à tout ce qu'il a fait pour Zeus ; cependant dès que celui-ci devient le maître de l'Olympe, il conspire contre lui et regagne l'amitié des partisans du matriarcat, qu'il avait trahi. Les Océanides, qui restent fidèles à l'ordre antique et qui jurent par les Moires, que « jamais elles ne deviendront les compagnes de la couche de Zeus et ne s'uniront à aucun des habitants du ciel » (*ib.*, v. 885-887), sont les premières à accourir à son appel. Elles se lamentent sur son supplice et maudissent « Zeus, qui règne par des lois nouvelles et qui anéantit tout ce qui jusqu'alors avait été vénérable » (*ib.*, v. 151-153) ; elles lui apprennent que « les mortels qui habitent l'Asie sacrée..., et que les Amazones, les vierges de la terre de Colchide », pleurent ses malheurs et déplorent « les dignités antiques et magnifiques que lui et ses frères ont perdues » (*ib.*, v. 409-420).

L'ordre nouveau est odieux. Zeus, patriarche de l'Olympe, ainsi que le Père de la famille terrestre, est « un maître dur, qui ne doit pas rendre de comptes » (*ib.*, v. 328) : « personne n'est indépendant, hormis lui » (*ib.*, v. 11). « Il impose toujours avec colère sa volonté inflexible et asservit la race céleste » (*ib.*, v. 165) « Il règne sans miséricorde d'après ses propres lois et courbé sous un joug orgueilleux les dieux d'autrefois » (*ib.*, v. 406-408). Quand le « Père » entre, ils doivent se lever et rester debout en sa présence (*Iliade*, I, v. 534). « Il n'a pour justice que sa volonté » (*Prom.*, v. 100-101). « Son cœur est inexorable, car qui exerce le pouvoir depuis peu de temps est dur » (*ib.*, v. 34-35).

Zeus, qui reproduit les faits et gestes du patriarche terrestre, s'était emparé par la force du gouvernement de la famille céleste ; il chassa de l'Olympe les divinités matriarcales et les Titans, et pour le conserver il employa la force, car, dit l'*Hymne à Zeus* de Callimaque, il ne faut pas croire que le partage de l'héritage de Kronos entre les trois frères se fit par la voie du sort, il prit par force la part du lion. Il ne maintenait son autorité que par la force : il avait à côté de son siège deux serviteurs, la Force et la Violence, Κρατος και Βια, toujours prêts à lui obéir ; sur son ordre ils accompagnèrent Hephœstos afin de lui prêter mainforte pour clouer Prométhée sur le Caucase. Sa lourde et brutale tyrannie pesait sur tous les Olympiens, qui souvent se révoltent. L'*Iliade* (I, v. 396-406) raconte que les Dieux, ligués avec Hera, Athena et Poseidon, voulurent l'enchaîner ; il ne leur échappa que grâce aux conseils de Thétis et à la force de Briarée. Hésiode mentionne un autre complot contre « l'autorité du tout-puissant fils de Kronos » (*Theog.*, v. 534). Prométhée est châtié pour avoir ourdi un complot, car lorsque Okeanos lui conseille de modérer sa colère et de « s'ac-

commoder aux mœurs nouvelles » il lui répond :
« Je te porte envie, de ce que tu es hors de cause,
ayant pris part à tout et ayant osé avec moi... Tiens-
toi tranquille et reste à l'écart, car, si je suis malheureux, je ne veux pas qu'à cause de cela des maux
arrivent à d'autres » (*Prom.*, v. 334-350). Vaincu et
enchaîné il menace encore Zeus d'un « nouveau complot qui le dépouillera du sceptre et des honneurs »
(*ib.*, v. 173-174). Les Océanides prévoient la fin de sa
tyrannie « lorsque quelqu'un prendra par un coup
de force le pouvoir difficile à prendre » (*ib.*, v. 168-
169) ; « Il sera un jour affaibli (sans doute par l'âge),
réplique Prométhée, il sera alors brisé » (*ib.*. v. 193-
194); « n'ai-je pas vu tomber deux tyrans (Ouranos
et Kronos), je verrai la chute du troisième, de celui
qui règne maintenant : il tombera très promptement
et très honteusement » (*ib.*, v. 946-949). Ces mena-
ces inquiètent Zeus, qui dépêche auprès de lui Hermès, afin de lui arracher son secret.

Les patriarches, ainsi que les barons et les rois du
moyen âge, avaient à redouter leurs héritiers ; quand
ils tardaient à céder la place, on se débarrassait d'eux :
aux Indes, on les envoyait mourir de leur belle mort
dans une forêt où ils menaient la vie d'anachorète. Le
fils est le vengeur que Prométhée attend ; mais l'héritier doit être enfanté par la femme légitime ou légi-
timé par l'adoption ; or, Zeus n'avait eu de son épouse
Hera que deux fils, Arès et le boiteux Hephœstos,
qui, nés avant l'établissement du patriarcat, puisqu'ils prennent part à la guerre des Titans, ne ren-

traient pas dans les conditions exigées par l'ordre nouveau. Mais Prométhée, qui connaît l'humeur amoureuse du Père, espère que, aveuglé par la passion, il s'oubliera et qu'après avoir répudié Hera il « contractera un mariage dont il se repentira... sa nouvelle épouse accouchera d'un fils plus puissant que son père » (*ib.*, v. 758-763), qui le renversera ; alors « sera entièrement accomplie l'imprécation que le Père Kronos lança en tombant du trône antique » (*ib.*, v. 901-902).

Prométhée est immortel, il sait que lui, le vaincu, le supplicié, il verra la fin de la tyrannique autorité de Zeus et du patriarcat et qu'il sera délivré par Héraklès, une des victimes de la famille patriarcale, car il dut obéir docilement à son frère aîné, Eurysthée, et exécuter les tâches pénibles et dangereuses qu'il lui imposait. Mais l'heure de sa délivrance ne sonnera qu'après « treize générations » (*ib.*, v. 768), soit après plus de quatre siècles, en comptant trente-trois années par génération. Peut-être que les prêtresses d'Eleusis, qui avaient instruit Eschyle, calculaient que le patriarcat avait eu cette durée dans l'Hellade ?

Eschyle, à cause des nécessités dramatiques, réunit le complot et le vol du feu, comme si les deux événements s'étaient passés dans le même temps et il cloue Prométhée sur le Caucase pour les deux attentats. Mais Hésiode, qui rapporte simplement la légende, les dissocie ; ils appartiennent en effet à deux époques différentes du patriarcat : l'un est un des épisodes de son début et l'autre de son déclin. Zeus punit Prométhée et son frère Atlas pour le complot en enchaînant l'un à une colonne et en condamnant l'autre à porter le ciel sur ses épaules; ce sont les mortels qu'il châtie pour le vol du feu.

Zeus, au début du patriarcat olympique, est constamment obligé de recourir à sa force physique et à des châtiments corporels pour dompter les Dieux. L'*Iliade* raconte qu'il suspendit son épouse avec deux enclumes aux pieds et qu'il se félicite que Poseidon, en se soumettant à son ordre, lui ait épargné d'en venir aux mains, « ce qui ne se serait pas terminé sans sueurs » (*Il.*, XV, 15 et sq., 219 et sq.). Les néoplatoniciens de l'école d'Alexandrie et les mythologues des temps modernes ont attribué un sens symbolique, métaphysiquement profond, au passage de l'Iliade, où Zeus, après avoir formulé sa volonté, menace de précipiter dans le Tartare quiconque ne s'y soumettra: si tous les dieux et les déesses, ajoute-t-il, s'attellent à une chaîne d'or, ils ne réussiront pas à l'ébranler, tandis que lui les soulèvera avec la terre et la mer et accrochera le tout de l'autre côté de l'Olympe. Cette fanfaronnade n'est que pour rappeler qu'il est le plus fort des dieux : Θεῶν κράτιστος ἁπάντων. La force corporelle était la première vertu des héros patriarcaux de l'époque homérique : quand Hélène désigne aux vieillards troyens les chefs grecs, c'est par leur force qu'elle distingue Ulysse de Ménélas et d'Ajax, « le prodigieux rempart des Achéens », qui l'emporte sur les deux par la largeur des épaules (*Il.*, ch. III).

Mais, pour gouverner la famille terrestre ou céleste et administrer ses biens, la force et la brutalité ne suffisaient pas ; il fallait encore de l'intelligence et il paraît que le Père de l'Olympe, ainsi que les Pères de la terre, n'était pas désigné par ses facultés intellectuelles pour remplir ces fonctions.

Il semble que dans les tribus de l'Hellade préhistorique et, d'ailleurs, le cerveau de la femme fut le premier à se développer, car, en Grèce, comme en Asie mineure, aux Indes comme en Egypte, elle fut divinisée avant l'homme, et les premières inventions des arts et des métiers, à l'exception du travail des métaux, sont attribuées à des déesses et non à des dieux. Les Muses, primitivement au nombre de trois, étaient en Grèce, bien avant Apollon, les déesses de la poésie, de la musique et de la danse. Isis, « la mère des épis et la dame du pain », et Demeter, législatrice, Θεσμοφόρος, avaient appris aux Egyptiens et aux Hellènes la culture de l'orge et du blé et leur avaient fait renoncer aux repas anthropophagiques. La femme apparaissait aux hommes pré-patriarcaux, ainsi qu'aux Germains que connut Tacite, comme ayant en elle quelque chose de saint et de providentiel, *aliquid sanctum et providum* (*Mœurs des Germains*, § VIII).

Cette supériorité intellectuelle s'explique par les conditions de la vie sauvage, où chaque sexe remplit des fonctions spéciales. L'homme, dont le système osseux et musculaire est plus puissant, « se bat, chasse, pêche et s'assied », dit l'Australien, c'est-à-dire qu'il ne fait rien d'autre et que le reste est du ressort de la femme. Les tâches de celle-ci mettent plutôt en jeu ses facultés cérébrales : elle a charge de la maison commune, qui souvent abrite un clan de plus de cent individus ; elle prépare les vêtements de peau et d'autres matières premières ; elle s'occupe de la culture du jardin, de l'élevage des animaux domestiques et de la confection des ustensiles de ménage ; elle conserve, administre, économise, cuisine et distribue les provisions végétales et animales, amassées dans le cours de l'année et ainsi que les Valkyries des Scandinaves et les Keres des Hellènes préhomériques, elle accompagne le guerrier sur le champ de bataille, enflamme son courage, l'aide dans la mêlée, le relève s'il est blessé et le soigne ; son assistance est si appréciée que, d'après Tacite, les Bataves, qui se révoltèrent sous la conduite de Civilis, prenaient en pitié les soldats romains parce qu'ils n'étaient pas accompagnés de leurs femmes lorsqu'ils marchaient au combat, et que Platon, qui, ainsi que les initiés d'élite aux Mystères d'Eleusis, était plus instruit des mœurs primitives qu'on ne pense, fait les femmes assister aux batailles des guerriers de sa République.

Ces nombreuses et diverses fonctions, qui obligeaient la femme à réfléchir, calculer, songer au lendemain et prévoir à plus longue échéance devaient nécessairement développer ses facultés intellectuelles. L'homme, son rôle de guerrier et de pourvoyeur d'aliments rempli, n'avait qu'à se laisser vivre ; «même âgé de cent ans, dit Hésiode il demeurait auprès de la Mère prudente, — κεδνη il était nourri dans sa maison comme un grand enfant qui sait à peine parler, μέγα νηπίος » (*Travaux et jours*, v. 130-131). La femme est une providence pour le sauvage insouciant et imprévoyant ; elle est l'être prudent et prévoyant qui préside à ses destinées du berceau à la tombe. L'homme, élaborant son idéologie avec les événements et les acquisitions intellectuelles de sa vie quotidienne, devait donc commencer par déifier la femme. Les Grecs et les Romains préhistoriques pla çaient leurs destinées sous le contrôle de déesses, les Moires et les Parques — Μοιραι, *Parcæ*, — dont les noms signifient en latin économe et en grec la part qui revient à chacun dans une distribution de vivres ou de butin. « Les Moires, ces antiques déesses à trois corps, et les Erynnies, qui n'oublient rien, tiennent le gouvernail de la nécessité, » dit Prométhée et le souverain de l'Olympe « est plus faible qu'elles, il ne saurait éviter la destinée » (*Prom.*, v. 516-519).

Zeus, à la force irrésistible, avait la faiblesse intellectuelle des Pères, qui sur terre supplantèrent la Mère dans la direction de la famille : il n'était pas un donneur de « sages conseils », comme Thémis, la mère de Prométhée ; il est au contraire obligé de recourir constamment aux conseils des déesses matriarcales pour échapper aux dangers de sa situation. Il ne triomphe des Titans qu'en libérant sur « le conseil de Gaïa » les Hécatonchires, Briarée, Cottus et Gyes, qu'Ouranos avait emprisonné sous terre (*Théog.*, v. 617-626) ; et c'est encore sur les conseils de Gaïa que, pour suppléer aux qualités intellectuelles, qui lui faisaient défaut, il épousa Métis « la plus sage des dieux et des hommes mortels ». Ainsi que les sauvages, qui dévorent le cœur saignant d'un ennemi pour acquérir son courage, il avala Métis, pour s'assimiler sa ruse et sa sagesse ; car son nom possède ces significations ; ces qualités intellectuelles étaient alors l'apanage de la femme (*ib.*, v. 886 et sq.).

Mais l'assimilation ne se fit pas immédiatement, si l'on en juge par la mauvaise farce que lui joua Prométhée. Le Titan, pour mettre son intelligence à l'épreuve, tua et dépeça un bœuf énorme, il fit un tas avec les chairs qu'il recouvrit de la peau, sur laquelle il plaça les entrailles, la partie dédaignée que l'on donnait aux mendiants à ce que nous apprend l'*Odyssée* (XVIII, v, 44) ; dans un autre tas il mit les os décharnés, adroitement cachés sous des paquets de graisse. — « Fils de Japet, tu as bien mal fait les parts, » dit le maître de l'Olympe. — « Très glorieux Zeus, répliqua l'astucieux Prométhée, toi, le plus grand des dieux vivants, prends la part que ta sagesse te conseillera de choisir. » Le Père des Dieux et des hommes, n'écoutant que sa gloutonnerie, souleva à deux mains le paquet de graisse au milieu des rires de tous les Olympiens : il entra dans une grande fureur quand il vit les os décharnés (*Thog.*, v. 536 et sq.).

Une farce si grossière n'a pu se jouer au ciel que parce que les hommes, qui au début du patriarcat supportaient avec impatience l'autorité du Père, du-

rent souvent recourir à de semblables épreuves,
afin de lui démontrer que ses facultés intellectuelles
ne l'autorisaient pas à se substituer à la Mère dans la
direction de la famille et la gestion de ses biens.

V

LE DON DE PROMÉTHÉE AUX MORTELS

L'usage d'un objet entraînant sa possession chez
les nations sauvages, la Mère, qui a charge de la
demeure et de ses provisions, est maîtresse de la
maison et de ce qu'elle renferme ; l'homme ne possède que ses armes et ses instruments de pêche et
de chasse. Les enfants appartiennent à la mère, qui
les a engendrés, nourris, élevés et logés ; la fille lorsqu'elle se marie, ne quitte pas la demeure maternelle ; le mari est un hôte, qui doit lui procurer des
vivres.

Le foyer servant à la préparation des aliments est
propriété de la Mère et de sa fille aînée, quand elle
meurt.

Le Père, en supplantant la Mère, devint le possesseur de la maison et de son foyer, le maître du feu
sacré, de la source du feu, comme dit Eschyle, car il
fallait posséder un tisson de ce feu pour pouvoir,
selon les rites religieux, allumer un nouveau foyer
familial. Zeus, devenu le Père des Olympiens, fut

par consequent « le prytane des bienheureux » (*Prom.*, v. 173), c'est-à-dire le maître du foyer et du feu sacré : il chassa de l'Olympe les divinités féminines, personnifiant sous les noms de Gaia, Rhea et Demeter, la Mère et la Terre, qui procréent et nourrissent tout (1). Les hommes qui n'acceptèrent pas l'ordre nouveau continuèrent à les adorer, tandis qu'ils refusaient de reconnaître « le nouveau chef des bienheureux ». Zeus les extermina, dit Hésiode.

La possession du foyer symbolisait la domination du Père : ses droits, ses honneurs et son autorité semblaient en dépendre ; aussi Eschyle se sert indifféremment des mots feu, honneur, dignité, et autorité, Πῦρ, Τίμα et Γέρας, pour désigner ce que Prométhée a dérobé à Zeus et a communiqué aux mortels ; quand l'*Iliade* veut caractériser la part de l'héritage de Kronos, échue à chacun de ses trois fils, il emploie également le mot τιμή (*Il.*, XV, v. 189). Le Titan,

1. Ρία est une antiforme de Ἔρα, la Terre, elle est la fille de Gaia, la Terre, et la mère de Demeter, la Terre-mère. Prométhée dit que sa mère Thémis et Gaia, la mère primitive des hommes et des dieux, sont « une seule personne sous beaucoup de noms » (*Pr.*, v. 213-214) ; quatorze vers plus haut il appelle Gaia, χθών, la Terre. L'idée de justice, que les partages annuels des terres entre les familles du clan contribuèrent à développer et à consolider, semble d'abord un attribut de la Mère et de la Terre : Demeter est dite porteuse de lois, Θεσμοφόρος, aussi bien que de fruits ; ce n'est qu'après le développement du commerce et de l'industrie, que l'idée de justice se détacha de la Terre pour se personnifier en des divinités distinctes, Thémis, Diké, etc…

en ravissant un tison du foyer de l'Olympe, n'a pas seulement volé un simple charbon incandescent, il a attenté aux « droits des Dieux » (*Prom.*, v. 82) et en le « communiquant aux êtres d'un jour... il a communiqué aux mortels des honneurs au delà du droit » (*ib.*, v. 83 et 30). Il a commis un sacrilège comparable à celui d'un citoyen qui aurait dérobé un tison du feu sacré de sa cité, afin de le donner à un étranger pour qu'il allumât le foyer d'une ville rivale.

Le tison que Prométhée a dérobé à « la source du feu » n'est donc pas le feu ordinaire, « le feu, qui par torrents s'élance de l'Œtna » (*ib.*, v. 372), mais le feu sacré donnant au mortel qui le possède le droit d'allumer un foyer familial, de constituer une famille indépendante, soustraite au despotisme du Père. Poseidon, qui lors du partage a reçu ce droit en recevant sa part du feu sacré, a pu fonder une famille sur laquelle le patriarche de l'Olympe n'a aucune autorité; aussi quand Iris lui apporte un ordre de Zeus, il refuse d'obéir; « qu'il jouisse en paix de sa troisième part, répond-il, et qu'il ne cherche pas à m'effrayer avec ses poings, comme un lâche, qu'il se contente de gourmander avec des mots impérieux les fils et les filles qu'il a engendrés et qui seront obligés d'obéir à ses ordres » (*Il.*, XV, v. 194-199).

Les personnages du drame d'Eschyle: Kratos, Hephœstos, les Océanides, Io, Hermès, Prométhée, disent que le feu a été donné aux *mortels* — Θνητοῖς, βροτοῖς, ἐφημέροις, φωτοῖς. Prométhée est le seul qui en deux circonstances se sert du mot *homme* — ἄνθρωπος

(*Prom.*, v. 446 et 502), tandis que le mot mortel, sous ces quatre synonymes, revient trente-sept fois (1). Prométhée n'emploie pas le mot *homme* quand il parle de la communication du feu, mais quand il dit qu'il n'a rien à reprocher aux hommes et qu'il leur a enseigné à découvrir les métaux cachés sous terre. Hésiode également dit que Zeus refusa de « donner le feu aux *hommes mortels* » Θνητοῖς ἀνθρώποις (*Théog.*, v. 564). Il y avait donc des hommes qui n'étaient pas mortels ?

La persistance que mettent Eschyle et Hésiode à ne se servir que du mot *mortel*, quand ils parlent du feu qui est refusé ou communiqué, est voulue et possède une signification que peut révéler l'idéologie sauvage.

Le sauvage, pour s'expliquer les phénomènes du rêve, n'a rien trouvé de plus simple et de plus ingénieux que de dédoubler l'homme, que de lui donner un *double* selon son expression. Le double peut quitter le corps pendant le sommeil pour chasser, se ba-

1. Kratos se sert de Θνητός trois fois, v. 8, 38 et 84, et une fois d'ἐφήμερος, v. 83.

Hephœstos de Βροτός deux fois, v. 21 et 30.

Prométhée de Θνητός neuf fois, v. 107, 243, 252, 271, 465, 499, 726, 731 et 792; de βροτός douze fois, v. 111, 116, 124, 235, 239, 243, 443, 471, 507, 605, 791 et 833.

Les Océanides de Θνητός trois fois, v. 416, 539 et 545; de βροτός deux fois, v. 255 et 508; d'ἐφήμερος deux fois, v. 257 et 541; de φωτος une fois, v. 543.

Hermès d'ἐφήμερος une fois, v. 935.

Io de Θνητός une fois, v. 606.

tre, se venger, etc. ; quand il réintègre son domicile
corporel, le réveil se produit ; s'il s'égare en route ou
si, pour une cause quelconque, il ne retourne pas, le
corps ne se réveille pas. Il survit à la destruction du
cadavre, c'est pourquoi le sauvage voit en rêve les
esprits de ses compagnons morts. Le double se trouvant sans domicile après la décomposition du corps
erre sur terre jusqu'à ce qu'il rencontre un objet quelconque : plante, animal ou pierre, où il lui plaise de
s'incorporer et qu'il peut abandonner à volonté : la
métempsycose est d'origine sauvage. Les esprits des
morts, aussi vindicatifs que les sauvages, se vengent
des torts réels ou imaginaires qu'ils ont reçus avant
et après la mort ; aussi les hommes primitifs redoutent
davantage les défunts que les vivants ; ils sont dans
une terreur perpétuelle de leurs doubles ; pour s'en
débarrasser ; ils inventèrent une demeure posthume,
qu'ils aménagèrent de leur mieux, afin que les esprits
après la destruction du cadavre s'y rendissent pour
mener une existence spirituelle si heureuse qu'ils perdaient l'envie de venir tracasser les vivants : ce séjour
était d'abord situé au sommet d'une montagne,
comme l'était l'Olympe, qui, avant Zeus, était la demeure des esprits — δαιμόνων. En effet Prométhée
raconte que la guerre éclata entre les esprits, — δαίμονες,
« les uns voulant renverser Kronos afin que Zeus gou-
vernât, les autres réunissant leurs efforts afin que Zeus
ne régnât jamais sur les dieux » (*Prom.*, v. 203-207).
Prométhée, les Titans, Zeus, les dieux et les déesses
qui prirent part à la lutte étaient des esprits immor-

tels d'hommes morts, habitant l'Olympe, la demeure que les Hellènes sauvages avaient imaginée pour les loger.

La croyance en une vie posthume et bienheureuse, vivace chez les sauvages et les barbares, tant qu'ils vivent sous le régime de la propriété commune et de la famille matriarcale, s'obscurcit et finit par s'évanouir sous le régime du patriarcat et de la propriété privée familiale. Le Père, seul de tous les membres de la famille, possède un esprit qui lui survit, mais au lieu d'aller passer sa seconde vie dans un séjour spécial, il habite le tombeau, placé auprès du foyer, dont il reste le gardien. Les Grecs et les Romains continuaient à traiter le Père mort comme s'il était vivant, ils lui apportaient des aliments et lui demandaient des conseils. Il était ajouté à la série des ancêtres ; il devenait un dieu, à qui l'on rendait un culte familial ; aussi, selon le mot d'Héraclite, « les hommes étaient des dieux mortels et les dieux des *hommes immortels* ». Les autres membres de la famille, les hommes aussi bien que les femmes, avaient perdu l'âme qu'ils avaient possédée ; ils mouraient tout entiers, sans qu'aucun double ne leur survécût ; ils étaient des *hommes mortels*, tandis que les Pères étaient des *hommes immortels*.

Les Hellènes avaient passé par l'idéologie sauvage, ainsi que par les conditions de vie qui l'avaient engendrée, comme le prouve le célèbre passage d'Hésiode sur les races humaines, qui n'est pas l'invention d'un poète de génie, mais la reproduction de légendes résumant en un remarquable raccourci les phases de la préhistoire.

« Et si tu veux, dit Hésiode, voici un autre récit que je déroulerai bien et avec science, à savoir que les dieux et les *hommes mortels* sont issus d'une même origine. » Cette croyance que la philosophie sophistique devait essayer de déraciner survit dans le christianisme, Jésus est un homme mortel devenu un dieu immortel : du temps d'Eschyle il était admis, comme dit Pindare, que « les hommes et les dieux sont nés, les uns et les autres de la même Mère », de la Terre (*Nem.*, vi). Les hommes se distinguaient si peu des dieux que Pisistrate fit acclamer par le peuple athénien, comme déesse poliade de la cité, une courtisane habillée eh Pallas-Athené.

La première race d'or fut « une race d'*hommes à la voix articulée* », μερόπων ανθρώπων, que créèrent les immortels qui habitaient l'Olympe (1). « Ils existaient,

1. L'helléniste A.-M. Desrousseaux me fait remarquer que μεροπες άνθρωποι peut être également interprété *hommes à mains prenantes*, à cause de difficultés étymologiques : l'une ou l'autre signification nous rapporte à l'époque où l'homme se sépare du singe anthropoïde, en acquérant la parole et en cessant de se servir de ses membres antérieurs pour marcher. D'ailleurs l'acquisition de la parole est étroitement liée à celle de la station verticale ; en effet, la progression avec les membres postérieurs permet à l'homme le libre et facile usage du thorax pour émettre des sons, en régularisant l'expiration. Les oiseaux, parce qu'ils ont le thorax libre, sont chanteurs : il est probable que la parole humaine, ainsi que le pensait Darwin, débuta par le chant. Le récit hésiodique est peut-être le plus antique souvenir que l'homme possède de son origine. Il est à remarquer que

du temps de Kronos », par conséquent avant Zeus. Ainsi que les sauvages communistes, « ils vivaient comme des dieux sans soucis... ils se distribuaient volontairement les travaux et les biens... ils mouraient comme *domptés par le sommeil* ». Leurs doubles se dégageaient des cadavres et erraient sur terre ; après que Zeus se fut emparé de l'Olympe, ils continuèrent à l'état d'esprits, — δαιμόνων, à vivre sur terre « vêtus d'air... Ils sont les gardiens des hommes mortels ; ils surveillent les procès et les actions mauvaises... Ils sont les distributeurs des richesses ».

Les hommes de la race d'argent appartiennent à l'époque matriarcale, puisque, « même âgé de cent ans, l'homme vivait et était nourri auprès de la mère prévoyante, dans sa maison, ainsi qu'un grand enfant ». Zeus les extermina parce qu'ils refusaient « d'honorer les dieux de l'Olympe... et de faire des sacrifices sur leurs autels. Mais ils continuent à vivre sous terre à l'état d'esprits et sont appelés les *mortels bienheureux ;* ils reçoivent des honneurs, bien que placés au deuxième rang », c'est-à-dire au-dessous des immortels bienheureux de l'Olympe. Hésiode laisse supposer qu'on leur rendait un culte secret : ce sont ces esprits qui probablement devinrent les

les légendes sur les races humaines sont rapportées, non dans la *Théogonie*, mais dans les *Travaux et Jours*, que les Spartiates appelaient dédaigneusement le poème des Artisans, qui, n'ayant pu constituer leurs familles sur le type patriarcal, conservaient les plus anciennes traditions: Hésiode prend soin d'avertir qu'il va dérouler avec science « un récit » qui n'avait pas court dans les milieux patriarcaux.

Cabires, les Telchines, et autres divinités inférieures, adorées par les artisans, les caboteurs et les petites gens (1).

Zeus, patriarche de l'Olympe, pour remplacer les deux races des époques communiste et matriarcale, créa la troisième race dite de bronze, sans doute parce qu'elle ignorait le fer et ne se servait que d'armes de bronze. Les hommes de «cette race violente et injuste furent ensevelis dans le glacial Hadès... La noire mort les saisit et ils quittèrent le brillant soleil ». Leurs esprits continuent à vivre dans l'Hadès, mais « ils ne reçoivent pas d'honneurs ». La croyance en la survivance de l'âme est si vivace que, malgré les extermi-

1. La légende de la deuxième race, ainsi que le passage de la *Théogonie* (v. 535-536), où il est dit que » les dieux et les hommes bataillaient à Mécone » sembleraient prouver qu'il y eut des guerres religieuses préhistoriques. La crise sociale qui aboutit à l'établissement du patriarcat aurait donc revêtu en Grèce une forme religieuse : les hommes restés fidèles à l'ordre matriarcal refusant de reconnaître et d'honorer les dieux nouveaux, on dut les exterminer pour faire cesser le culte des antiques déesses Gaia, Rhea, Demeter, les Erynnies, les Keres, etc.. ; les persécutions ne parvinrent pas à le supprimer, mais il dut s'entourer d'ombre et de mystère. Pausanias (I, 38), chez qui l'on trouve les anciennes traditions, non sophistiquées par les philosophes et les poètes, rapporte que, dans les temps préhomériques, les habitants d'Éleusis durent défendre par les armes le culte de Demeter, que les Athéniens voulaient abolir. Les chrétiens des premiers siècles, en faisant des dieux du paganisme des démons malfaisants, répétaient sans le savoir les patriarcaux, adorateurs de Zeus, qui avaient métamorphosé en êtres horribles et terrifiants les Erynnies, que cependant les masses démocratiques continuaient à nommer, comme auparavant, les déesses bienfaisantes et vénérables, Εὐμενίδες καὶ Σεμναί.

nations et les créations de races, elle ne disparaît que chez les hommes de la cinquième race de fer, à laquelle appartenaient les contemporains d'Hésiode.

Le Père de l'Olympe créa, en même temps que la race de bronze, « une race divine plus juste et plus vertueuse d'hommes héros, que les hommes de la troisième race nommaient des demi-dieux », parce qu'ils étaient fils de dieux unis à des mortelles, ainsi qu'il est dit à la fin de la *Théogonie* : ils furent les héros qui combattirent devant Troie et Thèbes aux sept portes et devinrent les Pères des familles patriarcales. L'Olympe, le séjour ouvert aux esprits pendant la période matriarcale, est fermé depuis que Zeus y règne ; aussi « les âmes des héros sont envoyées habiter l'île des bienheureux, loin des immortels » de l'Olympe, tandis que les âmes de leurs contemporains de la race de bronze se rendent dans le glacial Hadès, parce qu'ils ne sont pas Pères de famille. Les Hellènes, après avoir reflété le patriarcat au ciel, utilisaient les habitants imaginaires de l'Olympe pour fabriquer les ancêtres des familles patriarcales, qui étaient des fils de dieux ; jusque-là les tribus et les clans avaient pris pour ancêtres, pour *totems*, des animaux, des plantes et parfois des astres.

Les légendes de ces deux races démontrent qu'il fut difficile d'extirper la croyance en l'âme et en son immortalité, et que le culte familial des ancêtres, qui pour Fustel de Coulanges est primitif, mit du temps à s'établir : les âmes des héros, au lieu d'habiter le tombeau familial, ainsi que plus tard elles devaient le faire, allaient passer leur existence spirituelle dans l'île des bienheureux, que gouvernait Kronos.

Le patriarcat ne tolère pas la croyance en la survivance de l'âme. Les Hellènes s'y prirent d'une façon aussi originale qu'ingénieuse pour dégoûter les hommes, qui n'étaient pas Pères de famille, de l'envie de posséder une âme immortelle : ils transformèrent en une triste et désenchantée demeure le délicieux paradis que les sauvages avaient inventé pour loger les esprits. Ils réservèrent l'Olympe pour les dieux et l'île Fortunée pour les héros, fils de Dieux et Pères de familles, et inventèrent le sombre et glacial Hadès, pour ceux qui, n'étant pas Pères de familles, continuaient à avoir l'outrecuidance de se doter d'une âme immortelle. La vie dans l'Hadès était si ennuyeuse qu'Achille, qui mourut du vivant de son père, et qui par conséquent ne put devenir Père de famille, dit à Ulysse qu'il changerait sa royauté sur les esprits contre l'existence d'un manœuvre. L'immortalité n'engendrait que chagrins pour ceux qui l'obtenaient : Tithon, à qui Zeus, lors de son mariage avec la déesse Aurore, accorda l'immortalité, comme présent de noces, tomba dans une telle décrépitude qu'il était un objet de dégoût ; il devait désirer la mort, ainsi que les misérables immortels de l'île de Laputa du voyage de Gulliver.

Lorsque la famille patriarcale eut créé des mœurs et une mentalité nouvelles, ses membres, à l'exception du Père, s'accoutumèrent à l'idée de ne pas avoir d'âme et se résignèrent à n'être que des *mortels,* comme disent Hésiode et Eschyle. Le nombre des individus dépourvus d'âme était considérable, car la famille patriarcale se compose non seulement de la femme légitime, des concubines et des enfants du Père, mais encore des ménages de ses oncles, de ses frères et de ses fils. Ces *hommes mortels* ne pouvaient se soustraire à l'autorité du Père, parce qu'ils ne pouvaient allumer un nouveau foyer familial, Zeus refusant de leur communiquer le feu sacré. Prométhée, en leur procurant un tison dérobé à la « source du feu », leur donna le droit de devenir pères de familles et de posséder une âme immortelle. « Moi, dit-il aux Océanides, j'osai, j'ai affranchi les mortels, j'ai empêché qu'ils n'allassent dans l'Hadès, complètement anéantis » (*Prom.*, 239-240). — « J'ai tout au moins empêché les mortels de prévoir la mort », c'est-à-dire de croire qu'ils mourraient tout entiers(1). Comment cela ? demandent-elles. « J'ai mis en eux d'audacieuses espérances... Je leur ai donné le feu » qui leur permettait de devenir pères de famille. « J'ai rendu les mortels réfléchis et maîtres de leur volonté, eux qui auparavant étaient comme des enfants, νηπίους... Voyant, ils voyaient en vain ; entendant, ils n'entendaient pas » (*ib.*, v. 252-255 et 444-448). Eschyle se sert du même mot νήπιος, qu'emploie Hésiode pour caractériser l'attitude pusillanime de l'homme devant la Mère : les mortels, devant le des-

---

1. Une autre légende, rapportée, je crois, par Servius, disait que, grâce aux conseils de Prométhée, Deucalion avait échappé à la mort.

potique Père, étaient comme des enfants sans volonté; ils ne devaient voir et entendre que par ses yeux et ses oreilles.

L'*Iliade* ignore Prométhée ; cependant, la première partie du mythe se compose d'événements survenus aux débuts du patriarcat, et ce poème des héros de la famille patriarcale date de cette époque, puisque ses guerriers, quand ils énumèrent leurs généalogies, arrivent, après trois ou quatre ancêtres humains, à un dieu, c'est-à-dire à un père inconnu ou incertain, comme c'était le cas lorsque la filiation s'établissait par la Mère. La deuxième partie, le vol du feu et le mythe de Pandore, qui en est l'épilogue, ne pouvaient être imaginés que lorsque la famille patriarcale, sous la pression des phénomènes économiques, entrait en sa période de désagrégation et que les nombreux ménages placés sous l'autorité du Père s'agitaient pour partager le domaine familial et pour établir des familles indépendantes. Hésiode et Eschyle appartiennent à cette époque.

Hésiode et son père, qui de Cumes étaient venus à Ascra pour des raisons de négoce, étaient des étrangers dans les villes de Béotie qu'ils habitèrent ; et ainsi que les artisans et les commerçants ils ne possédaient pas les droits de citoyens et ne pouvaient par conséquent devenir propriétaires fonciers et organiser leur famille sur le plan de la famille patriarcale, qui repose sur un domaine inaliénable. Les individus de la classe industrielle et commerciale, considérés comme des étrangers, même dans les cités où ils produisaient et trafiquaient depuis plusieurs générations, vivaient en marge du patriarcat et en opposition avec son organisation aristocratique, qui les opprimait. Ils conservaient une théogonie et des traditions que la religion des Pères avait essayé de supprimer ; c'est pourquoi on trouve, dans les poèmes hésiodiques, des légendes que ne mentionnent pas les poèmes homériques.

Eschyle, citoyen d'Eleusis et initié aux Mystères de Démeter, qu'il fut accusé d'avoir révélé, connaissait les souvenirs de l'époque matriarcale que les prêtresses conservaient et expliquaient aux affiliés. L'invocation de Prométhée au « divin éther... qui roule la lumière commune à tous.» (*Prom.*, v. 88 et 1082) semblerait démontrer qu'il était également, ainsi que les poètes et les philosophes de son temps, un adepte de la secte orphique, qui introduisait une conception métaphysique de la divinité. Le culte des déesses matriarcales, qui, pour échapper aux persécutions, s'était entouré d'ombre et de mystère, s'affirmait en plein jour et entrait en lutte ouverte avec la religion officielle du patriarcat, et les dieux, attaqués et ridiculisés, tombaient de plus en plus dans la déconsidération de l'opinion publique. Eschyle invective violemment Zeus, « le tyran de l'Olympe », et les « dieux nouveaux », des parvenus ; Hésiode n'avait pas pour eux un plus grand respect, mais sa qualité d'étranger l'obligait à des ménagements : s'il montre le Père des Dieux et des hommes la risée de l'Olympe, à cause de sa gloutonnerie et de son inintelligence, il se croit tenu d'adoucir la satire et de parler de ses « impérissables conseils » et d'assurer qu'il avait éventé le piège que lui tendait Prométhée et auquel cependant il se laisse prendre. D'ailleurs Eschyle pouvait se permettre plus de libertés avec les dieux patriarcaux, non seulement parce qu'il jouissait des droits de citoyen, mais encore parce qu'à son époque la décomposition de la famille patriarcale était plus avancée que du temps d'Hésiode.

Tandis que la famille patriarcale s'écroulait, que ses dieux se déconsidéraient et que les antiques divinités féminines revivaient d'une vie nouvelle, la croyance en l'âme et en sa survivance renaissait ; et c'est précisément parce que les nombreux Mystères des primitives déesses, qui réapparaissaient un peu partout, avaient conservé l'idée de l'âme, qu'ils devinrent populaires et qu'ils préparèrent la voie au Christianisme. La renaissante idée de l'âme se manifestait sous la forme qu'elle avait revêtue dans l'idéologie sauvage : l'âme était un double, un esprit, qui à volonté désertait et réintégrait le corps. Ainsi le Pythagoricien Hermotimus, qui devait être un contemporain d'Eschyle, puisqu'Aristote assure qu'il avait avant Anaxagoras affirmé que l'esprit — νοῦς — était « la cause de tout », prétendait que son âme le quittait pour aller au loin chercher des nouvelles ; afin de mettre fin à ces vagabondages, ses ennemis brûlèrent son corps pendant une de ses fugues. Lucrèce reproduit l'explication du rêve inventée par les sauvages : « lorsque les membres cèdent au doux abattement du sommeil, dit-il, et que le corps repose lourd et immobile, il y a cependant en nous un autre, — *est aliud tamen in nobis*, — que mille mouvements agitent. » (*De Nat. rer.*, VII, v. 113-114.) Les premiers chrétiens n'en avaient pas une autre idée que les sauvages. Les morts sont ceux qui dorment, dit saint Paul (I *Cor*., xv) ; ils se réveilleront quand les âmes retourneront dans les cadavres. Tertullien (*Apologeticus*, § 42) apprend que les riches chrétiens faisaient embaumer leurs cadavres, ainsi que les Egyptiens, afin de conserver à l'âme son domicile dans le meilleur état possible de préservation, et saint Augustin, qui n'hésite pas à emprunter aux païens des arguments pour prouver la résurrection des corps, rapporte que Labéon, un jurisconsulte du temps d'Auguste, racontait que les âmes de deux individus, morts le même jour, reçurent l'ordre de retourner dans leurs cadavres, qui ressuscitèrent (*De civitate Dei*, XXII, 28).

Lorsque la seconde partie du mythe de Prométhée s'élabora, on ne pouvait avoir une âme que si l'on était Père de famille, et pour avoir le droit d'allumer un foyer familial, il fallait, selon les idées religieuses, posséder un tison du feu sacré pris à la source du feu. Prométhée, en procurant aux mortels un tison du foyer de l'Olympe, « la source du feu », leur fit don de l'âme qu'ils avaient perdue depuis qu'ils vivaient sous le régime de la famille patriarcale.

Prométhée ne fit ce don qu'aux hommes ; les femmes, comme par le passé, continuèrent à être privées d'âmes. L'antiquité païenne ne reconnut jamais une

âme aux femmes, si ce n'est à celles qui étaient initiées aux Mystères des divinités féminines. Les premiers chrétiens, malgré le rôle qu'elles jouaient dans
la propagation de la foi, hésitèrent longtemps avant
de les doubler d'une âme. Saint Augustin, dans la
Cité de Dieu, discute longuement et sérieusement
cette question qui préoccupait les fidèles de son siècle.

VI

LE MYTHE DE PANDORE

La femme, lors de la dissolution de la famille
patriarcale, ne rentra pas en possession de l'âme
qu'elle avait possédée au temps matriarcal, mais elle
gagna la réputation d'être la cause des misères humaines.

Zeus, pour punir les mortels, qui, en allumant des
foyers familiaux, devenaient immortels, ordonna à
Hephaestos de modeler avec de la terre « trempée de
larmes », dit Stobée, une « timide vierge » qu'il anima
et que les dieux accablèrent de presents, d'où son
nom, Pandore. Hermès la « dota de faussetés, de
perfides discours et de manières insinuantes » ; et
Argus la conduisit à Epiméthée, qui, ayant oublié la
recommandation de son frère Prométhée, de ne rien
accepter du fils de Kronos, la prit pour femme. Elle
donna naissance à la race perverse et dépensière des
« femmes efféminées » — γυναίκων θηλυτεράων (*Théog.*,
v. 590). Pandore, ouvrant la boîte qu'elle avait reçue

en cadeau de noces, fit envoler les maux qui affligent l'humanité ; l'espérance resta au fond. La femme qui, à l'époque matriarcale, avait été la Mère « sainte et providentielle » de l'homme, devint, à l'époque de la famille bourgeoise, la génératrice de ses maux.

Les patriarches achetaient leurs épouses ; l'*Iliade* appelle la jeune fille « trouveuse de bœufs » — ἀλφεσίβοια — parce qu'on la troquait contre du bétail : Prométhée, qui déclame furieusement contre Zeus, accepte l'ordre nouveau qu'il a introduit dans la famille ; il achète sa femme, Hésione, qui cependant est une Océanide (*Prom.*, v. 551). Quand le mari répudiait sa femme et la renvoyait à son père, celui-ci restituait le prix qu'il avait reçu pour elle : comme il fallait s'y attendre, cette coutume des hommes se reproduisit chez les dieux. Lorsque Hephaestos surprend son épouse Aphrodite en flagrant délit d'adultère avec Arès, il invite tous les Olympiens à venir contempler les deux amants, pris dans ses filets, et jure qu'il ne les délivrera que « quand le Père lui aura rendu tous les présents qu'il a dû donner pour acqué-rir l'épouse impudique. » (*Odys.*, VIII, 317 et sq.).

Les mœurs du patriarcat se transformèrent à mesure qu'il déclinait ; le mari cessa de se procurer sa femme légitime, comme une esclave ; ses parents, au lieu de recevoir un prix quelconque lors de sa livraison, donnaient à l'épousée des présents qui, joints aux cadeaux du mari, constituaient sa dot, que celui-ci devait restituer si, pour une cause quelconque, il la répudiait. La désagréable obligation de rendre la valeur de la dot, au lieu de rentrer dans le déboursé qu'on avait dû faire pour l'acquisition de l'épouse, obligeait les maris à être moins prompts à répudier leur femme. « La dot ne vous enrichit pas, dit un fragment d'Euripide, elle ne fait que rendre le divorce plus difficile. » Epiméthée n'achète pas son épouse ; elle lui apporte, comme dot, les présents des dieux ; ce n'est pas le prévoyant Prométhée qui, dans ces conditions, aurait accepté son épouse, mais l'imprévoyant Epiméthée.

La femme n'entre plus en esclave dans la maison du mari, mais en propriétaire. La propriété lui procure quelques droits. La dot lui assure une certaine indépendance vis-à-vis du maître. « Tu as accepté l'argent de la dot, dit un personnage de Plaute à un mari qui récrimine contre sa femme, tu as vendu ton autorité, — *imperium*. » L'épouse, en retour des biens qu'elle apportait, refusait de faire les pénibles travaux dont on l'avait accablée ; de bête de somme elle se changea en « femme efféminée ». Les hommes qui sortaient du patriarcat ne pouvaient supporter en patience cette métamorphose ; ils se vengèrent en la calomniant. « Qui se fie à sa femme se fie au pillard de ses biens » (*Trav. et Jour.*, v. 94), dit Hésiode ; il ouvre la série des diffamateurs. Les perfides calomnies et les violentes diatribes, que poètes, philosophes et Pères de l'Église ont lancées contre la femme, ne sont que la rageuse expression du profond dépit qui rongea le cœur de l'homme lorsqu'il vit la femme commencer à s'affranchir de son brutal despotisme.

Une autre forme de famille allait réglementer les
clations des sexes.

La famille patriarcale était une communauté de
ménages, dont tous les hommes étaient unis par les
liens du sang et descendaient du même ancêtre ; les
femmes étaient des étrangères, qui devaient passer
par une cérémonie d'adoption pour y être incorporées. Les ménages possédaient en commun un
domaine inaliénable et des droits dans les partages
annuels des terres restées indivises : le Père n'était
que l'administrateur de ces biens dans l'intérêt de
tous. La famille, qui la remplace, est individualiste,
un seul ménage la constitue et elle ne repose plus sur
la possession d'une propriété foncière.

Cette famille individualiste, à un seul ménage, qui
est la forme propre à la classe bourgeoise, était précisément celle des négociants, industriels et artisans
qui vivaient, en étrangers, dans les cités antiques.
Ces classes démocratiques, en lutte perpétuelle avec
les aristocrates de la famille patriarcale pour la conquête des droits civils et politiques, s'enrichissaient
et croissaient en nombre dans les villes maritimes et
commerciales de l'Ionie et de la Grande Grèce, où la
poésie lyrique, la poésie individualiste par excellence,
se substituait à la poésie épique des temps patriarcaux, démodée et tombée en décadence et où naissaient la philosophie, les sciences et les arts, qui
devaient prendre un si merveilleux essor dans l'Athènes de Périclès.

Eschyle, se rendant compte que les changements

de la vie matérielle, politique et intellectuelle, survenus dans les villes commerciales et industrielles, où la famille patriarcale était réduite à n'être qu'une survivance du passé, se rattachaient à la nouvelle forme de famille des classes démocratiques, compléta le mythe qu'Hésiode rapporte dans sa primitive simplicité : il attribue à Prométhée, non seulement la communication aux mortels du feu sacré, mais l'invention de l'exploitation des mines, de la navigation, de l'astronomie, de la médecine, de l'arithmétique « la plus belle des sciences ». — « En un mot, dit-il aux Océanides, sachez que les mortels doivent tous les arts à Prométhée » (*Prom.*, v. 506).

Le mythe de Prométhée embrasse l'évolution du patriarcat hellénique. Le Titan qui en pleine lutte déserte ses frères et trahit la cause matriarcale, qui prête son concours à Zeus pour s'emparer de l'Olympe et pour y introniser un ordre nouveau, qui ridiculise le Père des Dieux, et qui conspire pour lui arracher le pouvoir, porte le coup de grâce à la famille patriarcale en ravissant et en communiquant le feu sacré aux mortels afin qu'ils créent la famille individualiste de la classe bourgeoise.

TABLE DES MATIÈRES

BIBLIOTHÈQUE SOCIALISTE INTERNATIONALE

PUBLIÉE SOUS LA DIRECTION DE ALFRED BONNET

(SÉRIE in-18)

DEVILLE (G.). — *Principes socialistes*, 1898. Deuxième édition, 1 volume in-18 . . . . *(Epuisé)*.

MARX (Karl). — *Misère de la philosophie*. Réponse à la Philosophie de la misère de M. Proudhon, 3ᵉ édit. 1922, 1 vol. in-18 . . . 12 fr.

LABRIOLA (Antonio). — *Essais sur la conception matérialiste de l'histoire*. 1928, 2ᵉ tirage . . . . 15 fr.

DESTRÉE (J.) et VANDERVELDE (E.). — *Le socialisme en Belgique*. 2ᵉ éd., 1903, 1 vol. in-18 . . . . 10 fr. 50

LABRIOLA (Antonio). — *Socialisme et philosophie* En réimpression

MARX (Karl). — *Révolution et contre-révolution en Allemagne*, traduit par Laura LAFARGUE. 1900, 1 vol. in-18 . . . . . . 7 fr 50

GATTI (G.). — *Le socialisme et l'agriculture*, préface de G. Sorel 1 vol. in-18 . . . . 10 fr. 50

LASSALLE (F.). — *Discours et pamphlets*, 1903. 1 vol. in-18. 10 fr. 50

TARBOURIECH (E.). — *Essai sur la propriété*, 1905. 1 vol. in-18. . . . . 10 fr. 50

LASSALLE (F.). — *Capital et travail*, 1904. 1 vol. in-18 . 10 fr. 50

MARX (Karl). — *Contribution à la critique de l'économie politique*. 1928. 1 vol. in-18, 2ᵉ tirage . . . . 15 fr.

BERTHOD (A.). — *P.-J. Proudhon et la propriété*, 1910. 1 vol. in-18 . . . . 9 fr.

(SÉRIE in-8)

WEBB (Béatrix et Sydney). — *Histoire du trade-unionisme*, 1897. traduit par Albert MÉTIN. 1 vol. in-8 . . . . 30 fr.

KAUTSKY (Karl). — *La question agraire.* — *Etude sur les tendances de l'agriculture moderne*, traduit par Edgard MILHAUD et Camille POLACK. 1900. 1 vol. in-8 . . . . *(Epuisé)*

MARX (Karl). — *Le capital*, traduit à l'Institut des sciences sociales de Bruxelles, par J. BORCHARDT et H. VANDERRYDT.

— LIVRE II. — *Le procès de circulation du capital*, 1900. 1 volume in-8 . . . . *(Epuisé)*

— LIVRE III. — *Le processus d'ensemble de la production capitaliste*, 1901-1902. 2 vol. in 8. . . . . 60 fr.

KAUTSKY (K.). — *La politique agraire du parti socialiste*, trad. G. POLACK, 1903, in-8 . . . . 12 fr.

AUGE-LARIBE (M.). — *Le problème agraire du socialisme. La viticulture industrielle du midi de la France*, 1907. 1 vol. in-8 . 18 fr.

MICHELS. — *Le Prolétariat et la Bourgeoisie dans le mouvement socialiste italien particulièrement des origines a 1906.* 1 vol in-8, 1921 . . . . 30 fr.

LE DEVENIR SOCIAL (Revue internationale d'économie, d'histoire et de philosophie). *La Collection complète* (1895 à 1898). Prix. . 150 fr. Ont été publiés dans cette revue des articles de :
MM. H. LAGARDELLE, J. DAVID, Ed. FORTIN, Ch. BONNIER, K. KAUTSKY, Gabriel DEVILLE, Antonio LABRIOLA, G. PLEKHANOFF, Paul LAFARGUE, L. HERITIER, A. TORTORI, Ad. ZERBOGLIO, G. SOREL, Bened. CROCE, KOVALEWSKY, ISSAIEFF, Arturo LABRIOLA, P. LAVROFF, F. SALVIOLI, Conrad SCHMIDT, E. BERNSTEIN, E. VANDERVELDE, Enrico FERRI, REVELIN, etc.

LAVAL. — IMPRIMERIE BARNÉOUD.